朝克 ■ 著

阿尔泰语系语言比较研究

A Comparative Study of
Altaic Languages

中国社会科学出版社

图书在版编目(CIP)数据

阿尔泰语系语言比较研究/朝克著. —北京:中国社会科学出版社, 2020.12
ISBN 978-7-5203-7665-5

Ⅰ.①阿… Ⅱ.①朝… Ⅲ.①阿尔泰语系—比较语言学—研究 Ⅳ.①H5

中国版本图书馆 CIP 数据核字(2020)第 255958 号

出 版 人	赵剑英
责任编辑	马 明 孙砚文
责任校对	王 帅
责任印制	王 超

出 版	中国社会科学出版社
社 址	北京鼓楼西大街甲 158 号
邮 编	100720
网 址	http://www.csspw.cn
发行部	010-84083685
门市部	010-84029450
经 销	新华书店及其他书店
印 刷	北京明恒达印务有限公司
装 订	廊坊市广阳区广增装订厂
版 次	2020 年 12 月第 1 版
印 次	2020 年 12 月第 1 次印刷
开 本	710×1000 1/16
印 张	18.75
字 数	292 千字
定 价	99.00 元

凡购买中国社会科学出版社图书,如有质量问题请与本社营销中心联系调换
电话:010-84083683
版权所有 侵权必究

前　　言

　　本项成果是在中宣部文化名家"四个一批"人才工程专项资助经费的强有力支持下启动并完成的科研工作。对此，非常感谢中宣部领导及部干部局对于"四个一批"人才的重视，以及对于他们从事的科研工作的鼎力相助。在我看来，这不仅仅是对于"四个一批"人才的科研工作的经费资助问题，更为重要的是充分体现了国家和中央政府对于高端人才的高度重视，以及对于他们从事的科研工作的充分肯定，乃至对于"四个一批"人才的关心、关怀、关爱和鼓励、鼓舞、鼓劲。说实话，在当时得到这部分经费时感到非常高兴，深受鼓舞和勉励。总觉得自己作为一名国家和中央政府的"四个一批"人才很光荣、很自豪、很骄傲，觉得自己要做的科研工作有很多，任重而道远。同时，决心不忘初心、不负使命，绝不辜负党和祖国对于"四个一批"人才的厚望与爱重，一定要拿出合格的优秀的代表性的科研成果。

　　本人的该课题专项资助经费拨下来之后，第一时间就拟定了在项目实施的五年时间里要完成：（1）《日本阿依努语及阿尔泰语系诸语比较研究》，（2）《阿尔泰语系语言比较研究》，（3）《濒危语言文化研究》，（4）《濒危杜拉尔鄂温克语会话》，（5）《鄂温克族物质文化》五项科研成果任务。我是一名从事民族语言文化研究的专家，自从1982年春天大学毕业考入中国社会科学院以来，一直对阿尔泰诸民族语言文字，以及我国北方诸民族语言文字，乃至日本语及日本的北海道阿依努语、乌依勒塔语、朝鲜语，包括俄罗斯西伯利亚及远东的诸民族语言、北极圈萨米人的语言和因纽特人的语言等东北亚和北极圈诸民族语言开展研究工作。也从事过与这些民族或族群语言文字相关的历史文化科研工作。尤其应该提出的是，在过去的38年里，主持并参与与这些研究对象密切相关的一系列国外重大重要课题,多次到我国北方诸民族生活的边疆地区的偏远屯落、农村、牧区、山林做过实地调研,也到过美国印第安人生活区、因纽特人生活区、北极圈萨米人的北极村、俄罗斯西伯利亚和远东地区的通古斯诸民族生活区域、日本的阿依努人和乌依勒塔人生活的北海道网走地区做过实地调研。进而获得数量可观而相当丰富的原始资料,它们是用本人的学术视野和学术思想选定并搜集整理的,属于自己的弥足珍贵的第一手资料。在此基础上,在国内外名刊上先后用汉、蒙古、朝鲜、日、英文刊发 200 余篇学术论文,出版 50 余部学术著作。其中,一些论著还获得过优秀科研成果奖。而且,绝大多数论著关系到我国北方诸民族语言文字,特别是对于我国阿尔泰诸民族语言文字及文化历史方面的成果十分突出。所有这些,对于启动并顺利完成"四个一批"人才项目成果,奠定了极其坚实的学术研究基础,提供了极其丰厚的学术研究前提条件。毫无疑问,这也是能够圆满完成这本《阿尔泰语系语言比较研究》之研究著作的根本保障。

我的科研工作虽然涉及我国北方诸民族语言文字,以及东北亚和北极圈诸民族或族群语言文字研究,但本人的科研工作重心或者说重点还是属于我国境内的阿尔泰语系诸民族语言文字。过去的科研工作实践中,本人在此学术研究领域也取得了一定的业绩,先后刊发不少论著。然而,遗憾的是,至今未能出版对于我国境内阿尔泰语系语言比较研究的学术著作。这也是我一直以来计划要实施的一项重要科研任务,只是由于本人承担的科研工作任务比较繁重,加上日常事务性行政管理工作等的直接影响,难以实施此项研究计划。那么,中宣部文化名家"四个一批"人才工程专项资助经费的下拨,使自己更加坚定了实施该项科研使命的计划,并下决心及时启动该项课题研究。经过五年的艰苦努力和潜心研究,终于按照原定计划完成了这一十分艰辛的科研工作任务。说实话,至今在我国出版的对于阿尔泰语系语言,尤其是我国境内的阿尔泰语系语言同源词,或者说有史以来共同使用的词汇系统及其语法形态变化相关现象,从语音学、语音对应学、构词学、词义学、语用学、语法形态论、名词类词格语法形态论、动词态语法形态论等角度,展开比较研究的成果还是比较少见。从这个意义上讲,在此学术研究领域有一定语音对应现象、同源词词义关系、相关语法结构特征及其功能进行系统比较研究的成果还不是太多。在这些方面，该项成果有其一定代表性、补白性、特殊性和学术理论性。

本项成果主要由前言、第一章"20世纪的阿尔泰语学研究"、第二章"阿尔泰语系语言语音比较研究"、第三章"阿尔泰语系语言词汇比较研究"、第四章"阿尔泰语系语言语法形态变化现象比较研究"、附录1"阿尔泰语系民族语言文字在东北地区的使用情况"、附录2"阿尔泰语系诸民族语使用本民族语言文字及其他民族语言文字人口统计"，以及参考资料、跋等内容和章节构成。在前言里交代了该项目实施的基本思路及成果的框架结构；第一章分别阐述了在20世纪的百年中阿尔泰语系突厥语族语言、蒙古语族语言、满通古斯语族语言研究的基本情况以及取得的学术成绩、代表性学术思想理论等；第二章到第四章是该研究成果的核心部分，也就是该项研究主要讨论的内容，涉及阿尔泰语系语言的语音、词汇、语法等。在具体分析阿尔泰语系语言的同源关系或共性化特征时，主要以该语系三大语族语言中具有一定代表性的三种语言，即突厥语族的维吾尔语、蒙古语族的蒙古语、满通古斯语族的满语。与此同时，又将突厥语族的哈萨克语、蒙古语族的达斡尔语、满通古斯语族的鄂温克语等作为不可或缺的旁证用于具体的讨论中。除此之外，还借用突厥语族的柯尔克孜语、乌孜别克语等，蒙古语族的保安语、东乡语等，满通古斯语族的锡伯语和赫哲语等语言的最具代表性、传统性、历史性实例。特别是，对于阿尔泰语系语言有关形态变化语法现象的比较研究，着重点放在对于语音、词汇及相关语法形态变化现象展开较为全面系统的比较研究。不过，对于某一个语音对应现象的分析、词语结构的讨论、有关语法形态变化现象的研究中，也引用了除了上面提到的六种语言之外的阿尔泰语系其他语言中具有说服力的例子。比如说，包括突厥语族的维吾尔语和哈萨克语、蒙古语族的蒙古语与达斡尔语、满通古斯语族的满语及鄂温克语等语法形态变化现象的全面比较研究。当然，必要时也引用了其他语言的代表性实例。在这里，还有必要明确指出的是，对于该语系语言的语音、词汇、语法进行比较研究时，将突厥语族中的维吾尔语放在了首要位置，也就是放在了第一栏内。这是因为，在该语系语言中，突厥语族语言的语音系统最为复杂，元音和辅音音素也最多；

放在第二位的是蒙古语族语言的实例,由于蒙古语族语言在语音、词汇、语法方面出现的同源关系或共性化特征的实例,往往处在突厥语族语言和满通古斯语族语言之间;排在第三位的是满通古斯语族语言的例子。蒙古语族语言和满通古斯语族语言内,保存有数量可观的语音、词汇、语法同源成分或共有关系的实例。不过,在具体的讨论中,也会根据分析问题的重点,或者说研究内容的侧重点,以及某一语族语言实例表现出的强有力的代表性、传承性、历史性及说服力,有效调整维吾尔语、蒙古语、满语等的排序情况,但不是太多,只属于个别现象。

那么,作为该成果的核心组成部分之一的阿尔泰语系语音比较研究中,首先依据突厥语族维吾尔语短元音 a、e、i、o、u、ɵ、y 之前后排序,对于维吾尔语短元音同蒙古语和满语短元音间产生的短元音间的对应、短元音与长元音间的对应、短元音与复元音间的对应、短元音与零元音间的对应现象及其规律做了全面比较研究。其次,同样以维吾尔语辅音 b、p、m、f、w、d、t、n、l、r、s、g、k、h、ŋ、dʒ、tʃ、ʃ、j 之排序,对于维吾尔语辅音同蒙古语和满语辅音间产生的对应、辅音与零辅音间的对应现象及其规律做了全面比较研究。第三章的阿尔泰语系语言词汇比较研究中,分共用名词及结构关系、共用动词及结构关系、共用形容词等及结构关系三个部分,对于阿尔泰语系语言内同源词或有史以来共同使用的名词、动词、形容词、代词、数词及有关副词等的语音结构关系、词义结构特征,包括语音及词义演变规律,甚至对于在不同语言中的使用关系及其原理等展开了有一定深度和广度的比较分析。第四章的阿尔泰语系语言语法形态变化现象比较研究,主要对于突厥语族的维吾尔语和哈萨克语、蒙古语族的蒙古语与达斡尔语、满通古斯语族的满语及鄂温克语名词类词的主格、领格、位格、宾格、造格、从格等格形态变化语法现象,以及动词的主动态、被动态、使动态、互动态等态形态变化语法现象的语音结构类型、词缀结构系统、复杂多变的语用关系、纵横交错的语法内涵、相互关联的异同性等进行了严格意义上的比较研究。

目　录

第一章　20世纪的阿尔泰语学研究……………………………………（1）
　第一节　20世纪突厥语族研究概述………………………………（2）
　第二节　20世纪蒙古语族研究概述………………………………（10）
　第三节　20世纪满通古斯语族研究概述…………………………（18）

第二章　阿尔泰语系语言语音比较研究………………………………（26）
　第一节　阿尔泰语系语言元音对应规律…………………………（35）
　　一　短元音对应规律……………………………………………（35）
　　二　零元音与短元音对应规律…………………………………（68）
　　三　复元音和长元音与短元音对应规律………………………（74）
　第二节　阿尔泰语系语言辅音对应系统…………………………（77）
　　一　辅音对应规律………………………………………………（77）
　　二　零辅音对应规律……………………………………………（136）

第三章　阿尔泰语系语言词汇比较研究………………………………（145）
　第一节　阿尔泰语系语言共用名词及结构关系…………………（148）
　第二节　阿尔泰语系语言共用动词及结构关系…………………（177）
　第三节　阿尔泰语系语言共用形容词、代词、
　　　　　数词、副词及结构关系………………………………………（195）
　　一　阿尔泰语系语言共用形容词及结构关系…………………（195）

二　阿尔泰语系语言共用代词、数词、副词及
　　　　结构关系 ………………………………………………（200）

第四章　阿尔泰语系语言语法形态变化现象比较研究 ……………（209）
　第一节　名词类词格形态变化语法现象比较研究………………（211）
　　一　主格形态变化语法现象……………………………………（213）
　　二　领格形态变化语法现象……………………………………（217）
　　三　位格形态变化语法现象……………………………………（222）
　　四　宾格形态变化语法现象……………………………………（228）
　　五　造格形态变化语法现象……………………………………（234）
　　六　从格形态变化语法现象……………………………………（239）
　第二节　动词态形态变化语法现象比较研究……………………（246）
　　一　主动态形态变化语法现象…………………………………（248）
　　二　被动态形态变化语法现象…………………………………（253）
　　三　使动态形态变化语法现象…………………………………（259）
　　四　互动态形态变化语法现象…………………………………（267）

**附录 1　阿尔泰语系民族语言文字在东北地区的
　　　　使用情况** ……………………………………………………（276）

**附录 2　阿尔泰语系诸民族使用本民族语言文字及其他
　　　　民族语言文字人口统计** …………………………………（284）

参考文献 ………………………………………………………………（286）

后　记 …………………………………………………………………（292）

第一章
20世纪的阿尔泰语学研究

  我国境内的阿尔泰语系诸语，是十分丰富而完整的语言体系。像突厥语族语言、蒙古语族语言、满通古斯语族语言不仅在我国都有，而且所涉及的语言种类也很多。突厥语族语言内就包括维吾尔、哈萨克、柯尔克孜、乌孜别克、塔塔尔、撒拉、裕固、图瓦八种语言；蒙古语族语言包括蒙古、达斡尔、东乡、土族、东部裕固、保安六种语言；满通古斯语族语言中有满、锡伯、鄂温克、鄂伦春、赫哲五种语言。除此之外，以上阿尔泰诸语内还存在相当丰富的方言土语的差别。阿尔泰诸语的这些语言主要分布在我国内蒙古自治区、新疆维吾尔自治区、黑龙江省、辽宁省、吉林省、河北省、甘肃省、青海省等地。阿尔泰诸语民族人口共有2413万人。在过去的一个世纪里，由于受外来语言的影响，尤其是受汉语的影响，阿尔泰诸语的使用人口明显减少，甚至个别语言的使用人口降到了零，一些语言已濒临消亡。相对而言，突厥语族诸语言的情况要好一些，使用人口达到该语族的96%以上；其次是蒙古语族诸语言，使用人口约占该语族的89%；满通古斯语族诸语言在近百年的岁月里被同化得十分严重，其中满语已面临完全消失，赫哲语已成为濒危语言，而锡伯语、鄂温克语、鄂伦春语的使用人口也只占各该语族的80%左右。另外，在阿尔泰诸语里人口较多，居住较集中，并生活在自治地区的民族语言保存较理想。而那些人口少，居住分散，生活在非自治地区的民族语言在近百年中，受到汉语或其他大语种的强烈影响而被同化得非常严重。

阿尔泰语系诸语的研究工作在20世纪取得了令人鼓舞的辉煌成果。有的研究领域和研究工作完全是从零开始，从无到有，已成为阿尔泰语学研究事业中的一个不可缺少的重要组成部分。尤其是1949年中华人民共和国成立以后，中国政府所制定的民族语言文字使用政策，为我国阿尔泰诸语的使用和分析研究工作创造了十分理想而优厚的环境与条件。从此，我国阿尔泰诸语及文字的研究进入了一个崭新的历史阶段。虽然20世纪60年代至70年代的"文化大革命"对于阿尔泰诸语研究工作造成了一定灾难，但在此后的岁月里该研究事业就像雨后春笋般地得到了蓬勃发展。下面分突厥语族、蒙古语族、满通古斯语族三个部分概述20世纪我国阿尔泰语学的研究情况。

第一节　20世纪突厥语族研究概述

我国境内的维吾尔、哈萨克、柯尔克孜、乌孜别克、塔塔尔、撒拉、裕固、图瓦等突厥语族语言主要在新疆维吾尔自治区境内使用。总人口有850余万人。我国突厥语族语言内维吾尔、哈萨克、柯尔克孜三种语言有文字。现行的维吾尔文是阿拉伯字母式的拼音文字。维吾尔族在历史上使用过回鹘文（8—15世纪）和察合台文（15—20世纪）。1959年新疆维吾尔自治区文字改革委员会设计了以拉丁字母为基础的新文字方案，经多次补充修订后于1965年试行，1982年以后，该文字才在我国维吾尔族中全面推行。1982年新疆维吾尔自治区民族语言文字工作委员会将由36个字母的维吾尔文新文字改为现行的32个字母文字。其中有8个元音和24个辅音，一个字母表示一个音，从右往左横写。哈萨克文由阿拉伯字母创制而成。1917年、1924年先后两次对哈萨克语的阿拉伯字母进行修改补充。1929年还创制了哈萨克语拉丁字母文字。1941年以后哈萨克族改用斯拉夫字母的哈萨克文。1959年新疆维吾尔自治区文字改革委员会又创制了拉丁字母哈萨克文，并从1965开始推行。然而，1982年新疆维吾尔自治区民族语言文字工作委员会重新批准，恢复了阿拉伯字母为基础的旧哈萨克文。同时，把拉丁字母式新文字作为标音工具保留了下来。现行的哈萨克文有29个字母和一个软音符号。柯尔克孜文是以阿拉伯字母为基础的拼音文字，颁行于1983年。柯尔克孜族在20世纪30—40年代使用过察合台文，50年代还使用过维吾尔文和哈萨克文。可以说，从20世纪50年代开始新疆维吾尔自治区文字工作者，在"新疆少数民族语言文字学习指导委员会"（1950年成立）、"新疆少数民族语言文字研究改革委员会"（1952年成立）、"新疆少数民族语文文字研究指导委员会"（1955年成立）、"新疆自治区民族语言文字工作委员会"（1976年成立）以及地区级的语言文字工作委员会的直接组织和指导下，做了大量的文字使用情况调查分析，修改补充和规范旧文字，创制和推广新文字的工作。同时，我国突厥语言文字工作者设立了从小学到大学的民族语文课程，编辑出版了一系列的民族语文教材。还在新疆各地开办了民族文字扫盲学校。50年代以后还成立了16家出版社，累计出版民族文字的图书几百万册，公开发行了维吾尔文、哈萨克文、柯尔克孜文报刊70余种。由此可以看出，我国的突厥语言文字工作者以及专家学者从50年代开始主要做了现行语言文字的调查研究、规范和修改旧文字、推广和普及新文字、编写出版现行文字教材和报刊以及各种图书的工作，并成立了一系列的语言文字工作委员会和研究机构。从而对维吾尔文、哈萨克文、柯尔克孜文的使用和推广发挥了极大的作用。

我国突厥语族语言的研究工作从20世纪初到30年代后期属于第一阶段。可以说这30余年当中我国突厥语研究一直没有什么起色，较突出的成绩表现在哈萨克文的创制和修订工作。不过，在这个时期从俄、日、德、法、英、瑞典、匈牙利、土耳其来的突厥语专家学者，对我国突厥语族诸语言进行了实地调查和研究。他们撰写完成的调查报告、辞书及专门研究著作，在此期间和在此以后先后被公开出版。其中，包括库诺斯的《（维吾尔语）叶尔羌方言资料》（1905年）、拉凯特的《东突厥语（维吾尔语）语法》（1912—1914年）、纳西洛夫和巴斯克科夫的《维俄词典》（1939年）和《维语语法》（1940年）、别加利耶夫等的《哈俄词典》（1936年）与《哈语语法》（1946年）、波利瓦诺夫的《乌兹别克语语法》（1944年）、普雷尔的《鞑靼语（塔塔尔语）方言研究》（1908年），哲莱的《鞑靼族（塔塔尔族）方言学》（1947年），马洛夫的《中国西部现代突厥方言研究》（1927年，其中介绍了撒拉语和裕固语特征)、柴田武的《青海的撒拉语》(1946年)、阿尔齐巴舍瓦的《土瓦语俄语词典》(1932年)等。这些成果主要用俄文在俄罗斯发表和印刷。当然,也有用英、德、法、瑞典、日等文字发表和出版的一些研究论著或辞书。上述研究成果的公开发表和出版,为我国突厥语专家学者以后的科学研究工作的开展打下了一定的理论基础,提供了较好的书面研究资料,创造了应有的方便条件。

20世纪30年代以后我国突厥诸语研究进入了第二阶段。在这一时期最先在南京中央大学,兰州大学以及新疆的一些大专院校的教学人员在教维吾尔语的同时,开始对突厥语族诸语言展开了一定规模的调查研究。其成果首先用维文和汉文于1948年在《新疆日报》先后发表。其中有《维语正字法》《突厥语分布状况》等论文。在这一时期,突厥诸语教学和研究的专家学者们还编写了《维语语音学》《维语词法》《维语句法》《维语修辞规则》4部教材。除此之外,我国突厥语专家学者从20世纪30年代至50年代,翻译了国外专家对我国突厥诸语研究的一些有影响的成果,还发表和出版了有关古代突厥文、回鹘文及现代突厥诸语方面的论著。其中关系到突厥古代文字及文献资料方面的成果主要有罗福成编的《高昌译谱》(1934年)、刘桂栋的《东突厥斯坦古代语言》(1943年)、李符桐的《回鹘文字来源及其演变》(1944年)、王静如的《突厥文回纥英武威远毗伽可汗碑译释》(1938年)、岑仲勉的《跋突厥文阙特勤碑》(1937年)、朱延丰的《突厥暾欲谷碑铭译文笺证》(1943年),还有韩儒林的译文《突厥文阙特勤碑译注》(1935年)、《突厥文暾欲谷碑译文》(1936年)、《蒙古之突厥碑文导言》(1937年)等。对于现代突厥诸语的研究成果及调查报告,在此其间公开发表的主要有冯承钧的《关于西域语之讨论》(1930年)和《西域地名》(1930年)、王日蔚的《新疆之语言文字》(1935年)、戈定邦的《河西之民族语言与宗教》(1940年)、姜康的《维语与国语的关系》(1941年)、杨涤新的《撒拉人语文习俗之调查》和《青海撒拉人之生活与语言》(1943—1945年)、岑仲勉的《吐鲁番一带汉回地名对证》(1945年)、周维新的《维语方言的敬语》(1947年)。另外,还有陈郁文等从《维俄词典》(纳西洛夫、巴斯克科夫,1939年)的附页内容中译的《维文文法概要》（1948年）等译文译著。

总之，在20世纪30年代到50年代的20多年里，我国突厥诸语专家学者的工作重点放在以下几个方面：①翻译国外出版的有关论著；②早期突厥文字文献资料的译注及考证；③突厥语言文字的局部调查及有关地名的考证；④编写有关语言教材；⑤推广标准化的语言文字教学等。当然，对于突厥诸语的有关语言，特别是对维语的语音、词汇、语法结构进行了深入浅出的描写研究。毫无疑问，继国外专家学者从20世纪初到40年代期间，对于我国突厥诸语展开研究工作之后，上述我国突厥诸语专家学者所做出的成绩应该属于20世纪第二阶段我国突厥诸语的研究工作。

20世纪50年代到70年代后期的约30年为我国突厥诸语研究的第三阶段。这个时期，在我国先后建立的新疆大学、新疆师范大学、喀什师范学院、和田师范学院、伊犁师范学院、青海民族学院、西北民族学院、中央民族大学、北京大学、中国社会科学院民族研究所以及地方的社会科学院、新疆语言文字工作委员会等大专院校、研究机构开设了突厥语专业课程。同时，还开办了一系列的突厥语学方面的集训班、培训班、进修班等，从而培养了数千名突厥语学的各族专门人才。在此基础上，国家大力组织这些训练有素的突厥语学各族人才，从50年代初到60年代，对我国境内的突厥诸语进行了实地调查，收集了大量的十分珍贵的第一手语音、词汇、语法资料及话语材料。并编写完成了百余种语言教材和工具书。其中包括李森的《维吾尔语综合读本》（1951年）、包尔汉的《维汉俄词典》（1953年）、新疆教育局等编的《汉维词典》（1974年）。不过，当时绝大部分教材、调查报告、词汇集等书稿都没能公开出版发行，那些突厥诸语方面的教材只是以内部油印版本的形式在大专院校的教学中被广泛使用。这个时期突厥诸语有关专家学者还发表了一些概述性的学术文章。其中有胡振华的《中国柯尔克孜族的语言和文字》（1958年）、耿世民的《哈萨克语文及研究》（1958年）、米尔苏里唐等的《维语罗布泊方言》（1962年）和《维语西南方言和田方言土语》（1963年）、林莲云等的《撒拉语概况》（1962年）、朱志宁的《维语概况》（1964年）等。除此之外，在这个时期还完成了撰写突厥诸语简志时所需要的资料整理工作,有些语言简志的初稿也在这个时期基本上撰写完成。

由此可以说,20世纪50年代至70年代后期的第三阶段,我国突厥诸语专家学者主要做的工作有:①成立了若干突厥诸语教学单位和研究机构以及语言文字工作委员会;②完成了对旧文字的补充修订和新创文字的工作;③培养了一大批突厥语言文字研究的各族专门人才;④实施了对突厥诸语的拉网式大调查,并收集了大量的语音、词汇、语法方面的第一手资料;⑤编写了突厥诸语的各种教材、词汇集,由此解决了相关大专院校突厥诸语的教学问题;⑥公开出版和发表了一些突厥诸语方面的概述性论文以及个别语言的研究著作和词典;⑦维语方面成果较突出。

20世纪70年代后期到20世纪末,我国突厥诸语的研究事业进入第四个发展阶段。在这个阶段突厥诸语的研究走过了逐步繁荣和兴旺的20余年,并取得了鼓舞人心的辉煌成果。

首先是加强和重组了突厥诸语教学队伍及研究机构人员,还成立了突厥语研究会、中国维族历史文化研究会以及同突厥诸语密切相关的各专门委员会和研究会机构等与学术团体。其次,加大人力和财力对20世纪50年代以后田野调查的突厥诸语资料做了进一步整理,并立项拨专款进行了补充调查。对于那些早已编写完成的各种语言教材、研究著作及词书的油印本或手稿下大力气做了修改和补充,进而公开发表和出版了涉及古今突厥诸语的诸多研究成果。其中,对古代回鹘文献、现代突厥诸语的描写研究、各种语言词典、词汇集编纂、方言土语的调查研究等方面的成绩十分突出。

早期突厥文献资料研究成果主要有耿世民的《古代维吾尔诗歌选》（1982年）与《维吾尔古代文化和文献概论》（1989年）、新疆维吾尔自治区少数民族古籍搜集整理出版规划领导小组办公室编,贺加克责编的《古代维吾尔语词典》（1989年）、克里木·霍加等的《回鹘文〈弥勒会见记〉》（1987—1988年）、李经伟的《回鹘文社会经济文书研究》（1996年）、杨富学等的《沙洲回鹘及其文献》（1995年）、阿不都热西提·亚库甫的《古文维语摩尼教文献语言结构描写研究》（1996年）、哈米提·铁木尔等的《察合台语》（1986 年）、阿不都诺夫的《察合台维语研究论文集》等。还有新疆社会科学院专家学者的共同研究成果《福乐智慧》（拉丁字母转写和现代维语诗体今译合译本，1984 年）以及从土文、乌文译成维文的《突厥语词典》（1981—1984 年）等。当然，除了我们在这里提到的之外，还有不少关于突厥古文字和文献及其语言方面的研究专著和富有见地的论文。说实话，在此方面的论文发表的确实不少，而且所涉及的内容和问题也相当丰富和有价值。

突厥语族具体语言的研究方面维语研究最为突出，获得的成绩也最为明显。其中，首先主要包括易敏·土尔孙的《基础维吾尔语》（1978 年）、纳斯茹拉·尤力布尔地的《现代维吾尔语》（1980 年）、吐尔迪·阿合买提的《维语教程》（1981 年）和《现代维语》（1983 年）、阿不都克里木·巴克的《现代维吾尔语》（1983 年）、赵相如等的《维吾尔语简志》（1985 年）、安赛尔丁·木沙等的《现代维吾尔语》（1985 年）、易坤琇等的《基础维语》（1989—1991 年）等对维语语音、词汇、语法等基本情况做了全面论述而且有一定理论价值和教学价值的专著。其次，也有对维语的某一现象进行专题研究的理论性较强的著作。例如，赵世杰的《维语构词法》（1984 年）、朱马·阿不都拉的《维吾尔语修辞学》（1987 年）和《现代维语语法形态学》（1987 年）、高莉琴的《维吾尔语语法结构分析》（1987 年）、陈世明等的《维吾尔语实用语法》（1991 年），周同春等的《现代维语语音声学研究》（1992 年）、阿不都诺夫·普拉提的《维吾尔语词汇学》（1994 年）等都是对维语语法或词汇或语音展开全面、系统讨论的科研成果。在这一时期，有关维语方言的研究也取得了一些成绩，出版了米尔苏·乌斯曼诺夫的《现代维吾尔语方言》（1989 年）、高士杰的《维吾尔语方言与方言调查》（1994 年）、米海力的《维吾尔语喀什话研究》（1997 年），傅懋勣主编的《维吾尔语罗布话研究》（2000 年）等。这些方言研究专著，资料丰富、调查点普涉维语 50 余个点以及北部、和田、罗布三个方言。最后提到的是，维语辞书学在 20 世纪 80 年代以后发展很快，出版了一系列的维文、汉文、维汉文词典。其中，有新疆语委编的《汉维词汇》（1980—1981 年）、新疆大学编的《维汉词典》（1982 年）、王振本等的《维吾尔语成语词典》（1983年）、热外都拉·海木都拉的《维吾尔熟语详解词典》（1984年）、吾拉木·乌甫尔的《简明维吾尔语方言词典》（1986年）、马兴仁的《简明维汉对偶词词典》（1989年）、阿不力孜·牙库甫主编的《维吾尔标准语详解词典》（共6册、1990年以后陆续出版）、阿不都沙拉木·阿巴斯的《维语成语详解词典》（1991年）和《维语同义词词典》（1993年）、陈世明等的《实用维汉词典》（1995年）。上述词典各有长处和特点，有的是综合性词典有的是单一词性词典，也有详解词典和对解对译词典。这些词典里《维汉词典》《维吾尔标准语详解词典》《实用维汉词典》收词量大、词汇丰富、词义解释清楚而全面。总之，我国维语研究工作在20世纪末的20余年里，在各个方面均取得了很大成绩。

突厥诸语哈萨克语的研究在这个时期也取得了不少成绩。其中对哈萨克语进行全面研究的著作有耿世民等的《哈萨克语简志》（1985年）、新疆大学编的《现代哈萨克语》（1985年）等。以哈萨克语语法研究为主的专著有耿世民的《现代哈萨克语语法》（1989年）、格拉吉丁的《简明哈萨克语语法》（1982年）等。相比之下，在哈萨克语研究中，辞书学方面的成果较突出。例如，先后出版了达肯的《汉哈常用词典》（1981年）、中央电台编的《汉哈成语词典》（1982年）、阿布拉什等的《哈语词组和成语词典》（1982年）、美拉特汉等的《哈汉谚语词典》（1986年）、努尔别克等的《哈汉词典》（1989年）、新疆社会科学院和语委合编的《哈语详解词典》（1992年）等。同时，还出版了像木哈什等的《汉哈常用名词术语对照》（1983年）以及杨振明的《哈语读本》（1987年）等词汇对照本和一般性专著。

比较而言，突厥语族的柯尔克孜语、乌孜别克语、塔塔尔语、图瓦语、撒拉语、裕固语方面的研究,在我国起步较晚，所投入的人力和财力也比较有限，加上对这些语言进行研究的专家学者非常短缺，所以在此研究领域没有取得像维语和哈语研究一样的丰硕成果。相对来说，柯尔克孜语言文字研究工作开展得要好一些。特别是柯尔克孜语专家胡振华教授做出了较大贡献。他先后撰写出版了《柯尔克孜语简志》（1986年）和《柯汉小词典》（1987年）以及《柯尔克孜语教程》（英文版、1989年；吉尔吉斯语版，1995年）。另外，新疆语委制定和颁布了《柯语正字法》（1986年），还出版了《柯语正字词典》（1986年）。柯尔克孜语的这些成果在教学和规范柯尔克孜语方面发挥了重要作用。当然，也有个别概述语言全貌的成果。除了柯尔克孜语外，突厥语族的其他几种使用人口少、没有文字的小语种的研究工作开展得不太理想，研究著作也不多。其中，主要有陈宗振等的《西部裕固语简志》（1985年）与《塔塔尔语简志》（1986年），林莲云的《撒拉语简志》（1985年）等语音、词汇、语法方面的综述性研究以及1992年出版的林莲云的《撒拉汉、汉撒拉词汇》和雷选春的《西部裕固汉词典》等词汇集和词典。特别是，有关图瓦语方面的科研工作大大落后于其他语言的研究。一直到20世纪结束只公开出版了吴宏伟的《图瓦语》（1999年）一书和发表了对图瓦语某一语言现象专门讨论的论文或一些概述性文章。

我国突厥诸语研究领域里，除了我们在上面谈到的单个语言研究成果之外，在20世纪90年代之后还出版了从历时语言学和共时语言学的视角对突厥诸语进行比较研究或总体概述的研究成果。例如，李增祥的《突厥语概论》（1992年）、王远新的《突厥历史语言学研究》（1995年）、程适良主编的《突厥比较语言学》（1997年），还出版了陈宗振等的《中国突厥语族语言词汇集》（1990年）这一对于突厥语族8个语言的4000余个基本词语进行比较的词汇集。再就是，与突厥诸语翻译工作相关的研究性专著出版的有托合提·巴克的《翻译经验漫谈》（1982年）、新疆语委的《翻译和翻译技巧》（1988年）和《新疆民族语言翻译研究》、热扣克·买提尼牙孜主编的《西域翻译史》等。在这一时期，还出版了成燕燕的《汉哈对比语法》（1991年）等以突厥诸民族学生的汉语汉文教学为目的的对比研究成果。

上面我们以研究性著作及词典、论文集或公开出版的资料集、调查报告为主概述了我国突厥诸语的研究情况。其实，在整个20世纪的百年当中，在我国以《突厥语研究》（丛书）、《突厥语研究通讯》、《语言与翻译》、《新疆社会科学》、《新疆大学学报》、《新疆师范大学学报》、《中央民族大学学报》、《西北民族研究》、《民族语文》等学术刊物或通讯里先后发表有关突厥诸语论文6000余篇。这些论文涉及突厥诸语以及语言文字的各领域，也包含了语言研究的许多新办法和新理论。

综上所述,在20世纪我国突厥诸语的研究工作应分为四个阶段。第一阶段是从20世纪初至30年代末。这一阶段主要是创制了哈萨克文,发表了一些维文研究论文或语言学文章。第二阶段是从20世纪30年代末至50年代初。在此阶段我国一些专家学者主要是对突厥古文字,文献资料、地名进行了局部考证、译注和研究,同时对维语做了一些实地调查和研究、并撰写了一些教材。第三个阶段是从20世纪50年代初至70年代后期。这个阶段主要是修改补充了有关文字、制定了文字政策。对突厥语进行了有史以来最大规模和最大范围的调查,收集了大量第一手珍贵资料,撰写完成了一系列大学教程、辞书以及有关研究著作书稿,培养了相当数量的突厥诸语研究人才,成立了突厥诸语教学单位、研究机构以及语言工作委员会等。这使我国突厥诸语研究初具规模,走入正轨,为将来全面开展研究工作打下了较好的基础。第四阶段是从20世纪70年代后期到20世纪末。这20余年是我国突厥诸语全面系统地进行分析研究,理论探讨,人才辈出和成果的辉煌时期。从研究成果类型上分析,论文类成果最多,最丰富;研究专著类位居第二;第三是大专院校的各种语言教材;第四是词书类;第五是调查报告类;第六是翻译学类;第七是古文字类。从突厥诸语的每个具体语言文字展开的研究情况及成果来分析的话,位居第一的是维吾尔语言文字的研究成果;第二是哈萨克语言文字的研究成果;第三是柯尔克孜语言文字的研究成果;对于乌孜别克语、塔塔尔语、撒拉语、裕固语、图瓦语的研究成果几乎同属于第四位。

第二节 20世纪蒙古语族研究概述

我国蒙古语族诸语包括蒙古、东乡、土族、达斡尔、东部裕固、保安六种语言。其中蒙古语内还分有布利亚特话、巴尔虎话、卫拉特话等有着明显而突出的语音特征以及词语结构的三大方言。除此之外的蒙古语方言土语虽然也有不少,但其语音差异不太大,相互间可以用彼此的方言土语进行交流。然而布利亚特话、巴尔虎话、卫拉特话等与蒙古语进行交流时由于语音和词语结构上的差别，时常遇到语言障碍。因此，国外的一些蒙古语专家将布利亚特话、巴尔虎话、卫拉特话看成区别于蒙古语的独立性语言。我国蒙古诸语使用人口主要分布在内蒙古自治区、辽宁省、吉林省、黑龙江省、青海省、甘肃省、新疆维吾尔自治区等地。另外，也有一部分人散居在河北省、北京市等地。据90年代我国人口统计，蒙古诸民族有560余万人，其中蒙古族有480余万人、东乡族38万人左右、土族约20万人、达斡尔族12万余人、东部裕固族和保安族各有2万多人。蒙古诸民族内使用本民族语者占80%以上，而且，蒙古诸语的使用者几乎均掌握两种以上的语言，其中会汉语的人最多。在新疆的蒙古族还会维语和哈萨克语等突厥诸语；青海和甘肃的蒙古诸语的使用者还掌握藏语等民族语言。由于外来语言的影响，在20世纪的百年当中使用蒙古诸语的人口有不同程度的减少，尤其是像达斡尔语、东部裕固语、东乡语、保安语等没有文字的民族语被其他语言的同化现象更加明显。土族语虽然在1979年制定过拉丁字母文字，并编辑出版了有关教材，通俗读物、词典、各种书刊5万余册，不过，土族语还是以较快的速度被同化。

20世纪的百年当中，我国蒙古族使用的文字属于13世纪初以来经历了700多年历史的以回鹘文字为基础的拼音文字。但在1955年至1958年的这段时间里蒙古族还使用过以斯拉夫字母为基础的新式蒙古文字。不过，这种新蒙文的使用计划很快被废弃，蒙古族重新使用了有700多年历史的旧蒙文。新疆维吾尔自治区的卫拉特蒙古人和青海、甘肃的蒙古人一直到80年代初期或中期使用过托忒蒙文。托忒蒙文是1648年蒙古学者扎雅班递达在回鹘式蒙文基础上改制的一种拼音文字。托忒蒙文资料有不少，从1982年以后在使用托忒蒙文的蒙古族中推行了旧蒙文的学习和使用制度，到1986年有60%以上的曾使用托忒蒙文的蒙人古族掌握了旧蒙文，从而逐步实施了在蒙古族中通用旧蒙文的计划。土族语虽然也创制过拉丁字母文字，编写过有关教材等，但在具体教学中没有被正式纳入课程计划，仅仅作为学生计划外课程在业余时间或成人教学中讲授。达斡尔族在80年代创制的拉丁字母文字，只是编写本民族语教材或话语材料时被使用，同样在学校教学当中没有被政府或有关部门正式批准为课程内容。蒙古诸语中除了蒙古族以外的没有本民族文字的其他几个民族，在过去的百年当中，有的上蒙文学校学了蒙文，有的上汉文学校读了汉文，也有的人学了维文、满文、藏文等。相比之下，学汉文的较多。

20世纪我国蒙古诸语的研究从小到大，从局部到全面，从实践到理论，走过了一个不平凡的而令人赞叹的百年历程。依据其不同时期不同形式和内容的科研工作以及研究成果，我们可以将蒙古诸语的研究分为20世纪初至40年代末、20世纪40年代末至70年代中期、20世纪70年代中期至20世纪末三个阶段分别阐述。

我国蒙古诸语研究在20世纪初至40年代末取得了一定的成绩，不过所涉及的研究领域比较有限。在这个阶段，蒙古学院、兴安学院、"中央研究院"历史语言研究所，北京大学等教学单位或科研机构开设的蒙古语专业系科里培养了一些蒙古语言文字专业人才，有的专家还到蒙古族生活区对蒙古语进行过局部调查研究。除了蒙古语之外的其他几种语言或方言土语的田野调查或研究工作，在这个阶段几乎没有能开展。而且，将研究工作的重心放在蒙古语或蒙文中普遍存在而引起人们关注的语音、词汇、语法等问题上。同时，还公开出版了一些概述性或论述性的专著。其中，包括都嘎尔扎布的《蒙文辑要》（1909年，共8卷），书中对蒙古语的正字现象、正音规则、语法和词汇等进行了深入浅出的讨论。还有罗布桑却夸尔的《蒙古文精义明鉴》（1929年）与王子杨的《新法拼音蒙古文字母》（1934年）。这两本著作里论述了蒙古语音特征以及蒙古语文拼音字母的优点和独到之处。另外，还出版了额尔敦陶克陶对蒙古语语法现象较全面归纳和分析的专著《蒙古语简明语法（上下册）》（1942—1944年）。20世纪40年代在《中国学报》《燕京学报》等刊物及其他读物上，我国的一些专家学者还发表了对于蒙古语言文字的某一现象或内容进行专门讨论的学术论文数十篇。当然也有一些语言调查报告以及一般性语言学文章或概述性语言学文章等。总之，从20世记初至40年代末的这一历史阶段里，我国蒙古语界专家学者主要围绕蒙古语言文字进行了一定程度的调查研究，并发表和出版了一些论著，取得了一定学术成绩，还培养了不少从事蒙古诸语研究人才。所有这些为我国建立蒙古语学研究机构或专业领域做出了贡献。同时，为以后对蒙古诸语展开学术讨论和研究打下了应有的理论基础，创造了一定的方便条件。但在这一阶段的论著或其他成果里，很少涉及蒙古诸语中的其他语言以及众多方言土语。

20世纪40年代末至70年代中期是属于蒙古诸语研究的第二阶段。在这个阶段蒙古诸语的调查研究工作开展得比较理想，取得了令人满意的一系列学术成果。其成果与内容有：①培养或培训了一批语言学专门人才；②成立了有关语言工作委员会；③开展了最大规模的蒙古诸语以及方言土语田野调查工作；④发表和出版了相当数量和质量的学术研究论著；⑤翻译了国外的有关专著等。下面分别进行概述。

从50年代起就在内蒙古自治区各大院校以及相关省份的大专院校先后开设了蒙古语系或蒙古语专业班、集训班，培养和造就了相当数量的蒙古语言文字研究和教学及翻译人才，从而给全面开展蒙古诸语的研究工作提供了必要人才。还编写了百余种从小学到大学讲授蒙古语的教材。在内蒙古自治区、新疆维吾尔自治区、青海省等地区印发了57种蒙文刊物。其中有专门为蒙古诸语专家学者提供学术讨论园地的《蒙古语文》（1954年创刊）等刊物。内蒙古自治区呼和浩特市还成立了《蒙古语文研究会》（1953年）、内蒙古社会科学院成立了蒙古语言研究所（1953年）、内蒙古大学和内蒙古师范大学先后有了蒙古语研究专门机构（1963年）。内蒙古自治区还设立了内蒙古自治区蒙古语言文字工作委员会（1953年），接着各盟、市及县、旗内也相继设立了蒙古语言文字工作委员会共89个。1975年内蒙古自治区、辽宁省、吉林省、黑龙江省、新疆维吾尔自治区、青海省、甘肃省、北京市等省、自治区、直辖市共同成立了"八省区蒙古语言文字工作协调小组办公室"，并对蒙古语言文字教育、科研、出版、新闻、艺术、古籍整理等开展广泛协作，取得了较大成绩。

20世纪50年代中期，国家民族委员会牵头组织中国科学院民族语言研究所、中央民族学院及内蒙古自治区、新疆维吾尔自治区的蒙古语言专家学者，对于蒙古诸语以及有关方言土语进行了有史以来最大规模的田野调查，收集了大量的十分珍贵的第一手资料，积累了丰富的经验，并在工作实践中培训了一批本民族语言工作者，为将来的研究创造了优厚的资料基础和人才基础。在这个时期，我国蒙古语的研究工作从书面语言走向口语，从单一的蒙古语走向蒙古诸语，由此拓宽了蒙古语学的研究范围和视野。在此阶段的蒙古诸语大调查中，对于蒙古语、达斡尔语、东乡语、土族语等的调查研究工作均进行得较为全面而系统，获得的语言资料也较扎实和丰富。在此基础上公开发表和出版了一些论著。其中有清格尔泰的《现代蒙古语》（1964年，分上下册），这是对蒙古语语音、词汇、语法以及历史来源、发展变化、研究成果等全面论述的科研成果。清格尔泰还在1949年和1950年先后两次出版过《蒙古文文法》，该书主要分音韵与字、品词、语句三大章节。还有陈乃雄的《蒙文初程》（1965年）和《蒙文入门》（1974年）、有松儒布的《蒙古语语法知识》（1976年）等。在60年代至70年代期间，根据蒙古诸语大调查的资料，我国蒙古诸语专家学者先后在《蒙古语文》《民族语文》《中国语文》等刊物上发表了有关蒙古语方言土语、土族语、达斡尔语、东乡语、东部裕固语方面的调查报告及学术论文和研究概况等。图力更编写完成了《蒙古语方言概要讲义》（1963年，油印本）。一些专家学者还编写出版了关于蒙古文正字法方面的一般性专著及词汇集或词典等。其中有丹巴仁亲的《蒙文正字法参考》（1958年）、内蒙古人民出版社编辑出版的《蒙古语字典》（1951年）、内蒙古大学编写出版的《蒙汉词典》（1975年），该词典收词条4.2万人，后页还附有语法概述及古文字表等。另有民族出版社的《汉蒙对照词汇》（1976年）、宝力高编的《汉蒙成语小词典》（1973年）。在古文字研究方面罗常培还出版了《八思巴与元代汉语》（1959年）、中国台北蒙古语专家哈勘楚伦独著或与他人合著出版了《蒙古语文》（1960年）和《蒙文入门》（1978年）以及《满蒙字典》（1969年）与《达呼尔方言与满语蒙古语之异同比较》（1977年）等。另外，在我国蒙古诸语研究进入第二阶段以后陆续翻译出版了鲍培的《蒙古语比较研究导论》（1955年）、托克叶娃的《现代蒙古标准语讲义》（1957年）、桑席叶夫的《蒙古语比较研究》（1959年）等国外著名蒙古语专家学者的优秀科研成果。这对我国第二阶段的蒙古诸语的研究起到了理论导向和规范蒙古语学研究方法等作用。

总体来讲，从20世纪40年代末至70年代中期，我国蒙古诸语研究领域主要取得的成绩可以从以下几个方面总结。①设立了区、盟、旗三级蒙古语文工作委员会，开设了有关蒙古语研究机构及大专院校蒙语文专业，创办了蒙文报刊，成立了出版单位；②在具体研究实践中培养和造就了相当一批蒙古语学专家学者；③实施了蒙古诸语及方言大调查，收集了十分珍贵而丰厚的第一手语言资料；④翻译出版了一系列国外蒙古语研究的名著；⑤撰写完成了部分蒙古语教材；⑥公开出版和发表了有一定理论价值和学术价值的蒙古语言文字方面的专著和论文。

20世纪70年代中期到20世纪末是蒙古诸语研究的最理想而辉煌的时期，也是属于我国蒙古诸语研究的第三阶段。在这个时期首先成立了《中国蒙古语言学会》（1979年）和12个分会以及《中国蒙古文献研究会》（1979年）。并确定了蒙古语标准音，基础方言和音标，制定了蒙古语统一名词术语的原则。1982年在新疆维吾尔自治区博尔塔拉蒙古自治州成立了蒙古语言文字工作委员会。同时，在新疆蒙古族中推行了旧蒙文的学习和使用工作。这使我国从事蒙古语教学人员达到25000余人、蒙文翻译等相关专业人员达到3200余人、进行蒙古诸语研究的专家学者达到约3900人。民族出版社、内蒙古人民出版社、内蒙古教育出版社、内蒙古文化出版社、内蒙古大学出版社、内蒙古少儿出版社等在此期间每年出版500多种100多万册蒙文图书。另外，在这一阶段对于蒙古诸语及方言土语还进行了补充大调查。

我国蒙古诸语研究的第三阶段，对于蒙古语言文字的研究成果最为突出和显著。其中有布和吉尔嘎拉的《蒙语语法》（1977年）、宝音等的《蒙古语语法基础知识简编》（1977年）、清格尔泰的《现代蒙古语语法》（1979年蒙文版，1991年汉文版）、那森柏等的《现代蒙古语》（1982年）、达瓦的《现代蒙古语基础知识》（1982年）、道布的《蒙古语简志》（1983年）、喻世长的《论蒙古语族语言的形成和发展》（1993年）、满都呼等的《现代蒙古语结构语法》（1986年）、图力更等的《现代蒙古语研究概论》（1988年）、确精扎布的《蒙古语法研究》（1989年）、满都夫的《蒙古语言研究》

（1990年）、哈斯巴根的《现代蒙古语动词句研究》（1995年）、德力格尔玛的《蒙古语研究新探》（1995年）。这些研究成果从不同理论视角和层面探讨了蒙古语语法。还有，像确精扎布的《蒙语语音声学分析》（1999年）专门研究蒙古语音声学的专著，陈乃雄的《蒙文同形词》（1982年）、巴特尔的《蒙古语词汇学探索》（1988年）等词汇学研究成果，有道布的《回鹘式蒙古文文献汇编》（1983年）、照那斯图的《八思巴字和蒙古语文献》（1990年，分1、2册）等研究回鹘蒙文和八思巴蒙文的专著，有额尔登泰等的《〈蒙古秘史〉校勘本》和《〈蒙古秘史〉词汇选择》（1981年）等对《蒙古秘史》的错字、脱字、古语、古词进行细致考证和注释的研究著作，有包力高的《蒙古文字简史》（1983年）、包祥的《蒙古文字学》（1984年）等对蒙古文字的产生、发展、演变规律、使用情况等方面进行讨论的文字学专著。再者，充分反映某一个专家或某一特定时期的学术研究成果的论文集也在这个时期出版不少。例如，有孙竹的《蒙古语文集》（1985年）和《蒙古语族语言研究》（1996年）、陈乃雄的《陈乃雄论文集》（1995年）、清格尔泰的《语言文字论集》（1997年，分1、2册）和《民族研究文集》（1998年）、巴特尔巴根等的《蒙古语言文字研究》（1997年）等。另外，20世纪80年代，在对蒙古语的巴尔虎方言和卫拉特方言等进行补充调查的基础上撰写出版的有武达等的《巴尔虎土语话语材料》（1984年）和《巴尔虎土语词汇》（1985年）、确精扎布的《卫拉特方言话语材料》（1987年）等一般性著作。蒙古语言文字研究的第三阶段在词典学方面也取得了较大成绩。例如，先后出版了内蒙古大学编纂的《蒙汉词典》（1977年）、布林特古斯的《蒙古语正音正字词典》（1977年）、民族出版社编纂出版的《蒙古文分类词典》（1978年）、鲁青编的《汉蒙名词术语词典》（1983年）、内蒙古社会科学院语文所编的《汉蒙词典》（1983年，增订本）、内蒙古教育出版社的《蒙古语标准音词典》（1984年）和《语言学名词术语词典》（1987年）、斯钦朝克图的《蒙语词根词典》（1988年）、巴特尔的《蒙古语派生词倒序词典》（1988年）、孙竹的《蒙古语族语言词典》（1990年）、诺尔金等的《方言词典》（1992年）等。也出版有从对比语言学的角度撰写的如李仁孝的《蒙语汉语比较》（1983

年)之专著。1986年国家对《信息处理交换用蒙古文七位和八位编码图形字符集》《信息处理交换用蒙古文字符集键盘的字母数字区布局》《信息交换用蒙文 16×12、16×8、16×4 点阵字模集及点阵数据集》等蒙文信息处理三项国家标准通过成果鉴定和审查,这为蒙文的信息处理发挥了积极的推动作用。除了以上讨论的蒙古语研究专著、辞书、论文集之外,在20世纪末的20余年里,各大语言学刊物或蒙古学刊物上发表了1万余篇学术论文,这些论文涉及蒙古语学的方方面面。使蒙古语学研究事业出现了繁荣兴旺的局面。

蒙古语族达斡尔语研究在此阶段也取得了不少成果。首先是80年代初达斡尔语专家乌日根格与恩和巴图先后各自草拟了《达斡尔语拉丁字母文字》,并在达斡尔族居住区开设了达斡尔语业余学习班,对那些本民族语功能退化者进行了强化达斡尔语的教育,从而对面临同化的达斡尔语的保存和发展起到了积极作用。在此阶段,还对达斡尔语做了全面调查研究,出版了仲素纯撰写的《达斡尔语简志》(1982年),恩和巴图的《达斡尔语汉语词典》(1983年)和《达斡尔语词汇》(1984年)、《达斡尔语话语材料》(1985年)与《达斡尔语和蒙古语》(1988年)、拿木四来等的《达斡尔语与蒙古语比较》(1983年)等研究著作和一般性著作以及与汉语、蒙古语进行对照的词汇集或小词典。蒙古语族土族语研究方面的成绩主要表现在,1979年制定了拉丁字母土族语文字,推行了拉丁字母《土族文字方案》,编纂出版了有关土族拉丁字母文字教材、辞书等,在本民族学校和职工中开设了业余学校,教授土族语和土族文,从而为本民族语使用人口的稳定发挥了较好作用。在80年代对土族语展开普遍调查之后,土族语专家学者先后撰写并出版了一些研究性专著、调查报告、一般性著作及词汇集等。其中,有照那斯图的《土族语简志》(1981年)、哈斯巴特尔的《土族语词汇》(1986年),清格尔泰的《土族语和蒙古语》(1991年)、李克郁的《土汉词典》(1988年)等。对蒙古语族东乡语、东部裕固语、保安语等的研究在20世纪70年代末以后也取得了较大成绩。特别是这些语言在过去调查研究的基础上,重新开展了更全面更系统的补充调查,接着出版了刘照雄撰写的《东乡语简志》(1981年)、布和等的《东乡语词汇》(1983年)和《东乡语话语材料》(1986年)以及《东乡语和蒙古语》

（1987年）、甘肃省语文办等单位合编的《东乡语论文集》等。在东部裕固语方面，有照那斯图的《东部裕固语简志》（1981年）、朝鲁等的《东部裕固语词汇》（1985年）和《东部裕固语和蒙古语》（1992年）。保安语方面，主要有布和等的《保安语简志》（1982年），陈乃雄的《保安语词汇》（1986年）、《保安语话语材料》（1987年）以及《保安语和蒙古语》（1987年）等。当然，在此期间还发表了关于达斡尔语、东部裕固语、东乡语、保安语方面的不少学术论文。所有这些，对于蒙古语族诸语的发展和研究产生了巨大影响，使蒙古语族诸语的研究更趋于科学化、理论化和实用化。

综上所述，我国蒙古语族诸语的研究在20世纪的百年当中，确实取得了令人振奋的学术成绩。同时，也走过了从小到大、从实践到理论的蒙古语学历程。我们把这百年的蒙古语学史分成20世纪初至40年代末为第一阶段，从20世纪40年代末至70年代中期为第二阶段，从20世纪70年代后期至20世纪结束为第三阶段。在第一阶段里主要对我国蒙古语族诸语的蒙古语、蒙古书面语、古蒙文进行了局部和一定程度的调查研究，发表和出版了与此相关的一些论著，编写了有关蒙古语教材。在第二阶段，主要是设立了蒙古语教学研究院所及各级语言文字工作委员会；编写了从小学到大专院校的蒙文教材，规范和统一了蒙文教学工作；对蒙古诸语及方言开展了语言大调查，收集了相当丰富的第一手资料；发表和出版了不少语言文字论著。第三阶段主要是对蒙古语方言土语及其他诸语进行了补充调查或重新调查；培养和造就了一大批蒙古语学著名专家学者；发表和出版了一大批实用性强、科学性强、理论性强的论著；研究设计出蒙古文计算机软件及字符，召开了两次国际蒙古语言文字研讨会。

第三节　20世纪满通古斯语族研究概述

我国的满通古斯诸语包括女真、满、锡伯、鄂温克、鄂伦春、赫哲六种语言。其中女真语、满语、锡伯语有文字。女真文分大字和小字，女真大字是1119年颁行的，女真小字是1138年颁行的。女真大字为表意性文字，女真小字是按音拼写的文字,不过女真小字中还保留了一部分表意文字。女真文字创制以后只使用了120余年就完全消失了,现在只留下了有一定研究价值的女真字文献、金石、墨迹等。女真语也作为历史上被女真人使用的语言,随着女真人建立的金朝(1115—1234年)的灭亡而消失。满文是1599年参照蒙古回鹘文字母创制的拼音文字。满文和满语也随着满族建立的清朝(1616—1911年)政府的退出历史舞台逐渐缩小使用范围,现在只有黑龙江省三家子满族生活区小学内教授满文,会满语者也只剩下一些70岁以上的老人。然而,从17世纪初满族的兴盛到20世纪初衰亡的300多年时间里,清朝政府用满文留下了浩如烟海的文献资料。锡伯文是1947年经民间组织"伊犁锡索协会"研究决定,对满文进行必要改革后创制的,与满文字母表基本相同的回鹘字母体系的拼音文字。锡伯语和锡伯文在锡伯族的生活区内仍被广泛使用。满通古斯诸语里,除了女真语、满语、锡伯语之外,像鄂温克语、鄂伦春语、赫哲语都没有文字。在我国,满通古斯诸民族主要居住在黑龙江省、辽宁省、吉林省、河北省、北京市、内蒙古自治区、新疆维吾尔自治区等省、自治区、直辖市。另外,还有一部分人生活在山东省、河南省、天津市等地。据1990年人口普查统计,满通古斯诸民族共有1003万多人口。其中,满族约有983万人,锡伯族有17.5万人,鄂温克族2.9万人左右,鄂伦春族7000多人,赫哲族4500人。这些语言里除了满语和赫哲语只有60—70岁及以上者使用之外,其他人几乎都不使用本民族语言,而改用了汉语汉文。鄂伦春语的使用者现在只达到本民族人口的50%或55%左右。锡伯语和鄂温克语至今被使用得较好,并且使用本民族语者约有80%以上。不过,鄂伦春族和鄂温克族及锡伯族内会本民族语的人也基本上会汉语,同时还不同程度地掌握蒙古语、达斡尔语、维吾尔语、哈萨克语、俄罗斯语等。学生们基本上上汉文学校或蒙文学校或维文学校,通过汉文、蒙文、维文学习文化知识。

在20世纪里,我国满通古斯诸语的研究工作取得了较大的科研成果,但根据时代及社会环境与条件的差异,在不同时期内所取得的科研成果也是不相同的。以下我们将满通古斯诸语20世纪百年当中的研究情况和科研成果分为20世纪至40年代末、20世纪40年代末至70年代后期、20世纪70年代末至

20 世纪结束三个阶段分别进行阐述。

20 世纪初至 40 年代后的 50 多年里，我国满通古斯诸语研究工作的侧重点放在对女真语文献资料、女真字碑、女真文字研究以及满语文献资料、满文档案、满文木牌的考证、注释、分析整理方面。在此研究领域所取得的成绩分别在《考古社刊》《支那学》《东北丛刊》《国学季刊》《国立北平图书馆月刊》《满洲学校》《满洲史学》《国立中央博物馆时报》《国学丛刊》《国学论衡》《史学集刊》《中国文化研究所集刊》《中国大学半月刊》《华年周刊》《燕京学报》《文史杂志》等学术刊物上先后被公开发表。这十数篇论文主要对女真文字结构特征、女真文字书写形式以及女真文字金石资料、墨迹资料等进行了学术讨论，并对有关文献资料中的女真文字做了必要的考证、注解和转音描写。另外，在这一时期的论文里，也有一些从应用语言学和描写语言学的视角，对满文文献资料中的满语语法结构、语音结构、词汇特征以及满文文字等方面进行讨论的学术论文。其中，包括对 20 世纪 30 年代新发现的《老满文档册》及《新老满文木碑》等珍贵的满文文献资料展开学术研究的论文。

就像我们在前面所提到的那样，从 20 世纪初到 40 年代末，我国满通古斯诸语的专家学者，把研究工作的重点放在女真文和满文文献资料的分析研究上。当然，在有关民俗学、社会学方面的专著或文章里也有涉及鄂温克语、鄂伦春语、赫哲语语音、词汇及语法方面的内容。但这些成果不属于十分严格而系统的研究性论著，只是较简单而粗线条的分析研究。再者，这一时期国外的有关民族学家、社会学家和宗教人士先后到满通古斯诸民族生活的草原和森林，对通古斯诸语进行过不同层面的田野调查和研究。其中，主要有波普的《索伦语资料》（1931 年）、史禄国的《北方通古斯的社会组织》中的《通古斯诸语特殊词汇集》（1933 年），服部四郎的《索伦语调查》（1935 年）等。另外，也有一些日本学者对于鄂温克语和鄂伦春语词汇进行收集的小册子。

总之，从 20 世纪初至 40 年代末的约 50 年里，我国满通古斯诸语研究成绩不太突出。其主要的工作表现和特征是：①绝大部分成果是属于女真文和满文文献资料方面的论文；②有一些涉及鄂温克语、鄂伦春语、赫哲语语音、词汇的论文或词汇集小册子；③在满文的基础上创制了锡伯文。

20世纪40年代末至70年代中期是我国满通古斯诸语研究的第二阶段。在这一阶段，我国有关专家学者主要对满通古斯诸语进行了全面、系统的调查，收集了大量的第一手语言资料，并对资料进行了分析整理和归类。然而，被公开出版和发表的论著并不多。从50年代中后期至70年代中期，中国科学院、中国第一历史档案馆、中央民族大学、北京大学、内蒙古大学先后开设过多期满文专业班或满文课程，培养了相当一批满文文献资料以及满通古斯诸语研究的专门人才。在50年代，还先后拟定过《斯拉字母锡伯文文字方案》（1955年）和《拉丁字母锡伯文文字方案》（1958年），但都没能具体实施。新疆的锡伯族还是没有抛弃他们正在使用的、与满文字母表基本相同的回鹘式字母体系的拼音文字。在50年代至60年代，女真语语法结构、女真文字构造及读音研究取得了较显著的成绩。就在这一时期，金光平等撰写完成了《女真语言文字研究》（1964年）之书稿。另外，台湾满文专家对于满文研究也做出了一定的成绩，出版了有较高学术理论价值的专著及译著。其中，包括李学智与人合著或独著的《清太祖朝老满文原档（译注Ⅰ、Ⅱ）》（1970年）、《老满文原档论辑》（1971年），陈捷先的《满洲丛考》（1963年）等。

概而言之，在20世纪40年代末至70年代中期的30年里，我国满通古斯诸语研究取得的主要成绩表现在：①撰写完成了女真文研究专著；②培养了一批从事满文及满通古斯诸语研究的专门人才；③出版和发表了关于满文研究的论著；④收集和整理了满通古斯诸语相当丰富的口语资料。

20世纪70年代中期至20世纪末是我国满通古斯诸语研究的第三阶段。在这一时期，我国满通古斯诸语研究事业取得了令人瞩目的辉煌成果。最应该提到的是对于女真文这一满通古斯诸语中难度最大、历史最久远而文献资料最稀少又最珍贵的冷门研究所获得的科研成果。可以说，对于女真文有兴趣或从事女真语研究的人有不少，但在此研究领域真正做出成绩的专家却是屈指可数。20世纪80年代以后，我国陆续发表和出版了不少关于女真文研究方面的论著和辞书。其中，包括金光平等的《女真语言文字研究》（1980年）、道尔吉的《女真语音初探》（1982年）、和希格的《〈女真馆杂字·来文〉研究》（1982年）、金启孮的《女真文辞典》（1984年）、贾敬颜等的《女真译语、蒙古译语汇编》（1990年）等。这些成果较系统全面地讨论了女真文字结构、语音系统以及有关形态结构等方面的内容。

说到我国满语满文的研究事业，在这个时期得到了最理想、最快速的发展。先后成立了黑龙江省满语研究所，中国第一历史档案馆满文部、辽宁省档案满文组、北京社会科学院满族研究所满语文研究室、中央民族大学满学所满语文研究室、内蒙古大学满语研究室等研究机构。并先后开办了多次满文满语学习班、培训班和速成班。从而培养出了相当一批满语满文研究方面的新的人才。同时，在中央民族大学、北京大学、内蒙古大学等还培养出了数十名满语专业硕士和博士。由于满语和满文人才培养十分及时，又有很扎实的理论基础，再加上在满语研究的第二阶段培养出的老一辈专家学者的指导，满语研究方面发表和出版了许多论著。尤其是黑龙江大学满语研究所创办了《满语研究》（1985年）这一专业性很强的学术刊物之后，有关满语满文研究领域的各方面讨论更加展示出新的活力和生机，使满语满文研究论文在质量和数量上有了大幅增加。据不完全统计，从20世纪70年代中期至20世纪末的20余年里，在我国各刊物公开发表的满语满文学术论文有460余篇，还出版了20余部专著和辞书。其中，全面论述满语语音、语法结构的专著有乌拉熙春的《满语语法》（1983年）和《满语语音研究》（1992年）、季永海等的《满语语法》（1986年）、刘景宪等的《满语研究通论》（1997年）等。有关满语口语方面的研究成果有赵杰的《现代满语口语研究》（1989年）和《现代满语与汉语》（1992年）、季永海等的《现代满语八百句》（1989年）、恩和巴图的《满语口语研究》（1995年）、金启孮的《波斯湾历史与生活——三家子屯调查报告》中《三家子满语口语分析》（1981年）等。有关满语教材方面有屈六生等的《满文教材》（1991年）、金宝森等的《满文讲义》（1995年）、乌拉熙春的《满语读本》（1985年）、爱新觉罗·瀛生的《满语读本》（1986年）等。满语文献资料方面的研究专著有庄吉发的《满汉异域录校注》（1983年）、陈捷先的《满文清实录研究》（1978年）和《清文清本纪研究》（1981年）及《谢遂职贡图满文图说校注》（1986年）、季永海等的《崇德三年满文档案译编》（1988年）和《随军纪行译注》（1987年）、赵志忠的《〈满谜〉研究》（1993 年）等。满语书面语及文献资词汇方面的辞书出版有奇车山等的《旧清语辞典》（1987 年）、任世铎的《无圈点字书》（1987 年）、商鸿逵等的《清史满语辞典》（1990 年）、安双成的《满汉大辞典》（1993 年）、胡增益等的《新满汉大词典》（1994 年）等。

这些成果的公开发表和出版，充分展示了我国满语研究界在世界满语研究领域所占有的主导地位以及雄厚的理论优势。从而将满语研究事业推向了更加成熟、更加理论化和科学化的境界。

20 世纪 70 年代中期至 20 世纪末，我国锡伯语的研究也是走过了让人赞叹的一段历程。首先，在新疆成立了"锡伯语言学会"（1981 年），创办了《锡伯语言通讯》（1981 年），制定了《六年制（锡伯族）小学锡伯语文教学大纲》（1984 年）及《（新疆）察布查尔锡伯自治县语言文字学习使用管理暂行规定》（1989 年），召开了《新疆首届锡伯语言文字工作会议》（1989 年），会上讨论了锡伯语言文字使用与锡伯语教学情况等问题，使锡伯语教学走向了规范化、标准化、法制化的道路。1992 年新疆人民出版社出版了《规范化（锡伯语）名词》，1993 年出版了《现代锡伯文学语言正字法》，该正字法共 12 章 27 款，包括锡伯文字母和字母表、音位、音节、独立词写法、借词写法、口语常用词输入书面语写法等诸多细则。正字法还收入了 3.5 万条有规范形体的词语。当然，其中还有一些方言土语词及外来词等。锡伯语言文字的使用及锡伯语教育工作的规范化，使锡伯语言文字的研究工作更趋于成熟和理论化。其次，在这一时期培养出了一批有一定实践经验和理论基础的锡伯族语言文字工作者。还组织锡伯族语言文字研究专家学者，对锡伯语口语和书面语的使用情况进行了大调查（1981—1989 年）。收集了大量的十分珍贵的语言资料，为锡伯语言文字的研究打下了坚实的资料基础和人才基础。在此期间，还先后发表了专门讨论锡伯语语音、语法、词汇以及正字法或语言文字使用等方面的学术论文数十篇。还先后出版了不少有理论深度和科学使用价值的专著和辞书。其中，对于锡伯语语音、词汇、语法等方面进行全面讨论的专著有李树兰等的《锡伯语简志》（1986 年）、图奇春等的《锡伯语语法》（1987 年），锡伯语口语研究方面有李树兰等的《锡伯语口语研究》（1984 年），锡伯语会话方面有金炳喆的《锡伯语汉语会话》（1992 年），锡伯语辞书方面有佟玉泉等的《锡伯语（满语）词典》（1987 年）、关善保等的《汉锡简明对照词典》（1989 年）、郭秀昌的《锡伯语词汇》（1991 年）等。

我国鄂温克语、鄂伦春语、赫哲语的研究在此期间也有了很大成绩。从 80 年代初至 80 年代末的 10 年当中，通古斯诸语的专家学者先后多次到鄂温克族、鄂伦春族、赫哲族生活区，对于他们的语言进行了拉网式的田野大调查，收集了相当丰厚的第一手语言资料，从而对以后通古斯诸语的理论研究打下了十分理想的资料基础。另外，在这 20 余年里，中央民族大学、内蒙古大学、黑龙江大学等高等院校培养了数十名从事通古斯诸语研究的专门人才。有了资料和人才，我国鄂温克语、鄂伦春语、赫哲语的研究事业就有了活力，就有了蓬勃而迅速的发展。80 年代内蒙古自治区和黑龙江省先后成立鄂温克研究会鄂温克语研究组、鄂伦春研究会鄂伦春语研究组、赫哲族研究会赫哲语研究组等社会团体，由此加大了对我国通古斯诸语的研究力度。2000 年 9 月还在内蒙古海拉尔市，由中国社会科学院民族研究所和日本东北大学东北亚研究中心共同召开了"首届国际通古斯语言文化研讨会"。会上我国的 30 余名通古斯诸语专家学者宣读了论文，使我国的鄂温克语、鄂伦春语、赫哲语研究事业走向国际学术领域的同时，得到了国际通古斯语学界的认可，也成为国际通古斯语学中不可忽视的重要组成部分。

20 世纪 70 年代中期至 20 世纪末的 20 余年，我国通古斯诸语专家学者发表了有关鄂温克语、鄂伦春语、赫哲语等方面的学术论文 132 篇。这些论文涉及鄂温克语、鄂伦春语、赫哲语的语音、词汇、语法、方言土语、语言接触、语言文字使用和传播等方面的内容。还撰写出版了数十本专著和辞书、词汇集等。其中，对于某一具体语言进行全面而系统论述的研究性专著有胡增益等的《鄂温克语简志》（1986 年）、胡增益的《鄂伦春语简志》（1986 年）、安俊的《赫哲语简志》（1986 年）、朝克的《鄂温克语研究》（1995 年）等。一般性专著有萨希荣的《简明汉语鄂伦春语对照读本》（1981 年）、尤志贤的《简明赫哲语汉语对照读本》（1987 年）、朝克等的《索伦语基本例文集》（1991 年）、韩有峰等的《鄂伦春语汉语对照读本》（1993 年）等。通古斯诸语辞书或词汇集方面的出版物内容主要与鄂温克语有关。包括贺兴格等的《鄂温克语蒙古语汉语对照词汇》（1983年）、朝克的《鄂温克语基础词汇集》（1991年）和《鄂温克语三大方言基础词汇集》（1995年）、道尔吉的《鄂温克语汉语词典》（1998年）、涂吉昌等的《黑龙江鄂温克语汉语对照词汇集》（1999年）等。用国际音标或转写音标记录通古斯诸语的出版物有朝克等的《鄂温克族民间故事》（1988年）、尤志贤的《赫哲族伊玛堪选》（1992年）、孟淑珍的《鄂伦春民间文学》（1993年）等。

从以上成果可以看出，我国满通古斯诸语的研究事业在20世纪70年代中期至20世纪末的20余年里确实取得了很大成绩。而且，在此期间还出版了朝克的《满通古斯诸语比较研究》（1997年）和《满通古斯诸语基础词汇集》（1997年）等对于满通古斯诸语进行比较研究的专著及词汇集。同时，还完成了胡增益等主持的《满通古斯诸语词汇学》（国家社科基金项目，1997年）、朝克主持的《满通古斯诸语研究》（国家社科基金青年项目，1997年）、赵阿平主持的《黑龙江满语口语研究》（国家社科基金项目，2000年）等重大研究课题。所以，我们说在满通古斯诸语研究的第三阶段是该学术研究领域走向成熟，走向理论化和科学化，走向辉煌的20年。

综上所述，我国满通古斯诸语研究在20世纪的百年当中，从小到大，从局部到全面，从实践到理论，走过了一个十分成功而科学的历程。我们将这一历程分为三个阶段进行了分析讨论。第一阶段是从20世纪初至20世纪40年代后期的约50年时间，在这个阶段我国满通古斯诸语研究的重心放在女真文、满文文献资料的分析论述方面；第二阶段是从20世纪40年代末至70年代中期，在此期间我国满通古斯诸语研究工作的侧重点放在培养人才、语言田野调查、收集活的语言资料方面；第三阶段是从20世纪70年代中期至20世纪末的20余年时间，这是一个人才辈出、成果频出、从实践走向理论、走向辉煌的时期。

第二章
阿尔泰语系语言语音比较研究

  阿尔泰语系语言的蒙古语族语言、突厥语族语言、满通古斯语族语言中的共有词,一直以来引起该学术界专家学者们的极大关注和热议,进而成为阿尔泰语学这一学术研究观点的理论依据,以及提出阿尔泰语系这一学术理论的前提和必要条件。那么,自从阿尔泰语系语言的学术讨论开始以后,直到现在有关共有词有三种理论观点。一是,阿尔泰语学的绝大多数专家认为,这些共有词属于阿尔泰语系语言的同源词,也就是说它们的阿尔泰语系语言的祖语成分,是这些语言母体中存在的核心要素,是这些语言还没有分离成不同语族语言、不同语支语言之前的远古共同体时期的原始产物。二是,也有专家把这些共有词说成阿尔泰语系语言的共有词,认为这些共有词的历史来源非常复杂,至今还难以从阿尔泰语系诸民族历史来源上得到十分可靠的理论依据,去充分肯定他们的先民在远古时期共同创造并使用过同一个原始语言。不只是在语源学上没有令人心服口服的理论依据,同时不论从考古学、历史学、民族学,还是遗传学上都很难得到有说服力的旁证来论证它们的共同起源,或者在某一个特定历史时期他们的先民共同创造并使用了同一个母语。与此同时,也很难否定阿尔泰语系诸民族,在远古时期共同使用过某一种语言的可能,所以他们从历史到今天共同使用的语言词汇,从这个意义上就叫共有词。三是,还有一些比较保守的语言学家认为,阿尔泰语系语言里出现的这些共有词是后来在相互接触、相互影响的基础上出现的现象,甚至可能是彼此间借用的关系。问题是,这些共有词许多是基本词,而且涉及面又十分广泛,怎样的深入广泛长期的接触才能导致如此多的共有词呢。我们暂且不谈他们的最早的历史来源,就从后来的历史发展进程看,他们的先民之间的接触历史并不是很长,有文字以后彼此之间的影响也不像汉字对于日本语和朝鲜语那么大,如果其中的一种民族文字像汉字对日本语和朝鲜语的影响那么大,还有情可原、有理可言,所以在我们看来相互借用关系说显得力不从心,没有太大的说服力。对此问题,我们也假定,除了他们的先民用共同的生活、劳动、智慧创造并使用了某一共同原始语言之外,在人类历史社会的早期某一历史阶段,是否出现过他们的先民一起生活或者说深度接触的混居、杂居,甚至相互广泛通婚等现象,由此导致彼此语言相互渗透、相互影响、相互借用等情况,对此方面也得不到十分可靠的论据。说实话,不谈他们的历史来源,但在早期历史岁月里,阿尔泰语系诸民族确实相互接触或交往过。不过,历史不是太长,接触的也不太深。总而言之,阿尔泰语系语言里确实存在最为基础、最为深入、最为广泛使用的词语,有的词语伴随人类历史的发展变迁,其中的语音在特定的自然环境、地域环境、社会环境中产生了不同程度的演变,有的已经出现很大变化而难以从表面上看出其中保留的十分模糊的同源关系或共有关系,只有对于这些语言全范围掌握得很深的语言学家,或者对于其中某几种很熟悉的阿尔泰语系语言学家,才能够通过深入细心地研究,科学论证这些远古词语的共同点或共同的历史来源。

综观阿尔泰语系语言研究的历史,或者说早期研究成果,首先应该提到国外专家学者的相关研究成果。那么,国外阿尔泰语言学家,他们的研究更多地关注国外阿尔泰语系语言。也就是说,他们研究的侧重点基本上放在国外阿尔泰语系语言,对我国境内的阿尔泰语系语言涉及不多。而且,只涉及个别大语言,其他诸多语言根本没有涉及,更谈不上全面系统深入的研究。由此我们说,我国阿尔泰语系语言比较研究至今还处于空白阶段,还未进行完整意义上的比较研究。过去,国外语言学家,包括美国的鲍培、芬兰的兰司铁、波兰的科特维奇、英国的克劳森、苏联的巴斯卡科夫和青齐乌斯、匈牙利的李盖提等,从事过阿尔泰语系语言粗线条比较研究,且重点放在国外阿尔泰语系语言,对我国境内的阿尔泰语系语言只涉及个别语言和领域。换言之,他们所谓的阿尔泰语系语言比较研究,只是对于感兴趣的或有所了解的语法范畴进行的碎片化而非系统的比较研究,根本称不上一个系统完整而全面的比较研究,更多的是词汇比较、词源研究、个别语音和语法现象的比较研究等。其中,兰司铁的《阿尔泰语言学导论》(1952年)、巴斯卡科夫的《阿尔泰语系语言及其研究》(1958年)、鲍培的《阿尔泰比较语法》(1960年)、科特维奇的《阿尔泰语研究》(1962年)等最具代表性。从这些成果的完成和出版时间来看,国外阿尔泰语系语言研究历史也不是很长,应该始于20世纪初,在当时他们根据所掌握的俄罗斯西伯利亚通古斯诸语,如蒙古国的蒙古语和俄罗斯的蒙古语、苏联时期的突厥语族语言和其他一些国家的突厥语族语言等,以此为主,展开了阿尔泰语系语言研究,进而提出阿尔泰语系语言这一学术概念。不过,他们的研究很少深入我国的阿尔泰语系语言。当然,我们也不能说,他们的研究完全没有涉及我国的阿尔泰语系语言,在他们的有关成果里也涉足过我国境内的蒙古语、满语、索伦语及突厥语族的个别词汇和语法现象等。所以说,他们的研究资料,基本上来自国外的阿尔泰语系语言,其第一手语言资料更多来自前联时期的突厥语族语言和西伯利亚地区通古斯诸语,以及蒙古国和俄罗斯的布里亚特蒙古语等。起初,阿尔泰语系语言研究方面,贡献最大的是芬兰学者兰司铁先生,他从1902年起就开始探索阿尔泰语系语言间存在的共有现象,进而发表了一系列学术论文。他的这些成果,后来全部编入在他去世后编辑出版的《阿尔泰语言学导论》。应该肯定的是,他的这本书为阿尔泰语言学奠定了良好基础。受其影响,后来西方不少语言学家开始研究阿尔泰语言学范畴的诸语言。其中,就有波兰学者科特维奇和美国学者波普,他们不仅肯定兰司铁的阿尔泰语言学学说,同时拿出十分有力的理论依据论证阿尔泰诸语的亲缘关系,进而论证阿尔泰语系语言之同源关系。更加可贵的是,在20世纪60年代初他们相继出版《阿尔泰比较语法》(鲍培,1960年)、《阿尔泰语研究》(科特维奇,1962年)等代表性成果。他们的这些学术研究,在当时得到语言学界的广泛关注和重视,大家公认为他们的研究是用历史比较法探讨阿尔泰诸语共同体的优秀科研成果。毫无疑问,《阿尔泰比较语法》和《阿尔泰语研究》是在兰司铁的阿尔泰语言学学术思想基础上建立起的学术理论观点。

经研究他们认为，阿尔泰诸语间存在诸多同源关系，但同时也怀疑其中的一些共有关系，是否属于后来语言接触过程中留下的产物，不可能所有共属成分都是同根同源关系。说实话，直到20世纪60年代，以上成果的先后出版，基本肯定了阿尔泰语系学说。这使人们开始在其研究范围里，开展更大广度、更有深度、更具说服力的阿尔泰语系语言语音、词汇、语法研究。20世纪60年代以后，阿尔泰语系不同语族语言内部的研究变得更加活跃，也有专家开始实施阿尔泰语系突厥语族、蒙古语族、满通古斯语族语言内部的比较研究。所有这些不同语族内部展开的比较研究，不仅对于阿尔泰语系语言比较研究提供了更多理论依据，同时对整个阿尔泰语系语言发展变化研究也产生了积极影响。在这里应该提到的是，有些西方专家出于谨慎考虑，没有马上肯定阿尔泰语言学学说，反而认为这是一种学术假说。比如说，匈牙利学者李盖蒂认为，阿尔泰语的亲缘关系只是一种假说；丹麦学者格伦贝克也认为，阿尔泰语系学说缺乏强有力的理论依据。不过，在当时某些专家也认为，阿尔泰语系同源关系学说，还需要更有说服力的更让人心服口服的学术理论依据。例如，苏联学者巴斯卡科夫提出，阿尔泰语系语言历史演变存在极其复杂的关系，认为阿尔泰语系语言也许存在多元一体的历史来源。也有专家刊发过怀疑阿尔泰语言亲缘关系的论著。其中，英国学者克劳森在20世纪五六十年代发表的论文，提出突厥语族、蒙古语族、满通古斯语族语言间的所谓同源成分多半是互相接触、影响中出现的借用关系。在他看来，由于蒙古文字是在13世纪由旧维吾尔文改革而来的，同时把从左向右横着写的旧维吾尔文改变为从右向左、从上向下竖写的蒙古文，所以在古代蒙古语里伴随文字借入了不少维吾尔语或者说突厥语词语。再往后，也就是16世纪末叶，蒙古文上面增加了一些特定符号创制了满文，因此同蒙古文一起在满语里借入的相当数量的蒙古语词语。换言之，从维吾尔文改革而来的文字给蒙古语带来了很多突厥语族语言借词，由蒙古文改革而来的满文同样从蒙古语借入了数量可观的词语。似乎这种观点有它的合理性，并同汉字被借入朝鲜语和日本语后，伴随汉字的被借入在朝鲜语和日本语中借入数量可观的汉语词的实际情况相吻合。但是，却有如下问题是。①汉语同朝鲜语、日本语不属于同一个语系语言,所以伴随汉字的借入汉语强势影响了这些没有系属关系的语言。我们可以想象,在当时朝鲜人或日本人不学习掌握一定数量的汉语词汇,那么对于他们汉字的使用会带来很多麻烦和问题。②他们对于数量庞大的汉字并没有做太大的改革或改变,尽管一些汉字的词义出现不同程度的演变,但汉字本身没有出现太大变化,所以汉字和汉语自然而然的更大、更深、更广地影响了朝鲜语和日本语。③当时朝鲜人和日本人借用汉字,不只是文字使用的迫切需要,同时也跟魏晋南北朝以后,特别是唐代鼎盛时期新思想对朝鲜和日本的渗透,以及由此带来的政治经济社会等诸多方面的深刻影响均有必然的内在联系。比如说,794—1185年间,也就是日本的平安时代大力提倡大唐文化,他们的文人一度极力信奉汉字,进而用汉字写作在当时成为一种时尚。④由于汉语和朝鲜语、日本语不属于同一个语系语言,尽管被朝鲜语、日本语借入了数量庞大的汉字词语,但未能影响和改变朝鲜语、日本语的语法结构系统。然而,突厥语族语言、蒙古语族语言、满通古斯语族语言是属于同一个语系语言,不只是在语法结构方面保持高度的一致性,同时在基本词汇方面也存在许多共有关系。那么,13世纪初塔塔统阿受成吉思汗指令依据当时突厥人使用的回鹘文创制蒙古文,就明显感觉到维吾尔语和蒙古语在语音、词汇、语法中存在大量的共同成分,正因为如此回鹘式蒙古文创制以后很快在蒙古族中得到推广。当然,我们也不能否定,伴随回鹘文被蒙古语使用后,同文字一起使用到蒙古语的一些突厥语词语。不过,这两个语族语言中出现的更多共同成分,比蒙古语使用回鹘式蒙古文的时间要早得多。再者,蒙古语和满语的共同成分里,除了后来的一些词语之外,绝大多数是出现于16世纪末满语使用由蒙古文改变而来的满文之前。这一点,我们从现有的女真语资料就可以看得很清楚。

就如前面所说,国外专家有关阿尔泰语系语言全面系统分析研究的成果,更多地集中在国外阿尔泰语系语言方面,很少深入我国境内的阿尔泰语系语言,即关系到我国阿尔泰语系语言的研究及其内容很不全面系统。特别是,对于我国境内的东部裕固语、东乡语、保安语、柯尔克孜语、乌孜别克语、塔塔尔语、西部裕固语、撒拉语、锡伯语、鄂伦春语、赫哲语等诸多阿尔泰语系语言,包括我国境内的蒙古语、鄂温克语、哈萨克语、维吾尔语的诸多方言土语基本上没有论及。这也难怪，在当时无论国内还是国外，我国阿尔泰语系语言资料十分短缺，甚至可以说许多边远地区的阿尔泰语系语言根本没有什么实地调研中获取的成熟的语言资料。再加上，国外阿尔泰语系语言专家不熟悉我国阿尔泰语系语言，也没有进行过深入扎实系统的调查研究，所以他们对我国阿尔泰语系语言的比较研究属于碎片化和不成系统的状态。另外，国外专家学者，对于国外阿尔泰语系语言比较研究，也不是十分系统和全面。例如，名词类词错综复杂的格、级形态变化语法现象，动词类词的体、式、副动、助动等及其复杂多变的形态变化语法现象等没有开展全面、细致、深入、扎实的比较研究。他们的研究更多地集中在个别词的语音对应现象、词义结构的分析、词源关系的讨论等方面。

其次，我国阿尔泰语系语言专家学者，主要是从 20 世纪 80 年代初开始，对我国境内的阿尔泰语系不同语族语言进行了富有成效的比较研究。特别是，其研究主要更多地针对单个语言描写研究，或对某一语支语言或者对于某一语族语言语音、词汇、语法的专题性研究方面，并没有开展整个阿尔泰语系语言的全面比较研究。出现这一问题的根本原因是同我国阿尔泰语系语言形态变化现象最为复杂的满通古斯语族语言资料很不完整有关。到了 21 世纪初，我国满通古斯诸语才有了一系列研究成果，特别是 20 世纪末 21 世纪初相继出版的国家社科基金项目成果《满通古斯诸语比较研究》（1997 年）、《满通古斯语族语言研究史论》（2014 年）、《满通古斯语族语言词源研究》（2014 年）、《满通古斯语族语言词汇比较》（2014 年），以及《中国满通古斯诸语基础语比较》（1997 年）、《满通古斯诸语及其文化》（2002 年）等，一系列成果的陆续出版很大程度上弥补了我国阿尔泰语系语言比较研究资料缺失的遗憾。另外，国家教委资助的重点教材项目《阿尔泰语言学导论》也于 2002 年出版，不过该项教材性成果出于大学教学教育考虑，只是介绍了阿尔泰语系每一种语言、每一个语支和语族语言的基本情况，没有开展相互间的比较研究。不过，我国民族语言学界，现已基本完成了阿尔泰语系语言所有个体语言的专项研究工作，甚至完成了阿尔泰语系濒危语言、不同方言土语的专题研究，以及不同语族语言的比较研究科研任务。其中，就包括阿尔泰语系《语言简志丛书》《濒危语言研究丛书》《蒙古语族语言方言研究丛书》《满通古斯语言文化研究丛书》等。再者，现已出版的《中国民族语言文字研究史论》（4 册，2013 年）、《中国的语言》（2007 年）、《二十世纪中国语言学丛书》（1998 年）、《中国少数民族语言使用情况》（1994 年）、《中国少数民族语言文字》（1992 年）、《中国少数民族语言》（1987 年）等成果里，也都不同程度地介绍过阿尔泰语系不同语言的基本情况。除了上面提到的《满通古斯诸语比较研究》之外，还出版了《突厥语族语言语音比较研究》（2011 年）、《突厥语族语言词汇集》（1990 年）、《突厥比较语言学》（1997 年）、《蒙古语族语言词典》（1990 年）等阿尔泰语系不同语族语言内部进行语音、词汇、语法比较研究的科研成果及词汇集等。

我国的阿尔泰语系语言资源最丰富，有蒙古语族语言、突厥语族语言、满通古斯语族语言三大部分，涉及我国 18 种北方民族语言及其 100 余种方言土语。其中，蒙古语族语言有蒙古语、达斡尔语、东部裕固语、土族语、东乡语、保安语，突厥语族语言有维吾尔语、哈萨克语、柯尔克孜语、乌孜别克语、塔塔尔语、西部裕固语、撒拉语、图瓦语，满通古斯语族语言有满语、锡伯语、鄂温克语、鄂伦春语、赫哲语及历史上的女真语等。除此之外，还有阿尔泰语系诸民族正在使用的蒙古文、维吾尔文、哈萨克文、柯尔克孜文、乌兹别克文、塔塔尔文、锡伯文等现行文字，以及历史上使用的巴思巴文、契丹文、回鹘文、基利尔蒙古文、古突厥文、粟特文、女真文、满文等古文字和早期民族文字等。

在我们看来，从事阿尔泰语系语言研究的专家学者，在他们的研究中如果脱离我国极其丰富的阿尔泰语系语言，就很难彻底、清楚、科学地论证阿尔泰语系语言的历史来源关系。

再次，阿尔泰语系语言也是一个横跨大陆的大语言体系，除我国之外，在俄罗斯、蒙古国、日本、阿富汗、伊朗、土耳其，以及东欧一些国家都有阿尔泰语系语言。同时，跟北极圈、北欧、北美及东北亚诸民族语言间均有多层面、多角度、多元化的亲缘关系。这些语言无论在语音形态变化还是语法形态变化方面均有诸多同源性、一致性、共同性、相关性等复杂性关系。据不完全统计，国内外涉及阿尔泰语系语言的总人口达8000多万人。正因为如此，国内外语言学界，特别是从事民族语言文字研究的专家学者，甚至包括民族历史、民族学、民族文化、民族关系研究的专家学者，对于阿尔泰语言的研究都十分感兴趣。这是因为，语言属于活的化石、移动的历史、浩瀚的文化宝藏。特别是阿尔泰语系语言中，有许多历史久远而没有本民族文字的民族，他们的一切历史文化文明，都通过语言传承和延续，从而更加体现出阿尔泰语系语言的研究价值和意义，以及该项研究具有的极其重要的现实意义和长远的战略意义。所以，国内外专家，对阿尔泰语系语言十分感兴趣，并从不同角度展开了学术讨论和研究。

总而言之，中外的阿尔泰语系语言研究成果，以及相关研究课题，对于该重大项目的具体实施提供了较好的学术资料及理论依据，打下了较坚实的学术基础。尽管如此，迄今为止，我国专家学者还未开展境内阿尔泰语系语言比较研究，从而成为我国阿尔泰语系语言研究几代专家的一种遗憾和热切期盼。从另一个角度来讲，所有这些自然也成为进一步拓展我国民族语言比较研究，深入探索我国你中有我、我中有你，多元一体历史文化与文明进行学术讨论的发展与突破空间。另外，该项课题研究的实施，同我国文化软实力的加强，占领该学科领域的学术制高点，发挥我国该学科学术优势，强化阿尔泰语学学术话语权等均有极其重要的学术价值、应用价值和社会意义，同时也具有极强的现实而长远的学术意义。

我们在整理境内的阿尔泰语系语言资料时，确实发现数量可观的共有词，或者说该语系语言的通用词。对于共有词语，暂且不论它们的历史渊源问题，只是觉得这些词语在阿尔泰语系语言里共同被使用的历史十分悠久。同时，在各自语言发展的进程中，也都产生了不同程度的语音变化，进而出现了不同形式和内容的语音对应现象。

下面，对于其中一些共有词中出现的语音对应现象进行比较分析，进而阐述它们在不同语音环境和条件下产生的复杂多变而结构严谨的语音对应现象及其规律。其中，对于不同语言的不同元音的对应实例进行排列时，基本上遵循了先是维吾尔语，其次是蒙古语，最后是满语的顺序。也就是说，第一列是维吾尔语对应实例，第二列是蒙古语对应实例，第三列是满语对应实例。不过，根据有关语音对应现象本身所体现出的重要性、侧重点、代表性等的不同，对于一些对应实例在排序上做了必要调整。并且，维吾尔语、蒙古语、满语栏内有可能同时使用，或者是更换使用更具代表性的其他相关语言的例词的情况，但不会出现得太多。这是因为，除阿尔泰语系维吾尔语、蒙古语、满语等之外，其他一些语言内，保留有更多该语系语言的共有词、固有词或同源词。比如说，突厥语族的哈萨克语、蒙古语族的达斡尔语、满通古斯语族的通古斯诸语等。在这里，还有必要指出的是，像维吾尔语、蒙古语、满语例词的标音形式，基本上遵循了书面语语音的国际音标方式记音法，同时兼顾了具有很强代表性、现代性、稳固性的个别语音的转写手段。除了这三种语言之外，其他阿尔泰语系语言的例词，在标音和语音转写上，根据具体情况，采取了不同的记音方式。比如说，对于有文字的民族语言，同样以书面语标音为主采用了国际音标宽式记音法；对于没有文字的民族语言，采用了具有代表性、标准性、稳定性的语音转写形式。特别是在满通古斯语族语言的例词栏内，增加了我国通古斯诸语有代表性的一些实例。

  对于阿尔泰语系语言的语音比较研究，也就是语音对应现象的分析，由于绝大多数的例子是由书面语引入的，所以基本上遵从了书面语具有的语音结构特征，并用国际音标宽式记音法进行了语音转写。我们在搜集整理阿尔泰语系语言共有词，以及分析研究共有词的语音对应现象时，也发现像维吾尔语和蒙古语的不同辞书或词汇集，以及相关研究成果里，有对于这些语言词汇标音符号不是十分一致的现象。尤其是那些没有本民族文字的语言词汇的记音上，不同专家使用不同标音方式和标准的现象，使人很难统一把握或规范化使用。其中，个别音的转写标准还未完全确定，有的转写标准还得不到大家的完全认同。尽管如此，该项研究中，采用宽式记音法的同时，尽量照顾到大家公认的语音转写形式及符号系统，当然，也考虑到出版印刷的便利，以及阅读者的方便等问题。

第一节　阿尔泰语系语言元音对应规律

这一节里，以突厥语族维吾尔语、蒙古语族蒙古语、满通古斯语族满语书面语标音形式为主，讨论阿尔泰语系语言的元音对应现象及其规律。而且，以对应现象较为清楚、整齐、稳定而有规律的元音对应为例，论述其对应现象及规律。再者，所涉及的有对应关系的元音，绝大多数是短元音，像短元音与长元音和零元音间的对应实例出现的不多。那么，在下面对于阿尔泰语系语言元音对应现象展开讨论时，就如前面的交代，将突厥语族维吾尔语的对应实例放在第一列，把蒙古语族的蒙古语对应实例排在第二列，第三列是满通古斯语族的满语的对应实例。也就是说，在下面的讨论中标题性陈述的"短元音 a 与其他元音的对应"，应该指的是维吾尔语短元音 a 同蒙古语和满语的不同短元音间产生的对应现象。在这里，首先利用相当的篇幅，对阿尔泰语系语言短元音间产生的对应现象进行全面系统的分析。其次，也利用一些篇幅，讨论维吾尔语零元音同蒙古语和满语的相关短元音发生对应的关系。

一　短元音对应规律

阿尔泰语系维吾尔语、蒙古语、满语为中心的短元音对应现象的分析，主要涉及单元音间发生的不同程度的对应现象，不涉及复元音或零元音同短元音间的对应现象。而且，下面我们要依据突厥语族维吾尔语短元音 a、e、i、o、u、ɵ、y 之前后排序进行讨论。

（一）短元音 a 与不同短元音间的对应现象

在这里，主要讨论维吾尔语的短元音 a 同蒙古语和满语等的短元音之间产生的语音对应现象。我们掌握的第一手资料，充分证明维吾尔语短元音 a 不论在词首、词中、词尾还是在不同语音环境中，跟蒙古语和满语的短元音 a、ə、i、o、u 之间发生的对应关系。相比之下，短元音 a 与 a 间的对应，以及短元音 a 和 o 间的对应现象有较高的出现率。

1. 阿尔泰语系语言里短元音 a 与 ɑ 间产生的对应现象，在整个短元音对应系统里几乎占首要地位，且出现率相当高。同时，可以出现于词首、词中、词尾等词的各个部位。

（1）在词首，主要出现于辅音 r、t、l 与 k 及 m 等的前面。例如：

维吾尔语	蒙古语	满语	词义
arka	aru	amagri	后面
aran	aria	arkan	勉强
ariʃaŋ	arʃijan	artʃan	泉水
ala	alag	alha	杂色的
alkan	alagan	algan/falaŋgu	手掌
ata	abu	ama	父亲
aka	aha	agə	哥哥
aman	amur	amʉran	平安

对于上述例词里的"手掌"一词，满通古斯语族通古斯语支语言内均叫 algan 或 alɡaŋ，但在满语支语言里却说 falaŋgu 等。与此同时，通古斯语支语言内将"哥哥"也说成 aha 或 aka 等。

（2）在词首音节，出现于辅音 t 或 d 后面的短元音 a 与 ɑ 之间的对应现象。例如：

维吾尔语	蒙古语	满语	词义
tajlak	tailag	tailag	小骆驼
tajgan	taiga	taiha	猎狗
takila-	tahala-	tahala-	钉马掌
tart-	tata-	tata-	拉

tartma	tatagur	tataku	抽屉
dawan	dabagan	dabagan	岭

从上面的例子可以看出,在词首音节出现的短元音 a 与 a 间的对应主要出现于辅音 t 的前面,在辅音 d 前面出现的实例比较少。

(3)在词首音节,维吾尔语辅音 k、蒙古语辅音 h、满语辅音 h、k、f 等后面出现的短元音 a 与 a 间发生的对应现象。例如:

维吾尔语	蒙古语	满语	词义
kattik	hatagu	hatan	硬
kakla-	hagari-	hari-	烤
kada-	hada-	hada-	插、扎
kada-	hada-	hada-	钉扣子
kakakla-	hahala-	hahada-	哈哈大笑
kara	hara	kara	黑
karaŋgu	haraŋgui	farhun	暗

相比之下,维吾尔语辅音 k 同蒙古语和满语的辅音 h 后面出现的短元音 a 与 a 对应实例占绝对多数,而与满语的辅音 k 或 f 后面出现的短元音 a 与 a 的对应现象比较少见。

(4)在词中或动词词干末尾,辅音 l 后面出现的短元音 a 与 a 间发生的对应现象。例如:

维吾尔语	蒙古语	满语	词义
bulak	bulag	bular	泉
ula-	ulari-	ula-	继承、传承、连接

ulak	ulaga	ʉlha	役畜
bagla-	bagla-	baksala-	捆
owla-	abala-	abala-	狩猎
takila-	tahala-	tahala-	钉马掌

上例中的维吾尔语有动词 ula- 主要表示"连接"之意，当然也可以表达"继续"等意思。另外，满通古斯语族通古斯语支语言中"役畜"一般说 ulaga＞ulaa＞ula。还有，蒙古语口语里"泉""泉水"也说 arʃan。

（5）在词首音节，辅音 b、p、m、w 后面出现的短元音 a 与 a 间的对应现象。例如：

维吾尔语	蒙古语	满语	词义
bal	bal	bal	蜂蜜
baj	bajin	bajan	富
parʃilda-	parʃilda-	parʃildi-	吵闹
maŋlaj	maŋnai	maŋgil	额头
warkira-/wakira-	barhira-	warkira-	喊

满语栏里出现的 bal "蜂蜜"、maŋgil "额头"等说法更多地使用于满通古斯语族通古斯语支语言。另外，蒙古语中将 parʃilda- "吵闹"也说成 parʃihina-。在维吾尔语口语里把 warkira- "喊"发音成 wakira- 的现象。

（6）在词首、词首音节、词中及动词词根或词干末尾，辅音 ʤ、tʃ、ʃ、g、k、l、t、f 等后面出现的短元音 a 与 a 间的对应现象。例如：

维吾尔语	蒙古语	满语	词义
tʃajka-	ʤaila-	ʤajla-	漱口
tʃap-	tʃahi-	talkija-	打闪

laʃaŋ	haʃin	haʃan	迟钝的
ilga-	ilga-	ilga-	挑选
alkan/algan	alaga	falaŋgu	手掌

总之，阿尔泰语系语言短元音 a 与 a 的对应现象有很高的出现率，且主要位于词首音节，以及辅音 k、h、t、l、r 的前后。另外，在词首及词中也有一定出现率。相比之下，在词尾出现得比较少。

2. 在词尾或词尾音节及词首音节，辅音 t、k、g、j 后面，维吾尔语和蒙古语短元音 a 同满语的短元音 o 产生对应现象。例如：

维吾尔语	蒙古语	满语	词义
nohta	nokta	loŋto	笼头
alkan/algan	alaga	falaŋgu	手掌
jara	jara	jo/joo	疮

3. 在动词词干末尾或词首音节的辅音 r、l、tʃ、ʃ 后面，维吾尔语短元音 a 同蒙古语和满语的短元音 i 产生对应现象。例如：

维吾尔语	蒙古语	满语	词义
kutʃakla-	hutʃigala-	huʃi-	拥抱、包
kakla-	hagari-	hari-	烤
korʃa-	hori-	hori-	包围
ʃalwak	ʃilusu	ʃiləŋgi	口水

上述系列对应现象，在动词词干末尾及辅音 r 或 l 后面有较高的出现率。另外，蒙古语动词 hutʃigala- 和满语动词 huʃi- 主要表示"包"之意。另外，蒙古语和满语动词 hori- 也有表达"圈起来"的意思。

4. 在词首音节、词尾音节或词尾的辅音 s、t、d、r、g、h、j 后面，维吾尔语短元音 a 和蒙古语 ə，以及与满语的短元音 ə 或 a 间产生对应现象。例如：

维吾尔语	蒙古语	满语	词义
salkin	sərigʉn	sərgʉwən	凉快
tal	dəligʉʉ	dəlihʉn	脾
koragan	hurijə	kuwaran	大围墙
kaga	herijə	gaha	乌鸦

对于"凉快"之意的表述上，满语还有 ʃahurʉn 之说，通古斯语支语言还说 sərgin。

5. 在词中及词尾音节或词尾，辅音 r、h、ʃ、tʃ、j、w 后面，维吾尔语和满语短元音 a 同蒙古语 i 间产生对应现象。例如：

维吾尔语	蒙古语	满语	词义
kajtʃa	haitʃi	hasaha	剪子
koragan	hurijə	kuwaran	大围墙、院子
kora	hurijə	kuwa	院子
laʃaŋ	haʃin	haʃan	迟钝的

以上对应在词尾音节或词尾出现的居多。另外，维吾尔语名词 koragan 主要表示"大围墙"或"围墙"之意，当然同时也表示"院子"的概念，而蒙古语的 hurijə 及满语的 kuwaran 侧重于表达"院子"或"院墙"等词义。还有，维吾尔语短元音 a 同蒙古语 i 及满通古斯语族语言的短元音 ə 间发生对应

关系之现象。比如说，"雪橇"一词，维吾尔语说 tʃana，蒙古语叫 tʃirga 或 ʃərkə，满通古斯语族通古斯语支语言称 ʃirgul 等。

6. 在词尾或词尾音节，辅音 b 或 p 后面，维吾尔语短元音 a 同蒙古语和满语的短元音 o 之间发生对应关系。例如：

维吾尔语	蒙古语	满语	词义
ʤapa	ʤobal	ʤoboshun	苦/辛苦
tʃolpan	tʃolmon	tʃolpon	启明星

在这里，有必要说明的是，满语词汇栏内的例词 tʃolpon "启明星" 是属于通古斯语支语言的鄂伦春语的例子，是一个具有很强的代表性和历史传承性的例词。另外，在鄂温克语和赫哲语内，将该词也分别叫 solho 或 solko，但在满语中却说 durgija。另外，维吾尔语的 ʤapa 主要表示"辛苦"之意，但也可以表达"苦"之概念。

总起来讲，维吾尔语短元音 a 同蒙古语和满语动词短元音间的对应现象，主要体现在短元音 a 与 a、o、i 及 ə 之间出现的对应实例上。其中，短元音 a 与 a 的对应现象在数量上占绝对优势，有很高的出现率。与此同时，这些对应主要出现于词首音节，以及辅音 k、h、t、l、r 的前后。再者，在词首及词中也有一定出现率。不过，在词尾出现的不是太多。另外，像维吾尔语短元音 a 同蒙古语和满语动词短元音 o 或 i 间产生的对应现象也有不少。除了在前面分析的现象之外，还有维吾尔语短元音 a 同蒙古语和满语的短元音 u 或 ө 等间发生对应关系的个别实例。比如说，"染""肉汤"，维吾尔语说 boja-、ʃorpa，蒙古语叫 budu-、ʃөlө，满语谓 boda-、ʃilə 等。毫无疑问，这中间就出现了短元音 a↔[1]u↔a 及 a↔ө↔ə 式对应现象。

---

1 ↔ 该符号表示相互间的对应形式。

（二）短元音 e 与不同短元音间的对应现象

维吾尔语短元音 e 在该语言里有一定使用率。而且，在该语言里，可以用 e 或 ɛ 两个符号转写该音素。在这里，我们将其统合为 e 这一记音方式。另外，我们现已掌握的阿尔泰语系短元音对应资料里，维吾尔语短元音 e 跟蒙古语和满语短元音 ə、i、a、o、ɵ 之间产生对应的现象有不少。特别是维吾尔语短元音 e 跟蒙古语和满语短元音 ə 与 i 间的对应实例有一定出现率。而且，这些对应现象似乎在词的任何部位都能出现。然而，在蒙古语和满语内，短元音 e 的使用率不是太高。

1. 在词首或词首音节及词中音节，辅音 n、r、s、t、l 及 m、ʤ 或 k、h 前后，维吾尔语短元音 e 同蒙古语和满语的短元音 ə 间发生不同程度的对应关系。

（1）在词首，辅音 n、r、l 及 m 的前面，维吾尔语短元音 e 同蒙古语和满语的短元音 ə 之间产生对应现象。例如：

维吾尔语	蒙古语	满语	词义
emdi	əndʉr	ənni	如今
erkile-	ərhələ-	ərkələ-	撒娇
eltʃi	əltʃi	əltʃin	使节

（2）在词首辅音 s、t 后面，维吾尔语短元音 e 同蒙古语和满语的短元音 ə 间产生对应现象。例如：

维吾尔语	蒙古语	满语	词义
semiz	səməʤə	səməʤə	网油[1] 肥的

---

[1] "网油"是指内脏外面包着的薄薄一层网状脂肪。

segek	sərgəg	sərəbə	清醒的
teŋlik	təkʃi	təkʃi	平等

（3）在词首辅音 ʤ、k、h 后面，维吾尔语的短元音 e 同蒙古语和满语的短元音 ə 间产生对应现象。例如：

维吾尔语	蒙古语	满语	词义
ʤeren	ʤəgərə	ʤərən	黄羊
kerek	hərəg-	kərəglə-	需要

可以看出，维吾尔语短元音 e 同蒙古语和满语的短元音 ə 间产生对应现象的语音环境相对比较复杂，可以出现于词的不同部位，但在词首音节出现的居多，其次是词首的出现率，在词中词尾出现的比较少。辅音 r、s、t、l 前后出现的多一些，像辅音 n、m、ʤ 或 k、h 出现得不太多。另外，词中出现的 e⇔ə⇔ə 形式的对应现象还有，比如"万"一词分别发音为 tymen（维吾尔语）、tʉmən（蒙古语）、tʉmən（满语）等。

2. 在词中音节，维吾尔语短元音 e 同蒙古语和满语的短元音 i 产生对应现象。不过，也有个别词词尾出现对应的情况。

（1）在词首音节或词中音节及词尾，辅音 k、g、ʤ、ʃ、m、s 等后面，维吾尔语短元音 e 同蒙古语和满语的短元音 i 间发生的对应关系。例如：

维吾尔语	蒙古语	满语	词义
keme	ʤibi	ʤiwi	船
men	mi-	mi-	我
pyrke-	borgi-	porgi-	喷
sen	ʃi	ʃi	你

上面的例词中，满语栏的动词 porgi-"喷"主要用于满通古斯语族通古斯语支语言。另外，对于该词义，满语还用 fusu-"喷"来表达，鄂温克语中说 pusu-。另外，蒙古语及满语例词 mi-"我"属于单数第一人称代词的非独立性使用形式，只有在其词根后面接缀名词类词形态变化语法词缀的前提下才能够用于句子。

（2）在词首音节或词尾音节，辅音 j、b、k、g、ʧ 后面，维吾尔语短元音 e 同蒙古语和满语的短元音 i 间产生对应现象。例如：

维吾尔语	蒙古语	满语	词义
jezik	bitig	bithə	文字
kesel	giʤig	giʤil	病
ʧeder	ʧidər	ʃidəri	马绊子

说实话，维吾尔语短元音 e 同蒙古语和满语的短元音 i 间产生对应现象的语音环境比较复杂，具有对应现象的短元音 e 或 i 前后使用的辅音音素比较多。相比之下，在词首音节出现得居多。另外，用于辅音 b、p、m 前后的实例多一些。

3. 在词首出现的辅音 t、d、s、ʧ 后面，维吾尔语短元音 e 同蒙古语和满语的短元音 a 之间发生对应关系。

（1）在词首辅音 t 后面，维吾尔语短元音 e 同蒙古语和满语的短元音 a 间产生对应现象。例如：

维吾尔语	蒙古语	满语	词义
teri-	tari-	tari-	种地
tehi	dahi	dahun	还、再

不过，对于"还""再"，满通古斯语族通古斯语支语言却说 dahin＞dahi 或 dakin 等。也就是说，通古斯诸语的这些说法，更接近于维吾尔语和蒙古语对于该词的发音形式。

（2）在词首辅音 tʃ、d、t、s 后面，维吾尔语短元音 e 同蒙古语和满语的短元音 i 间产生对应现象。例如：

维吾尔语	蒙古语	满语	词义
tʃetʃilaŋgu	tʃatʃulhu	tʃatʃila-	散乱的
deŋiz	taŋgis	taŋgis	海
segizhan	sagaʤagai	saksaha	喜鹊

上例中，满语栏的 tʃatʃila- "散乱的" 与 taŋgis "海" 两个词，虽然在满通古斯语族语言内均可使用，但更多地用于通古斯语支语言。

4. 在词尾音节的辅音 r、t、d、l、k 后面，维吾尔语短元音 e 和蒙古语短元音 ɵ 同满语的短元音 ə、a、o 间产生的对应关系。

维吾尔语	蒙古语	满语	词义
myre	mɵrɵ	məirən	肩膀
bydre	bɵgtɵr	bokto	弯曲的
tʃeder	tʃidər	ʃidəri	马绊子
tɵle-	tɵlɵ-	tooda-	赔偿

在词尾或词尾音节出现的上述实例，但在词尾音节的出现率较高。同时，在辅音 r 前后有较高的出现率，其次在辅音 t 或 d 后面也出现得不少。另

外，上例中满语栏的 bokto "弯曲的"一词，满通古斯语族通古斯语支语言里也说 bɵktər。

5. 在词尾音节和词首音节及词尾，辅音 l、r、k、g 及 tʃ 维吾尔语短元音 e 和蒙古语短元音 ə 同满语的短元音 i、ɵ、ʉ、a 间产生对应现象。例如：

维吾尔语	蒙古语	满语	词义
kɵkle	hɵhərə-	hɵhərə-	发青、发绿
bile-	biləgʉdə-	bilʉdə-	磨
kelin	gərin	girki	媳妇
mɵre-	mʉgərə-	mʉra-	牛叫
tʃitʃen	sitʃən	sətʃin	精明的

蒙古语栏里的 gərin"媳妇"一词，该语言中也说 gərgəi。满语栏里的 mʉra- "牛叫"和 sətʃin "精明的"两个词，在通古斯语支语言内发音为 mɵɵrə- 和 sədəhəri 等。另外，该对应现象，在词尾音节的出现率比词的其他部位要高。

6. 在词首音节或词尾音节，辅音 t、d、l 或 tʃ 后面，维吾尔语短元音 e 同蒙古语和满语的短元音 o 间发生的对应现象。例如：

维吾尔语	蒙古语	满语	词义
tʃek-	tʃohi-	tokʃi-	敲
tɵpe	dobo	dowo	丘、岗
bilej	bilʉ	bilʉ	磨石

满语栏里的 tokʃi-"敲"，也可以发音为 tohʃi- 或 toŋtʃi-。另外，bilʉ "磨石"一词是通古斯语支语言内广泛使用的说法。

7. 在词尾及词尾音节或在词首音节，辅音 m、tʃ、ʃ、h、s、d 后面，维吾尔语短元音 e 和满语短元音 o 同蒙古语短元音 i 或 a 之间发生对应关系。例如：

维吾尔语	蒙古语	满语	词义
tygme	tobtʃi	tohon	扣子
serik	ʃira	soro	黄
derru	daroi	doron	马上

上述三个例词内出现的维吾尔语短元音 e 和满语短元音 o 同蒙古语短元音 i 或 a 间的对应形式分别属于 e↔i↔o、e↔i↔o、e↔a↔o 类型。

通过前面的分析，我们可以充分认识到，维吾尔语短元音 e 跟蒙古语和满语短元音间产生的对应现象中，出现率最高的是 e 与 ə 的对应，其次是 e 与 i 和 a 间的对应实例，其他对应现象的出现率都不高。另外，位于词首音节的对应实例居多，其次是词首及词尾音节的实例。相比之下，在词中出现的不多。

（三）短元音 i 与不同短元音间的对应现象

资料表明，维吾尔语的短元音 i 同蒙古语和满语短元音 i、ə、a、u 之间经常发生对应关系。相比之下，维吾尔语的短元音 i 同蒙古语和满语短元音 i、ə、a 间的对应现象有较高出现率。而且，这些对应现象也可以出现于词的不同部位。

1. 首先分析阿尔泰语系语言短元音 i 之间发生的对应关系。在以维吾尔语短元音 i 为例的短元音对应中，短元音 i 与 i 间的对应实例确实有相当高的出现率。并且，可以出现于词的各个部位。

（1）在词首音节、词尾音节或词中及词尾，辅音 ʧ、ʤ、ʃ 后面，维吾尔语短元音 i 同蒙古语和满语的短元音 i 间产生对应现象。例如：

维吾尔语	蒙古语	满语	词义
ʧiraj	ʧirai	ʧira	脸、脸色
elʧi	əlʧi	əlʧin	使节
ʃina	ʃina	ʃiwa/ʃina	楔子
kiʧik	ʤiʤigə	aʤigə	小的
ʧin	ʤiŋkini	ʤiŋhini	真的
parʃilda-	parʧilda-/parʧihina-	parʧildi-	吵闹

相比之下，上述对应现象在辅音 ʧ 后面出现的居多，词首音节出现的要比词尾及词中音节多。另外，满语栏里的 ʃiwa "楔子" 一词，在通古斯语支语言中也和维吾尔语与蒙古语一样发音为 ʃina。蒙古语栏里的 parʧilda- "吵闹" 一词，该语言中也说 parʧihina-。

（2）在词首音节及词尾音节或词尾，辅音 ʧ、ʃ、t、l 或 b 后面，维吾尔语与蒙古语及满语的短元音 i 与 i 间产生对应现象。例如：

维吾尔语	蒙古语	满语	词义
kitap	biʧig	bithə	书
teŋlik	təkʃi	təkʃi	平等
tik	ʧig	ʃig	直的

（3）在词首音节及词尾音节或词尾，辅音 r、l、t、s 前面或辅音 r 的后面，维吾尔语与蒙古语及满语的短元音 i 与 i 间产生对应现象。例如：

维吾尔语	蒙古语	满语	词义
warkira-(wakira-)	barhira-	warkira-	喊
jirt-	ira-	ira-	撕
teri-	tari-	tari-	播种
ilga-	ilga-	ilga-	挑选
deniz	taŋgis	taŋgis	海

短元音 i 与 i 之间产生的对应现象有不少，而且，所处的语音环境都比较复杂，可以出现于 tʃ、ʤ、ʃ、t、l、r、s、b 等辅音的后面。实际上，与此直接产生关系的辅音比这还要多。另外，短元音 i 与 i 间的对应可以出现于词的不同部位，但在词尾出现得很少。

2. 在词的不同部位，尤其是在词首音节，辅音 k、h、l、m 及 w 后面，维吾尔语短元音 i 同蒙古语和满语的短元音 ə 间产生对应现象。

（1）在词首音节和词尾音节的辅音 m 后面，维吾尔语短元音 i 同蒙古语及满语的短元音 ə 之间发生对应关系。例如：

维吾尔语	蒙古语	满语	词义
mikiʤin	məgəʤi	məhən-/məgʤi	母猪
mikir	məhə	məhə	诡计
semiz	səməʤə	səməʤə	网油、肥的
kemir-	həməli-	kəməli-	啃

有意思的是，上例中维吾尔语的 semiz 表示"肥的""发胖的"等意思。然而，在蒙古语和满语里 səməʤə＜səmʤə 却表示肚子或内脏外面包着的一层"肥肉"，也叫"网油"。尽管如此，我们还是可以看出，它们之间存在的

同根同源关系。另外，在突厥语族语言的哈萨克语内，将"母猪""诡计"也要发音为 megeʤin、meker 等。

（2）在词首音节和词尾音节的辅音 k 与 h 后面，维吾尔语短元音 i 同蒙古语及满语的短元音 ə 间产生对应现象。例如：

维吾尔语	蒙古语	满语	词义
kikir-	həhərə-	kəkərə-	打嗝
kiketʃ	hələgəi	hələdə-	结巴
erkile-	ərhələ-	ərkələ-	撒娇
kim	hən/kən	wəkə	谁

上述实例中，维吾尔语和蒙古语的短元音 i 无一例外地分别出现于辅音 k 的后面，而满语的短元音 i 却出现于辅音 k 或 h 的后面，相比而言在 k 后面出现的居多。再者，也有在辅音 tʃ 后面出现的，维吾尔语短元音 i 同蒙古语及满语的短元音 ə 对应的实例。比如说，"精明的"一词，在这些语言里分别说 tʃitʃen（维吾尔语）、sətʃen（蒙古语）、sətʃin ~ sədəhəri（满语）等。

3. 在词首音节或词中音节的辅音 l、t、d、k、h、j 后面，维吾尔语短元音 i 同蒙古语和满语的短元音 a 间产生对应现象。而且，在词尾或者在词首很少出现。

（1）在词的词中音节的辅音 l、t 或 d 后面，维吾尔语短元音 i 同蒙古语及满语的短元音 a 间产生对应现象。例如：

维吾尔语	蒙古语	满语	词义
silik	gilagar/giluɡər	gilaʤan	光滑的
tartin-	tatagʤa-	tathuʤa-	约束/迟疑

kattik	hatagu	hatan	硬
pajdilan-	baitala-	baitala-	使用

这些短元音 i 同 a 间产生对应现象,更多的时候位于辅音 t、l 的后面,在辅音 d 后面出现得比较少。而且,基本上出现于词中音节。

(2)在词首音节和词中音节的辅音 j、k、h 后面,维吾尔语短元音 i 同蒙古语及满语的短元音 a 之间发生对应关系。例如:

维吾尔语	蒙古语	满语	词义
jir-	jar	jara	裂
sikil-	ʃihaltʃa-	ʃiha-	挤/拥挤
takila-	tahala-	tahala-	钉马掌

该系列对应现象,在维吾尔语辅音 k 及蒙古语和满语辅音 h 后面的出现率高于辅音 j 后面的。再者,多数实例是位于词中音节,在词的其他部位出现得都不多。与此相关,也有维吾尔语短元音 i 同蒙古语短元音 a 及满语的短元音 o 之间发生对应关系的特殊实例。比如说,"黄的"一词,这些语言里分别叫 serik(维吾尔语)、ʃira(蒙古语)、soro(满语) 等。毫无疑问,该词内就出现 i↔a↔o 式结构类型的对应现象。

4. 在词首音节或词首及词尾音节或词尾,辅音 b、r、g 后面及辅音 tʃ、dʒ 前面,维吾尔语和蒙古语短元音 i 同满语的短元音 ə、a、u、ʉ 之间发生对应关系。

(1)在词首音节或词首及词尾音节或词尾,辅音 b、r、g 及 tʃ、dʒ 后面,维吾尔语和蒙古语短元音 i 同满语的短元音 ə、a 间产生对应现象。例如:

维吾尔语	蒙古语	满语	词义
biz	bide	bəti	我们
teŋri	tegri	teŋgər	上天
kitʃik	bitʃihan	adʒigə	小的

（2）在词首音节及词尾音节或词尾，辅音 ʃ 或 h 后面，维吾尔语和蒙古语短元音 i 同满语的短元音 u、ʉ 也会发生对应关系。例如：

维吾尔语	蒙古语	满语	词义
ʃiwirgan	ʃigurgan	ʃʉrga/surga/suugga	暴风雪
tehi	dahi	dahun	还、再

与此相关，也有维吾尔语短元音 i 同蒙古语短元音 u 和满语短元音 ʉ 发生对应关系的个别现象。比如说，"野鸡"一词，在这些语言里分别叫 kirgul ~ kirgawul （维吾尔语）、gurguul（蒙古语）、ʉlhuma（满语）等。该词内出现了 i↔u↔ʉ 式结构类型的对应现象。

5. 在词首音节或词尾音节及个别词词首，辅音 t、h、dʒ、tʃ、k、g 后面，维吾尔语短元音 i 同蒙古语短元音 ə、θ、ʉ 及满语短元音 i、a、ʉ 之间产生相当复杂的对应关系。例如：

维吾尔语	蒙古语	满语	词义
til	hələ	iləŋgʉ	舌头
tʃilbøre	tʃøgəbʉri	dʒarhu	豺狼
salkin	sərigʉn	srəgʉwən/ʃahurʉn/sərgin	凉快

上例中的三个例词内出现 i↔ə↔i、i↔θ↔a、i↔ʉ↔ʉ 式结构类型的短元音对应现象。不过，这些对应现象的出现率很低。

总之，维吾尔语的短元音 i 同蒙古语和满语短元音间的对应现象也是一个相当复杂的语音对应系统。其中，维吾尔语短元音 i 同蒙古语和满语短元音 i 和 ə 间的对应实例出现的占多数，其次是维吾尔语有关语音 i 与蒙古语和满语短元音 a 间的对应现象，其他相关对应实例出现率都不高。而且，该系列对应在词中音节出现得居多。

（四）短元音 o 与不同短元音间的对应现象

阿尔泰语系语言的短元音对应系统中，维吾尔语短元音 o 与蒙古语和满语的不同短元音间产生的对应现象也有不少。其中主要有 o 与 o 的对应，以及 o 与短元音 u、ɵ、ʉ、a、i 之间发生的不同程度的对应关系。不过，出现率最高的还是短元音 o 与 o 的对应，其他相关对应实例均出现得不多。

1. 如上所述，阿尔泰语系的维吾尔语、蒙古语、满语的短元音 o 间的对应现象有相当高的出现率。并且，能够出现于词的各个部位。比较而言，在词首或词首音节出现得要多一些。

（1）在词首，维吾尔语辅音 k 及蒙古语和满语辅音 h 后面，短元音 o 与 o 间产生对应现象。例如：

维吾尔语	蒙古语	满语	词义
koru-	hori-	hori-	围起来
koŋgurak	hoŋho	hoŋon	铃
korʃa-	hori-	hori-	包围

（2）在词首，辅音 t、d、n 后面，维吾尔语和蒙古语短元音 o 同满语的短元音 o 间产生对应现象。例如：

维吾尔语	蒙古语	满语	词义
tokum	tohom	tohoma	鞍垫
tokur	dogolaŋ	doholon	瘸子
toz	togos	todʒin	孔雀
dolkun	dolgijan	boldʒon	波浪
nohta	nokta	loŋto	笼头

（3）在词首音节或词首，辅音 s、t、r 前面，维吾尔语和蒙古语及满语的短元音 o 与 o 之间也会发生对应关系。例如：

维吾尔语	蒙古语	满语	词义
josun	joso	joso	规矩
bota	botogo	botoho	驼羔
orun	oron	oron	位置

上面的实例充分说明，阿尔泰语系语言短元音 o 与 o 之间产生的对应现象基本上出现于词首音节，词的其他位置出现率较低。另外，绝大多数情况下，位于辅音 d、t、k、h 后面。

2. 在词首音节或词首，维吾尔语短元音 o 同蒙古语及满语的短元音 a 间产生对应现象。例如：

维吾尔语	蒙古语	满语	词义
kol	gar	gala	手
hotun	hatun	katun	女皇/妻子
owla-	abala-	abala-	狩猎
tonu-	tani-	taka-	认识

在这里出现的维吾尔语例词 hotun 主要表示"妻子""夫人"之意,在蒙古语和满语里的 hatun 及 katun 则主要表示"女皇""皇后""夫人"等词义。再具体解释的话,阿尔泰语系语言中,在早期应该表达"女皇""皇后"等概念,现在更多的是"夫人""妻子"之概念用于人们日常交流的语言。另外,还有维吾尔语短元音 o 同蒙古语短元音 a 及满语短元音 i 之间产生对应的个别实例。比如说,对于"喉咙"一词,在这些语言里分别叫 boguz(维吾尔语)、bagalʤuur(蒙古语)、bilha-～bilga(满语)等。

3. 在我们掌握的资料里,还有维吾尔语短元音 o 同蒙古语短元音 o、u、ɔ 以及满语的短元音 ʉ、ɵ、a 间产生对应的一部分实例。而且,一般出现于词首音节及辅音 k、h、t、ʤ、ʃ、b 后面。

(1)在词首辅音 k、h、ʤ 及 t 后面,维吾尔语和蒙古语短元音 o 同满语短元音 ɵ、ʉ 之间发生对应关系。例如:

维吾尔语	蒙古语	满语	词义
konaj	hogolai	kɵgɵmɵ	管子
togra	ʤohihu	ʤʉken	正确的

(2)在词首辅音 b、k、h 后面及个别词词首,维吾尔语短元音 o 同蒙古语短元音 u 及满语的短元音 ʉ、u、o 间产生对应现象。例如:

维吾尔语	蒙古语	满语	词义
komuʃ	hulusu	ʉlhu/hultʃ in	芦苇
koragan	hurijə	kuwaran	围墙、院子
boja-	budu-	boda-	染

（3）在词首辅音 ʃ 或 b 后面，维吾尔语短元音 o 同蒙古语短元音 ɵ、ə 及满语的短元音 i、ə 间产生对应现象。例如：

维吾尔语	蒙古语	满语	词义
ʃorpa	ʃɵlɵ	ʃilə	肉汤
boj	bəj	bəjə	身体

上述三个系列的对应都出现的不多，且基本上出现于词首音节。比较而言，在辅音 k、h 后面出现的居多。另外，例（1）蒙古语栏里的 hogolai "管子" 一词也可以发音为 hoolai，口语里也说 hole 等。例（1）满语栏内的 kɵgɵmɵ＞kɵɵmɵ 是满通古斯语族通古斯语支语言的说法。例（3）中的第一个例词是属于 o↔ɵ↔i 式的对应结构类型、第二个例词是属于 o↔ə↔ə 式的对应结构类型。另外，在维吾尔语短元音 o 与蒙古语和满语短元音间的对应现象里，短元音 o 与 o 的对应实例出现率最高，但 o 与其他短元音间的对应现象均出现的不多。

（五）短元音 u 与不同短元音间的对应现象

维吾尔语短元音 u 与蒙古语和满语不同元音间产生的对应现象，在阿尔泰语系语言的短元音对应系统中同样占有一定比例。尤其是短元音 u 与 u 间的对应实例，以及维吾尔语短元音 u 与蒙古语和满语的短元音 o、i 间的对应现象等也有一定出现率。另外，在维吾尔语短元音 u 与其他语言的短元音 ʉ、ɵ 间也会发生对应关系。

1. 如上所述，这些语言里出现的短元音 u 与 u 间的对应是出现率相当高的语音现象。而且，能够在词的不同部位出现。相比之下，在词首音节出现的要多，词中音节或词尾音节出现的要少。

（1）在词首，辅音 k、h、l 前面，维吾尔语和蒙古语及满语短元音 u 与 u 之间产生对应现象。例如：

维吾尔语	蒙古语	满语	词义
ukum	uhaga	uha	概念
ula-	ulari-	ula-	继承/传承/连接

（2）在词首辅音 k 与 h 后面，维吾尔语短元音 u 同蒙古语及满语短元音 u 之间产生对应现象。例如：

维吾尔语	蒙古语	满语	词义
kuduk	hudug	hutʃin	井
kurut	hurud	hurud	奶酪
kula	hula	hula/kula/kulan	黄马
kuda	huda	hud	亲家
kutʃakla-	hutʃigala-	huʃi-	拥抱

上例中满语栏里出现的例子绝大多数属于通古斯语支语言中使用的实例，当然在满语等满语支语言内也会见到，但不常用。另外，在词首辅音 k 与 h 后面短元音 u 与 u 的对应保持有较高的出现率。

（3）在词首辅音 b 后面，维吾尔语短元音 u 同样可以与蒙古语及满语短元音 u 之间发生对应关系。例如：

维吾尔语	蒙古语	满语	词义
bul	bulu	bul	轮毂
buz-	buta-	buta-	破坏
buka	buha	buha/mʉhaʃan	公牛等
bulak	bulag	bular	泉

包括满语在内的满通古斯语族语言里将"公牛"等分别称为 buha、buka、boho 等。另外，在满语书面语说 mᵻhaʃan，口语中称 buha 或 buka 等。从整个阿尔泰语系语言角度来讲，名词 buka 或 buha 等除了表示"公牛"之意外，还可以表示"公鹿""公羊""公驼"等词义。而且，在不同语言的使用中，有不同的侧重点。

（4）在词中，辅音 t、d、r 与 w、b、h 后面，维吾尔语和蒙古语及满语短元音 u 与 ᵾ 间也可以发生对应关系。例如：

维吾尔语	蒙古语	满语	词义
hotun	hatun	katun	女皇、妻子
kurut	hurud	hurud	奶酪
tʃulwur	tʃulbugur	dʒᵻlhu	缰绳

总的说来，短元音 u 与 ᵾ 之间的对应现象在这些语言里有相当高的出现率，且在词首音节出现的实例居多，词首或词中音节出现得少，在词尾很少出现。另外，多数情况下，出现于辅音 h、k、b 后面，也有出现于词首辅音 g 后面的一些实例。比如说，"三岁牲畜"一词，在这些语言里分别说 gunan（维吾尔语）、guna（蒙古语）、guna（满语） 等。有意思的是，突厥语族语言里，gunan 一词还可指"两岁的马"之意。

2. 在词首和词首音节及词中音节，辅音 l 和 t 及个别词的辅音 tʃ 等前面，维吾尔语和蒙古语的短元音 u 同满语短元音 ᵾ 间也经常发生对应关系。而且，在词首音节出现居多，词的其他部位出现的不多。

（1）在词首，辅音 l 与 tʃ 的前面，维吾尔语和蒙古语短元音 u 同满语短元音 ᵾ 间出现的对应现象。例如：

维吾尔语	蒙古语	满语	词义
ulak	ulaga	ʉlha	役畜
utʃra-	utʃara-	ʉtʃara-	遇见

（2）在词首，辅音 b 的后面，维吾尔语和蒙古语短元音 u 同满语短元音 ʉ 间发生对应关系。例如：

维吾尔语	蒙古语	满语	词义
buluŋ	buluŋ	bʉrən	角
bulgar	bulgar	bʉlhari	皮革

（3）在词中音节或词首音节的辅音 t 后面，维吾尔语和蒙古语短元音 u 同满语短元音 ʉ 之间产生对应关系。例如：

维吾尔语	蒙古语	满语	词义
botulka	butun	butʉn	坛子、瓶子
tulum	tulum	tʉlʉmə	皮囊
batur	bagatur/baatur	batʉrʉ	勇士

（4）在词首，辅音 t、tʃ、dʒ 的后面，维吾尔语和蒙古语短元音 u 同满语短元音 ʉ 之间也可以产生对应关系。例如：

维吾尔语	蒙古语	满语	词义
tulum	tulum	tʉlʉmə	皮囊
tʃulwur	tʃulbugur	dʒʉlhu	缰绳

概而言之，维吾尔语和蒙古语的短元音 u 同满语短元音 ʉ 间发生对应现象比较复杂，多数情况下出现于词首和词首音节，尤其在辅音 l、t、b 前后有相当高的出现率。

3. 在词首和词首音节及词中音节，辅音 s、h、k 和 b 后面，维吾尔语和蒙古语的短元音 u 同满语短元音 o、i、ə 间产生对应现象。而且，在词首音节出现的居多，词的其他部位出现的比较少。

（1）在词首，辅音 n、s、d 及 g、h、ŋ 前面，维吾尔语和蒙古语短元音 u 同满语短元音 o 之间产生的对应现象。例如：

维吾尔语	蒙古语	满语	词义
sun-	hugula-	hoŋtʃo-	折（断）
us-	udhu-	soho-	舀水

（2）在词首音节或词尾音节，辅音 k、h 及 b 后面，维吾尔语和蒙古语短元音 u 同满语短元音 i、ʉ 之间也可以产生对应关系。例如：

维吾尔语	蒙古语	满语	词义
kuduk	hudug	hutʃin	井
buluŋ	buluŋ	bʉrən	角

上述例（1）和例（2）的对应现象虽然出现率都不高，但它们所处的语音环境比较复杂，很难形成统一的或相对统一的语音结构类型。尤其是，例（1）中出现的对应实例，在不同语言中的语音环境表现出很强的复杂性。尽管如此，我们还是能够看出语音基础结构存在的同源关系。

4. 在词首音节、词中音节、词尾音节的辅音 k、h、g、s、r 或 ʃ 后面及个别词词尾，维吾尔语短元音 u 同蒙古语和满语短元音 o 间产生的对应现象。

（1）在词中音节或词尾音节，辅音 k、h、g 后面，维吾尔语短元音 u 同蒙古语和满语短元音 o 产生对应关系。例如：

维吾尔语	蒙古语	满语	词义
tokur	dogolaŋ/dogor	doholon	瘸子
tokum	tohom	tohoma/tohom/tokom	鞍垫
tʃokur	tʃohor	soohor	麻子
koŋgurak	hoŋho	hoŋon	铃

（2）在词中音节或词尾音节，辅音 s、r、ʃ 后面或个别词词尾，维吾尔语短元音 u 同蒙古语和满语短元音 o 之间也可以发生对应关系。例如：

维吾尔语	蒙古语	满语	词义
josun	joso	joso	规矩、道理
suŋpijaz	soŋina	soŋina	葱
bosuga	boʃoga	bokson	门槛
orun	oron	oron	位置

上面分析的例（1）与例（2）的词内，均出现维吾尔语短元音 u 同蒙古语和满语短元音 o 之间的对应现象，且位于词的不同位置。不过，相比之下，在词尾音节或词中音节有较高出现率，在词首音节或词尾出现的不多，在词首基本上不出现。另外，这些属于 u⇔o⇔o 式结构类型的短元音对应现象，在辅音 k、h、s 后面出现的较多。

5. 也有一些维吾尔语短元音 u 同蒙古语和满语短元音 i 间产生的对应现象。而且，这些对应现象虽然基本上都在词中音节或词尾音节的辅音 t、s、k、h、tʃ、ʃ 等后面出现，但在词中音节出现的实例多一些。例如：

维吾尔语	蒙古语	满语	词义
koru-	hori-	hori-	围起来、包围
tʃoku-	tʃoŋki-	tʃoŋki-	啄
suwa-	ʃiba-	tʃifa-/ʃiwa-	抹墙
tonu-	tani-	taka-	认识

突厥语族语言里将"啄"一词也说成是 togʃi-，同样在满通古斯语族语言中对于该词也有 tonto- 之说。另外，维吾尔语里所说的 koru- 主要表示"包围"之意，不过也表达"围起来"等词义。然而，蒙古语和满语的 hori- 则着重表达"围起来""圈起来"等词义。再如"抹墙"一词，在满语里说 tʃifa-，通古斯语支语言内还说 ʃiwa- 等。

6. 我们的资料还显示，一些词里还有维吾尔语的短元音 u 同满语短元音 ʉ 及蒙古语短元音 ʉ、θ、ə 间发生的对应实例。而且，基本上位于词中音节或词尾音节。相比之下，在词中音节出现的居多。例如：

维吾尔语	满语	蒙古语	词义
uruk	ʉsə	ʉrə	种子
jumul	bʉmbʉri-	bəmbəri-	打滚
jukiri	dərgilə	dəgərə	上面
ʃawkun	ʃaahʉn	ʃuugin	喧哗

可以看出，以上对应现象几乎都出现于词首辅音 j、b、d 及词中辅音 g、k 等后面或词首位置。比较而言，在词首音节或者是在词首出现的较多。另外，

对于"种子""打滚""上面""喧哗"等词，满语说 usə、bumburi-、dərgilə、hurgin 等之外，通古斯诸语里还说 ᴜrə、ᴜmpᴜri-、ᴜgilə、ʃaagen 等。从语音结构类型上看，通古斯语支语言这些词的语音结构，似乎同维吾尔语和蒙古语例词的语音结构更为接近。

7. 除此之外，还有维吾尔语与蒙古语短元音 u 与满语的短元音 i 之间发生的对应现象。而且，主要出现于词首音节或词尾音节的辅音 ʤ、ʧ、d 后面。例如：

维吾尔语	蒙古语	满语	词义
ʤuwa	ʤubtʃaga	ʤibtʃa/sᴜᴜbtʃi	皮袄
kuduk	hudug	hutʃin	井

概而言之，维吾尔语短元音 u 同蒙古语和满语短元音间发生对应现象比较复杂，多数情况下出现于词首和词首音节，其次是属于词中音节或词尾音节的出现率，但在词尾出现的比较少。另外，在辅音 l、t、b、h、k 前后保持了相当高的出现率。再者，这些对应实例中，短元音 u 与 u 间的对应现象出现最多，第二是维吾尔语和蒙古语短元音 u 与满语短元音 ᴜ 间的对应，第三是维吾尔语和蒙古语的短元音 u 同满语短元音 o、i、ə 间产生的对应，排行第四的是维吾尔语短元音 u 同蒙古语和满语短元音 o 间的对应。不过，维吾尔语短元音 u 同蒙古语和满语短元音 i 间的对应，出现率不高。特别是像维吾尔语短元音 u 同满语短元音 ᴜ 及蒙古语短元音 ᴜ、ɵ、ə 间的对应，以及维吾尔语与蒙古语短元音 u 与满语短元音 i 间的对应实例出现得很少。

（六）短元音 ɵ 与不同短元音间的对应现象

在短元音对应系列中，也有维吾尔语短元音 ɵ 与蒙古语和满语的短元音

ɵ、ʉ、o、u 间产生对应的一些实例。其中，短元音 ɵ 与 ə 的对应现象的出现率较高。而且，基本上都出现于词首音节。

1. 在词首辅音 m、b、t、h、k 后面，维吾尔语短元音 ɵ 同蒙古语和满语的短元音 ə 之间发生对应现象。例如：

维吾尔语	蒙古语	满语	词义
mɵldyr	məndər	məndər	冰雹
mɵr	mər	mər/mʉr	印迹
bɵz	bəs	bəsə	布
tɵllə-	təllə-	təllə-	生羊羔
kɵk	həhə	həhə	青/绿

上例中维吾尔语栏里的 mɵr "印迹" 一词还有 mɵhyr 之说，bɵz 一词主要表示 "土白布" 之意。另外，以上对应现象在词首辅音 m 后面出现的要多一些。

2. 在词首辅音 k、h、d、t、tʃ 后面，维吾尔语短元音 ɵ 与蒙古语和满语的短元音 o 间发生的对应现象。例如：

维吾尔语	蒙古语	满语	词义
kɵr-	horos-	korso-	恨
tɵpe	dobo	dowo	丘、岗
tʃɵre	togorin	torhon/togorin	周围

在蒙古语族语言和满通古斯语族语言的通古斯语支语言内，也有将 togorin "周围" 发音成 toorin 或 toori 等的现象。另外，突厥语族语言里，

把 tɵpe "山丘"或"山岗"也有发音为 tɵbe 之情况。

3. 在词首辅音 d、m、k、g 后面，维吾尔语短元音 ɵ 也有同蒙古语和满语的短元音 u、o、ʉ 间发生对应关系。例如：

维吾尔语	蒙古语	满语	词义
dɵnen	done	dunən	四岁牲畜
mɵre-	mʉgərə-	mura-/mɵɵrə-	牛叫
kɵŋyl	gunil	gunin	心意

可以看出，维吾尔语短元音 ɵ 与蒙古语和满语的短元音间产生对应现象，主要体现在 ɵ 与 ə 的对应上，像维吾尔语短元音 ɵ 与蒙古语和满语的短元音 ʉ、o、u 间产生的对应实例出现的都不多。再者，该系列对应，基本上都出现在词首音节，以及词首辅音 m、b、t、d、h、k、g、tʃ 等后面。除此之外，也有维吾尔语短元音 ɵ 与蒙古语和满语的短元音 a 间产生对应的个别实例。比如说，对于"看"一词，在这些语言里分别叫 kɵr-（维吾尔语）、hara-（蒙古语）、kara-（满语）等。毋庸置疑，该词里就出现了 ɵ↔a↔a 式结构类型的语音对应现象。

（七）短元音 y 与不同短元音间的对应现象

在维吾尔语的元音系统里有舌面前圆唇高元音 y，并有较大的使用面和使用率。然而，在蒙古语族和满通古斯语族语言内，很少见到使用 y 这个短元音音素的现象，这也是在这里能够讨论维吾尔语短元音 y 同蒙古语和满语相关短元音间对应现象的前提条件。而且，根据我们搜集整理的第一手资料，该系列对应主要出现于短元音 y 跟 ɵ、ʉ、o、u、a 之间。其中，短元音 y 与 ʉ 之间产生的对应现象最为突出。

1. 在词首辅音 s、t、k、h、p、f、ʤ、ʃ 后面或在个别词词首，维吾尔语短元音 y 与蒙古语及满语的短元音 ʉ 间产生对应现象。例如：

（1）在词首辅音 s、t、ʃ 及个别词词中音节辅音 s 后面，维吾尔语短元音 y 同蒙古语和满语短元音 ʉ 产生对应关系。例如：

维吾尔语	蒙古语	满语	词义
syt	sʉ	sʉn	奶子
sypyr-	ʃʉgʉrdə-	əsʉrdə-	扫
tymen	tʉmən	tʉmən	万

（2）在词首或词首辅音 k、h、p、f、ʤ 后面，维吾尔语短元音 y 也可以同蒙古语和满语短元音 ʉ 产生对应关系。例如：

维吾尔语	蒙古语	满语	词义
yrky-	ʉrgʉ-	ʉrhu-	受惊
kytʃ	hʉtʃʉ	husun	力量
ʤyp	ʤʉirəi	ʤʉrʉ	双的
pywle-	ʉlijə-	fʉlgijə-	吹

上述例（1）和例（2）内的对应现象基本上都出现于词首音节，只有个别实例位于词中，而在词尾或词尾音节几乎不出现。再者，在词首出现的也很少。另外，对于例（2）里的词"受惊""力量""吹"等除了满语说 ʉrhu-、husun、fʉlgijə- 等之外，通古斯语支语言中还有 ʉrgʉ-、kʉtʃʉn、ʉʉgʉ 等发音形式。

2. 我们掌握的资料还显示，维吾尔语短元音 y 与蒙古语及满语的短元音 o 之间也可产生对应现象。例如：

维吾尔语	蒙古语	满语	词义
pyrke-	borgi-	porgi-	喷

tygme	tobtʃi	tohon	扣子
tyz 直的	tob	tob	正

此系列对应现象基本上出现于词首音节，且位于词首辅音 t、p、b 的后面。相比之下，在辅音 t 后面出现的居多。还有，对于"喷"一词，满语里还有 fusu- 之说，通古斯语支语言也说 pusu- 等。

3. 我们掌握的资料还显示，维吾尔语短元音 y 与蒙古语及满语的短元音 ө、ʉ、o、u、i、a 等之间也会产生对应现象。例如：

维吾尔语	蒙古语	满语	词义
bydre	bөgtөr	bөkөr/bokto	弯曲的
tyr(tyrlyk)	tөrəl	tʉrəl	种类、各种
pytyk	bitʃig/bithə	bitig-bithə	文书
jyr-	jabu-	jabʉ-	走

可以看出，上面的例词内出现的短元音对应现象是属于 y↔ө↔ө、y↔ө↔ʉ、y↔i↔i、y↔a↔a 式结构类型的对应现象。这些对应现象均出现的不多。而且，都位于词首音节，只有个别词内出现于词中，在词尾几乎不出现。另外，具有对应现象的短元音之前出现的是辅音 t、b、p、j 等。

维吾尔语短元音 y 同蒙古语和满语短元音间发生的对应关系，虽然各自有不同对应形式和内容，但还是显得相对简单。这是因为，一是该系列对应现象出现的较少；二是基本上都出现于词首音节，只有个别实例中出现在词首或词中音节；三是不同语言间有对应关系的例词语音结构基本一致；四是词首出现的也都是辅音 t、b、h、dʒ 等，像辅音 p、k、f、j 等出现的较少。所以，对于这些短元音对应现象的分析显得比较轻松。

二 零元音与短元音对应规律

阿尔泰语系语言里也有零元音同短元音间的对应现象。特别是伴随这些语言中被虚化或弱化的短元音音素不断脱落或省略，语音缩合现象不断增多，导致维吾尔语、蒙古语、满语间的零元音与短元音对应现象越来越多。甚至出现了零元音同复元音间的对应、零元音同某一个音节或几个音节间的对应，零元音同零元音间的对应等极其复杂的语音现象。不过，在下面的分析中，我们主要讨论零元音同短元音间的对应现象，不涉及其他相关对应实例。

（一）维吾尔语零元音同蒙古语和满语短元音 a 间的对应现象

根据资料分析，维吾尔零元音同蒙古语和满语短元音 a 间产生的对应现象确实不少。并且，主要出现在词尾、词尾音节或词中音节。但是，在词尾及其词尾音节有较高的出现率。

（1）在词尾，辅音 t、r、n、z 后面，维吾尔语零元音同蒙古语和满语短元音 a 间产生对应现象。例如：

维吾尔语	蒙古语	满语	词义
kat-	hata-	hata-	变硬
tart-	tata-	tata-	拉
jirt-	ira-	ira-	撕
kər-	hara-	kara-	看
suŋpijaz	soŋina	soŋina	葱

该系列对应现象，绝大多数出现于辅音 t 和 r 后面，像辅音 n、z 后面出现的实例不多。另外，满语栏里的一些例子来自通古斯语支语言。

（2）在词尾，辅音 k、h、d 后面，维吾尔语零元音同蒙古语和满语短元音 a、i 之间发生的对应关系。例如：

维吾尔语	蒙古语	满语	词义
jak	ʥaha	ʥaka/ʥaha	边、旁边
tik-	tʃihi--	ʃibi-/ʃiwa-	塞

（3）在词中音节，辅音 t、w、b 后面，维吾尔语零元音同蒙古语和满语短元音 a 之间发生的对应关系。例如：

维吾尔语	蒙古语	满语	词义
tartma	tatagur	tataku	抽屉
owla-	abala-	abala-	狩猎

另外，对于"狩猎"一词，突厥语族的哈萨克语叫 awla-，满通古斯语族通古斯语支语言也说 awala->awla- 等。

这里分析的维吾尔语零元音同蒙古语和满语短元音 a 间的对应现象，主要出现于双音节词的词尾。而且，基本上位于辅音 t、r、d、n、z 及 k、h 后面。其中，在辅音 t、r 后面有较高出现率。该对应现象，虽然在词中也出现，但出现的不多，并且出现于辅音 t、w、b 后面。

（二）维吾尔语零元音同蒙古语和满语短元音 ə 间的对应现象

维吾尔语零元音同蒙古语和满语短元音 ə 间也可以产生对应关系。不过，现已掌握的资料表明，该对应现象出现的不多，且主要出现于词尾。同时，要位于辅音 l、z、k、g、b、ʥ 后面。例如：

维吾尔语	蒙古语	满语	词义
til	hələ	iləŋɢu	舌头
semiz	səməʥə	səməʥə	肥的
segek	sərgəg	sərəbə	清醒的

另外，也有维吾尔语零元音同蒙古语短元音 ə 及满语短元音 ө 或 i 间出现对应的个别现象。比如说，"蓝的"与"咱们"两个词，在这些语言里分别说成 kөk 和 biz（维吾尔语）、hөhə 与 bidə（蒙古语）、 hөhө 跟 biti（满语）等。这些例词中，就出现 O[1]⇔ə⇔ө 或 O⇔ə⇔i 式结构类型的零元音同短元音间的对应现象。

（三）维吾尔语零元音同蒙古语和满语短元音 i 间的对应现象

在零元音同短元音间的对应中，维吾尔语零元音同蒙古语和满语短元音 i 间的对应实例，也有一定出现率。而且，同样基本上出现于词尾，只有个别实例位于词中。此外，几乎都出现于辅音 b、p、m、k、h、tʃ 后面。

（1）在词尾，辅音 b、p、h、j、tʃ 后面，维吾尔语零元音同蒙古语和满语短元音 i 间产生对应现象。例如：

维吾尔语	蒙古语	满语	词义
tʃab-	tʃabtʃi-	satʃi-	砍
tʃap-	tʃahi-	talkija-	打闪

需要说明的是，在满通古斯语族通古斯语支语言里将 satʃi-"砍"一词，要发音为 sabtʃi-＜satʃtʃi 等。而且，这一发音形式更加接近于维吾尔语的 tʃab- 和蒙古语的 tʃabtʃi-。

（2）在词尾，辅音 b、k、h、r、l、ʃ 后面，维吾尔语零元音同蒙古语和满语短元音 i 间产生对应现象。例如：

---

1 "O"这一符号表示零元音和零辅音。

维吾尔语	蒙古语	满语	词义
tʃek-	tʃohi-	tokʃi-	敲
bek	bəhi	bəki	结实
kemir-	həməli-	kəməli-	啃

可以看出，上述对应现象主要出现于辅音 b、k、h、l 后面，而在辅音 r、ʃ 后面出现的很少。另外，除了满语里说 tokʃi-"敲"之外，通古斯语支语言中还有 tohʃi- 或 toŋtʃi-之类的发音形式。

（四）维吾尔语和蒙古语零元音同满语短元音间的对应现象

我们的资料显示，阿尔泰语系语言的零元音同短元音的对应系列里，也有一定数量的维吾尔语和蒙古语零元音同满语短元音 a、ə 等之间发生对应关系的现象。同样，绝大多数出现于词尾，但也有个别实例位于词首或词中音节。此外，这些对应现象基本上出现于辅音 l、r、s、d、h、k、g、p 等后面。

（1）在词尾辅音 l、r 后面或词中音节 l 之前，维吾尔语和蒙古语零元音同满语短元音 a 间产生对应现象。例如：

维吾尔语	蒙古语	满语	词义
kol	gar	gala	手
bagla-	bagla-	baksala-	捆

（2）在词尾辅音 k、h、g、p 后面或在词首辅音 s、ʃ 的前面，维吾尔语和蒙古语零元音同满语短元音 ə 间产生对应现象。例如：

维吾尔语	蒙古语	满语	词义
kitap	bitʃig	bithə	书
kitʃik	ʥiʥig	aʥigə	小
sypyr-	ʃuɡurda-	əsurda-	扫

说实话，维吾尔语和蒙古语零元音同满语短元音 a 间产生对应现象，虽然出现的不多，但其对应现象及语音环境比较复杂。可以出现在词首、词中音节、词尾等，但在词尾出现的居多。

在阿尔泰语系的这些语言里也有维吾尔语和蒙古语零元音同满语短元音 ɵ 或 i 间发生对应关系的个别实例。比如说，对于"布料"与"马绊子"两个词，在这些语言里分别说成 bez 和 tʃeder（维吾尔语）、bɵs 与 tʃidɵr（蒙古语）、bɵsɵ 跟 ʃidəri（满语）等。这些例词中，就出现有 O⇔O⇔ɵ 或 O⇔O⇔i 式结构类型的零元音同短元音间的对应现象。

（五）维吾尔语和满语零元音同蒙古语相关短元音间的对应现象

我们的资料显示，阿尔泰语系语言的零元音同短元音的对应系列里，也有维吾尔语和满语零元音同蒙古语短元音 u、ɵ、i 等之间发生对应关系的现象。而且，主要出现于词尾及词中，辅音 l、n、r、k、g、w 等后面。例如：

维吾尔语	满语	蒙古语	词义
bul	bul	bulu	车轮毂
kattik	hatan	hatagu	硬
salkin	sərgɯwən	sərigun	凉快
kɵwryl	hɵggə	hɵgərgə	桥

上述对应现象也显示出一定的复杂性，虽然对应实例不多，但关系的辅音音素比较多，对应的结构系统有它不同程度的曲折关系。另外，在词中的出现率要高于词尾的出现率。从它们的对应结构类型来看，第 1 行和第 2 行例词属于 O⇔O⇔u 式结构类型的对应，第 3 行例词是 O⇔O⇔i 式结构类型的对应，第 4 行例词则是 O⇔O⇔ɵ 式结构类型的对应现象等。

（六）满语零元音同维吾尔语和蒙古语短元音 a 间的对应现象

还有一种现象是满语和蒙古语零元音同维吾尔语短元音 a 之间产生对应的实例。而且，可以出现于词中或词尾，辅音 d、r、l 后面。例如：

满语	蒙古语	维吾尔语	词义
hud	huda	kuda	亲家
farhun	haraŋgui	karaŋgu	暗
alha	alag	ala	花的

以上的分析使我们初步认识到，维吾尔语零元音主要与蒙古语及满语的短元音 a、ə、i、u、ʉ 之间发生对应关系。其中，维吾尔语零元音与蒙古语和满语短元音 a 间产生的对应实例有一定出现率。另外，这些对应现象绝大多数情况下出现于词尾、词尾音节及词中音节，但在词首很少出现。在这里还需要指出的是，除了我们在前面分析的六种系列的零元音与短元音对应现象之外，还有不少非规律性、非系统性而属于个别性质的零元音同短元音间的对应现象。比如说，O⇔i⇔e ⇨ togra（维吾尔语）⇔ ʤohis（蒙古语）⇔ ʤʉken（满语）⇨"正确的"；O⇔u⇔o ⇨ us-（维吾尔语）⇔ udhu-（蒙古语）⇔ soho-（满语）⇨"舀水"；ө⇔ə⇔O ⇨ tʃilbərə（维吾尔语）⇔ tʃəgəburi（蒙古语）⇔ ʤarhu（满语）⇨"豺狼"；i⇔a⇔O ⇨ segizhan（维吾尔语）⇔ sagaʤagai（蒙古语）⇔ saksaha（满语）⇨"喜鹊"；i⇔i⇔O ⇨ kelin（维吾尔语）⇔ gərin/gərgəi（蒙古语）⇔ girki（满语）⇨"媳妇"；e⇔O⇔ə ⇨ segek（维吾尔语）⇔ sərgəg（蒙古语）⇔ sərəbə（满语）⇨"清醒的"等还有很多。在我们看来，伴随着经济社会的快速发展，人们时间概念的不断优化，以及人与人之间的语言交流变得越来越精炼、科学高效，使阿尔泰语系语言那些多音节长条词变得会越来越短，进而导致一些非核心、不太重要、被弱化或边缘化的音素不断脱落或省略。加上不同语言的发展速度、演变规律、变化形式与内容的不同，自然而然地加剧了零元音与短元音对应现象的快速增长。

三 复元音和长元音与短元音对应规律

除了上面分析的短元音与短元音间产生的对应现象,以及零元音同短元音间的对应现象之外,阿尔泰语系语言的元音对应实例中,还有复元音和长元音分别与短元音间产生的对应现象。出现这种对应现象,绝大多数是元音间辅音脱落造成的,比如说,蒙古语书面语 əgʉdə "门"、hagurai "干的"、ʃigʉmji "评论"等词,由于词中辅音 g 的脱落而成为əʉdə>ʉʉdə、haurai>huure、ʃiʉmji>ʃʉʉmji 等。类似的语音变化实例,在阿尔泰语系语言里有不少,甚至变得越来越多。毫无疑问,这也和我们作为交流工具的语言与时俱进地不断发展变化有关。下面我们简要分析维吾尔语、蒙古语、满语间出现复元音与短元音间的对应现象,以及长元音和短元音间的对应现象等。而且,在满语栏的例词中列举通古斯语支语言的一些实例。

(一) 复元音同短元音的对应现象

(1) 在词首辅音 t 后面,满语复元音 ai 同蒙古语和维吾尔语短元音 a 之间产生的对应现象。例如:

满语	蒙古语	维吾尔语	词义
tailag	tailag	tajlak	小骆驼
taiha	taiga	tajgan	猎狗

(2) 在词首辅音 tʃ、ʤ、h 后面,蒙古语复元音 ai 同满语和维吾尔语短元音 a 之间产生的对应现象。例如:

蒙古语	满语	维吾尔语	词义
ʤaila-	ʤajla-	tʃajka-	漱口
haitʃi	hasaha	kajtʃa	剪子
arai	arkan	aran	勉强
tʃirai	tʃira	tʃiraj	脸面

（3）在词尾或词尾音节，辅音 l、n、h、g 后面，蒙古语复元音 ai 同满语和维吾尔语短元音 a 之间产生的对应现象。例如：

蒙古语	满语	维吾尔语	词义
maŋnai	maŋgil	maŋlaj	额头
sagaʤagai	saksaha	segizhan	喜鹊

上述实例中，词中或词尾出现的满语复元音 ia 和 ai 同维吾尔语及蒙古语短元音 a 间产生了对应现象。而且，几乎都出现于辅音 ʧ、ʤ、t、l、n、h、g 后面。另外，除了上面讨论的复元音与短元音对应现象之外，还有不少其他形式和内容的复元音与短元音对应实例。比如说，ui⇔u⇔u ⇨ haraŋgui（蒙古语）⇔ farhun（满语）⇔ karaŋgu（维吾尔语）⇨"暗的"；əi⇔ɵ⇔y ⇨ məirən（满语）⇔ mɵrɵ（蒙古语）⇔ myre（维吾尔语）⇨"肩膀"；əi⇔a⇔a ⇨ təifun（满语）⇔ tajag（蒙古语）⇔ tajak（维吾尔语）⇨"拐棍"等。再如，"部落"一词，蒙古语和满语叫 aimag 与 aiman，维吾尔语则说 ajmak。可以看出，该词的发音中，蒙古语和满语的复元音 ai 同维吾尔语词首短元音 a 间产生对应关系。说实话，在阿尔泰语系语言里复元音和短元音间发生的对应现象比较多，也显示出相当的比较性，对此学术问题以后可以展开进一步全面系统的讨论。

（二）长元音同短元音的对应现象

阿尔泰语系语言里，还有一定数量的长元音与短元音对应现象。特别是在有文字的语言里，书面语和口语间会出现数量可观的长元音与短元音间的对应实例。像我国境内的通古斯语支语言均没有本民族的文字，所以在他们的口语里有出现一定数量的长元音现象，这些长元音反过来同有文字语言的单元音间发生对应关系。所以，在下面的例词中出现的长元音词更多来自通古斯语支语言。

（1）在词首辅音 s、t、h、k、tʃ 后面，满语长元音 oo 同蒙古语和维吾尔语短元音 o、ɵ、a、e 间产生对应现象。例如：

满语	蒙古语	维吾尔语	词义
soohor	tʃohor	tʃokur	麻子
tooda-	tɵlɵ-	tɵle-	赔偿
hooʃan	tʃagasu	kegez	纸

上述三个例词中出现的对应现象，分别属于 oo⇔o⇔o、oo⇔ɵ⇔ɵ、oo⇔a⇔e 式结构类型的长元音与短元音对应现象。

（2）在词首辅音 t、h、k、ʤ、j 后面，满语长元音 oo、aa、ɵɵ 同满语和维吾尔语短元音 o、ɵ、a 之间也会发生对应关系。例如：

满语	蒙古语	维吾尔语	词义
toor/tor	tor	tor/torho	网
hɵɵgɵ	hɵgɵrgɵ	kɵwryk	桥
ʤaama	ʤagama	jaka	领子

上述三个例词中出现的对应实例，分别属于 oo⇔o⇔o、ɵɵ⇔ɵ⇔ɵ、aa⇔a⇔a 式结构类型的长元音与短元音对应现象。再者，满语栏里的例子基本上来自通古斯语支语言。其实，在蒙古语口语里，将 hɵgɵrgɵ "桥" 和 ʤagama "领子" 也会发音成 hɵɵrgɵ 和 ʤaamə 等。

我们掌握的资料表明，阿尔泰语系语言内复元音与短元音间发生对应关系的实例有不少。在这里，只是列举了其中的一小部分。毫无疑问，虽然长元音的出现有其不同角度或层面的解释，但语言本身的不断优化，以及经济社会的快速发展，不同语言间接触的深度与广度等都有必然的内在联系及外在的因果关系。对此我们必须有一个理性而科学的认识，不能把这些语言中出现的语音变化简单地认为是一种语言的异化现象或倒退现象，刻意坚持传统书面语中的语音结构形式而忽略语言本身的自然发展与进步。在这里，还应该提出的是，在阿尔泰语系语言的语音对应实例中，还有短元音或长元音等同某一音节甚至是几个音节产生对应的情况。所有这些问题，以后还可以继续深入探讨。

第二节　阿尔泰语系语言辅音对应系统

前面我们分析的是阿尔泰语系维吾尔语、蒙古语、满语中的元音对应规律，这一节内主要讨论更为错综复杂的辅音对应现象，进而论证其辅音对应的规律。在此，首先需要说明的是，在下面进行的阿尔泰语系语言辅音对应现象的讨论，同样使用了宽式记音法。而且，基本上遵循了突厥语族维吾尔语、蒙古语族蒙古语、满通古斯语族满语书面语基本记音形式，只是对于个别音素根据宽式记音法做了必要调整和归类。其次，在具体讨论时，选定的这三种语言中共同使用的词汇，基本上属于在语音结构类型上保持一致或基本一致，以及语音对应现象整齐或比较整齐、词义相同或基本上相同的实例。我们的分析，没有涉及那些语音对应关系极其复杂，且有极其曲折的语音对应关系，或者属于可变性、多变性、不稳定性辅音对应关系的词。也不包括那些对应关系不十分清楚、不是很整齐、不是很有规律的辅音对应现象。再次，阿尔泰语系语言辅音对应现象的分析，主要侧重于单辅音之间产生的对应现象以及零辅音同单辅音间发生的对应关系两个方面。

一　辅音对应规律

如上所述，这里所说的辅音对应系统，是指单辅音之间产生的错综复杂而有规律的对应现象。阿尔泰语系语言里，有数量极其可观的，属于不同层级、不同角度、不同程度、不同关系的复杂多样的单辅音对应实例。并且，有的辅音对应现象极其复杂多变，使人很难把握其中存在的对应规律。所以，我们下面的分析，所涉及的几乎都属于对应关系十分清楚或相对清楚的单辅音对应现象。同时，在单辅音对应现象的分析中，对于那些同单辅音对应密切相关的复辅音现象等，只做了简要阐述或说明，没有展开深入系统的研究。那么，对阿尔泰语系语言辅音对应现象展开的讨论，同样在第一列里使用了维吾尔语及突厥语族相关语言的例词，第二列是蒙古语及蒙古语族相关语言的实例，第三列是满语或满通古斯语族语言的例子。另外，还根据对应实例中出现的不同情况，以及例词及对应现象表现出的实际价值和体现出的重要性的不同，对于蒙古语和满语例词的前后排序做了必要调整，但调整之处不是太多。再者，也有根据某些语言实例具有的重要意义，以及富有的重要理论依据等因素，替换掉原有的维吾尔语或蒙古语或满语的例子，加上其他语言例词的情况。也就是说，在具体的讨论中，有可能出现用本语族某一个语言实例替代维吾尔语或蒙古语或满语例词的现象。下面，主要遵循突厥语族维吾尔语辅音 b、p、m、f、w、d、t、n、l、r、s、g、k、h、ŋ、ʤ、tʃ、ʃ、j 之排序，开展阿尔泰语系语言辅音对应现象及其规律的讨论。

（一）辅音 b 的对应现象

根据资料，阿尔泰语系语言里，辅音 b 的对应现象出现的并不多，且主要是辅音 b 与 b 之间产生的对应，而辅音 b 与其他辅音间似乎很少发生对应关系。此外，维吾尔语与蒙古语和满语辅音 b 的对应实例，基本上出现在词首，在词中音节或词尾很少见到，或者说一般不出现。

（1）在词首，短元音 a 之前。例如：

维吾尔语	蒙古语	满语	词义
baj	bajin	bajan	富有的
bal	bal	bal	蜂蜜
bagla-	bagla-	baksala-	捆
batur	bagatur/baatur	baturu	勇士

（2）在词首，短元音 u 之前。例如：

维吾尔语	蒙古语	满语	词义
buka	buha	buha	公牛等
bul	bulu	bul	车轮毂
buluŋ	buluŋ	bʉrən	角
bulak	bulag	bular	泉

上述满语栏里，满语书面语虽然将"角"称为 bʉrən，但在口语中也说 bulan 或 bulən，特别是在通古斯语支语言内叫 bulun 或 bolon 等。

（3）在词首，短元音 o、u、ə 之前。例如：

维吾尔语	蒙古语	满语	词义
bosuga	boʃoga	bokson	门槛
bota	botogu	botog	驼羔
boja-	budu-	boda-	染
boj	bəj	bəjə	身体

蒙古语的 budu-"染"和 bəj"身体"两个例词中，词首辅音 b 却出现于短元音 u 和 ə 之前。另外，满语栏的 bəjə"身体"的词首辅音也出现于短元音 ə 的前面。不过，维吾尔语辅音 b 无一例外均位于 o 之前。

（4）在词首，短元音 i、ɵ、o、y 之前。例如：

维吾尔语	蒙古语	满语	词义
biz	bidə	biti	咱们
bile-	biləgudə-	bilʉdə-	磨

bez	bøs	bøsɵ	布
bydre	bɵgter	bokto/bɵker	弯曲的

相比之下，例（4）的对应现象在短元音 i 出现的居多，其次是属于短元音 ɵ 的出现率，像在短元音 y 之前出现的辅音 b 的对应十分少见。

我们的分析表明，在阿尔泰语系语言里，辅音 b 的对应主要出现于词首，以及短元音 a、u、o、ə、i、ɵ、y 等前面。其中，在 a、u、o 前出现的居多，其次属于短元音 i 前的实例，像短元音 ə、ɵ、y 前的出现率不高。从某种意义上讲，阿尔泰语系语言的辅音对应系统里，辅音 b 的对应现象显得比较简单明了，也是相当规范和清楚的对应实例，不像其他辅音的对应现象那么复杂多变或形式多样。另外，在个别例词中，也会见到 b⇔b⇔h 式结构类型的对应现象，以及词中出现的对应实例。比如说，对于"豺狼"一词，在这些语言里分别 tʃilbere（维吾尔语）、tʃøgəburi（蒙古语）、dʒarhu（满语）之类的说法。可以看出，该词的对应是位于词中短元音 ɵ、ʉ、u 之前。但是，类似对应现象出现得很少。

（二）辅音 p 的对应现象

阿尔泰语系语言辅音 p 的对应现象同样出现率不高，也是一个出现概率比较低的辅音对应实例。而且，其对应现象主要是在维吾尔语辅音 p 同蒙古语和满语的辅音 b 或 p 之间产生。此外，该系列对应现象，一般位于词首或词中音节，词的其他部位很少出现。

1. 在词首，词中音节或动词词根或词干末尾，短元音 a、i、o、y 及复元音 ai 之前，维吾尔语辅音 p 与蒙古语及满语的辅音 b 之间产生的对应现象。

（1）在词首，短元音 a、i、y 及复元音 ai 之前，维吾尔语辅音 p 与蒙古语及满语的辅音 b 之间产生的对应现象。例如：

维吾尔语	蒙古语	满语	词义
pajdilan-	baitala-	baitala-	使用
pytyk	bitʃig	bithə/bitig	文书

（2）在词中音节或动词词根或词干末尾，以及在短元音 a 或 o 之前，维吾尔语辅音 p 与蒙古语和满语的辅音 b 间发生的对应关系。例如：

维吾尔语	蒙古语	满语	词义
ʤapa	ʤobal	ʤoboshun	苦
tʃap-	tʃabtʃi-	sabtʃi->satʃtʃi	砍

上例中的"砍"一词满通古斯语族通古斯语支语言说 sabtʃi->satʃtʃi，而在满语里说 -satʃi- 现象较多。另外，从上述辅音 p 与 b 对应现象可以看出，不论在词首还是在词中都出现的不多。而且，在词尾基本上不出现。

2. 在词中或词中音节，短元音 a 或 o 之前，维吾尔语、满语的辅音 p 同蒙古语辅音 b 与 m 间发生的对应关系。例如：

维吾尔语	满语	蒙古语	词义
pyrke-	porgi-	borgi-	喷
tʃolpan	tʃolpon	tʃolmon	启明星
parʃilda-	partʃilda-	partʃildi-	吵闹

上述满语栏里的例词 porgi- 与 tʃolpon 更多地用于满通古斯语族通古斯语支语言，满语中的使用率较低。而且，它们的对应形式和内容分别属于 p↔p↔b、p↔p↔m、p↔p↔p 式结构类型。

3. 在词中及词尾或在动词词根末尾，短元音 i 或 o 之前，维吾尔语辅音 p 与蒙古语和满语的辅音 b 间发生对应关系。例如：

维吾尔语	蒙古语	满语	词义
suŋpijaz	soŋina	soŋina	葱
kitap	bitʃig	bithə	书
tʃap-	tʃahi-	talkija-	打闪

满语栏里的 soŋina "葱" 一词更多地用于通古斯语支语言。此外，这三个例词中，同维吾尔语辅音 p 产生对应关系的辅音，在蒙古语和满语的辅音出现的有所不同，所以就形成 p↔g↔g、p↔g↔h、p↔h↔k 式结构类型的辅音对应现象。

以上分析的第一种是辅音 p 与 b 之间发生的对应实例，属于 p↔b↔b 式结构类型辅音对应现象；第二种是维吾尔语和满语的辅音 p 同蒙古语辅音 b、m、p 间发生的 p↔p↔b、p↔p↔m、p↔p↔p 式结构类型辅音对应关系；第三种是维吾尔语辅音 p 同蒙古语辅音 g、h 及满语辅音 g、h、k 间产生的 p↔g↔g、p↔g↔h、p↔h↔k 式结构类型辅音对应实例。但是，以上这些对应出现的都不多。另外，也有维吾尔语辅音 p 同蒙古语和满语的辅音 b、w 发生对应关系的个别现象。比如说，对于"山丘"一词，在这些语言里分别叫 təpe（维吾尔语）、dobo（蒙古语）、dowo（满语）等。毋庸置疑，该词内就出现 p↔b↔w 式结构类型的辅音对应现象。总之，在阿尔泰语系语言内，维吾尔语辅音 p 与蒙古语和满语的辅音间发生对应的概率比较低。

（三）辅音 m 的对应现象

相比之下，维吾尔语辅音 m 同蒙古语和满语辅音间产生对应的现象确实有不少。有意思的是，维吾尔语辅音 m 与蒙古语和满语辅音间的对应，基本上是辅音 m 与 m 间的对应实例，辅音 m 与其他辅音很少发生对应关系。

另外，此类对应实例虽然可以出现于词的不同部位，但绝大多数情况下出现于词首或词中，尤其是在词首有相当高的出现率，在词尾部分很少出现。

（1）在词首，短元音 i 或 ə、e 之前。例如：

维吾尔语	蒙古语	满语	词义
miŋ	miŋga	miŋgan	千
mikidʒin	məgədʒi	məhən-	猪
mikir	məhə	məhə	诡计
men	mi-	mi-	我

满通古斯语族语言内对于"千""猪"两个词各有 miŋgan～miŋga、məhən～məgdʒi 等不同说法。突厥语族语言的哈萨克语内也将以上提到的"猪""诡计"等叫作 megedʒin、meker 等。另外，上述对应现象在短元音 i 或 ə 前比短元音 e 前出现得多。

（2）在词首，短元音 ɵ、ʉ、y 及复元音 əi 等之前。例如：

维吾尔语	蒙古语	满语	词义
mɵre-	mʉgərə-	mʉra-	牛叫
mɵr	mɵr	mʉr	印迹、印章
myre	mɵrə	məirən/miri	肩膀
mɵldyr	mɵndər	mɵndər	冰雹

可以看出，上述辅音 m 与 m 的对应现象在短元音 ɵ、ʉ 前保持有较高出现率，而在短元音 y 及复元音 əi 前出现的较少。再者，突厥语族语言的哈萨克语将上述"印迹"一词，发音成 məhyr。

（3）在词中，短元音 a 或 u、ʉ 之前。例如：

维吾尔语	蒙古语	满语	词义
aman	amur	amʉran	平安
saman	saman	saman	萨满
ajmak	aimag	aiman	部落

很明显，以上对应现象在短元音 a 前出现的实例占绝对优势，只有个别词里出现短元音 u、ʉ 前对应现象。另外，这些对应，除位于短元音 a、u、ʉ 之前出现之外，还主要出现于短元音 a 和复元音 ai 及辅音 j 等后面。

（4）在词中，短元音 ə 或 i、e 之前。例如：

维吾尔语	蒙古语	满语	词义
tymen	tʉmən	tʉmən	万
semiz	səməʤə	səməʤə	网油

（5）在词尾或词尾音节，短元音 o、u 或 ʉ 后面。例如：

维吾尔语	蒙古语	满语	词义
tokum	tohom	tohoma	鞍垫
tulum	tulum	tʉlʉmə/tulum	皮囊

总之，上面分析的维吾尔语、蒙古语、满语辅音 m 的对应现象中，出现率最高的是在短元音 a、i、ə、ɵ 前后的实例，其次是短元音 o、ʉ 前后出现的例子，其他短元音或相关复元音前后出现的都不多。再者，虽然可以出现于词首和词中，但在词首出现的居多。另外，在这里还有必要指出的是，除了辅音 m 与 m 之间的对应现象之外，还有一些数量很少或者说极个别的对应实

例，也就是维吾尔语辅音 m 与蒙古语和满语其他辅音间发生的对应关系。比如说，m↔b↔w ⇨ keme（维吾尔语）↔ ʤibi（蒙古语）↔ ʤiwi（满语）⇨ "船"；m↔l↔l ⇨ komuʃ（维吾尔语）↔ hulusu（蒙古语）↔ ʉlhu/hultʃin（满语）⇨ "芦苇"；m↔g↔k tartma（维吾尔语）↔ tatagur（蒙古语）↔ tataku（满语）⇨ "抽屉"等。但这些对应现象，都属于个别性质的实例。

（四）辅音 w 的对应现象

我们掌握的资料充分显示，阿尔泰语系语言的辅音对应现象系统里，同突厥语族维吾尔语辅音 w 发生对应关系的实例，在蒙古语和满语辅音中很少出现。甚至可以说，在整个阿尔泰语系辅音对应中，应该属于出现率最低的一种语音对应现象。而且，主要表现于维吾尔语辅音 w 同蒙古语和满语辅音 b、w、h、g 间出现的对应现象。另外，这种对应基本上出现于词首音节或词中音节及词首。

（1）在词中，短元音 a 及 o 后面，维吾尔语辅音 w 同蒙古语和满语的辅音 b 之间产生对应现象。例如：

维吾尔语	蒙古语	满语	词义
owla-	abala-	abala-	狩猎
dawan	dabagan	dabagan	岭

（2）在词首或词中音节，短元音 a、u 及 ə 前面，维吾尔语辅音 w 同蒙古语辅音 b、g 和满语辅音 w、h、g 之间产生对应现象。例如：

维吾尔语	蒙古语	满语	词义
warkira-	barhira-	warkira-	喊
tʃulwur	tʃulbugur	ʤulhu	缰绳
kəwryl	həgərgə	həəggə	桥

上述三个例词中出现的辅音对应形式和内容，分别属于 w⇔b⇔w、w⇔b⇔h、w⇔g⇔g 式结构类型的辅音对应现象。

总之，维吾尔语辅音 w 同蒙古语和满语辅音间对应现象出现率很低。如上面的分析，此类对应基本上出现于辅音 w、b、h、g 之间。相对而言，辅音 w 与 b 之对应实例要多于辅音 w 与 b、h、g 之间出现的对应现象。而且，这些对应几乎都出现于短元音 a、u、o、ɵ 的前面，且在短元音 a 前出现的居多。

（五）辅音 d 的对应现象

在维吾尔语和蒙古语及满语中，辅音 d 的对应现象出现的也不多。而且，其对应现象主要体现在维吾尔语辅音 d 与蒙古语和满语的辅音 d 或 t 之间产生的对应实例上。另外，也会见到维吾尔语辅音 d 与蒙古语和满语的辅音 h、s、g 之间发生对应关系的个别现象。此外，这些对应所处的位置，一般都在词首或词中。

1. 在词首，短元音 a、o、e、ɵ、ʉ 之前，维吾尔语辅音 d 同蒙古语和满语的辅音 d 之间产生对应现象。例如：

维吾尔语	蒙古语	满语	词义
dawan	dabagan	dabagan	岭
derru	daroi	doron	马上
dɵnen	done	dʉnən	四岁牲畜

上述对应现象在短元音 a 前出现的居多，其次是短元音 o 前的出现率，但在短元音 e、ɵ、ʉ 前出现的都不多。

2. 在词中，短元音 a、o、e、ɵ、ʉ 之前，维吾尔语辅音 d 同蒙古语和满语的辅音 d 之间产生对应现象。例如：

维吾尔语	蒙古语	满语	词义
kada-	hada-	hada-	钉扣子
kuda	huda	hud	亲家
jada-	jandara-	janda-	消瘦
borda-	bordo-	bordo-	施肥
tʃeder	tʃidər	ʃidəri	马绊子

这些对应现象主要出现于短元音 a 的前面，在其他短元音前的出现率都不高。另外，在满通古斯语族语言里将"消瘦"之意，也可以用 jada- 一词来表达。毫无疑问，这种说法更接近与维吾尔语实例。

3. 同样，在词首或词中音节的短元音 a、i 之前，维吾尔语辅音 d 与蒙古语和满语的辅音 t 间发生对应关系。例如：

维吾尔语	蒙古语	满语	词义
dala	tala	tala	野外、平原
deŋiz	taŋgis	taŋgis	海
pajdilan-	baitala-	baitala-	使用

辅音 d 与 t 的对应在词首出现的多一些。另外，绝大多数出现于短元音 a 的前面。

4. 在词首或词中音节，短元音 o、u 或 i 之前，维吾尔语和蒙古语辅音 d 同满语辅音 b、tʃ 之间也可以产生对应现象。例如：

维吾尔语	蒙古语	满语	词义
dolkun	dolgijan	boldʒon	波浪
kuduk	hudug	hutʃin	井

综上所述，在阿尔泰语系语言内出现的维吾尔语辅音 d 同蒙古语和满语的辅音对应现象也不多。其中，占比例较大的是吾尔语辅音 d 与蒙古语和满语的辅音 d、t 间的对应现象。其次是维吾尔语辅音 d 与蒙古语和满语的辅音 h、s、g 之间出现的少量对应现象。这些对应现象主要位于词首和词中，在词中一般位于词的第二音节，词尾似乎不出现。此外，除以上阐述的对应现象外，还有一些出现率极低的对应实例，包括维吾尔语和蒙古语辅音 d 同满语辅音 g 之间产生的对应现象。比如说，对于"弄结实"一词，维吾尔语说 tʃiŋda-、蒙古语叫 tʃiŋdala-、满语称 tʃiran 或 ʃiŋa 等。另外，维吾尔语辅音 d 同蒙古语辅音 h 和满语辅音 s 之间发生的对应关系，比如，"说"一词，维吾尔语叫 de- 或 di-蒙古语则说 hə-而满语则称 sə- 或 dʒin- 等。再如，"弯曲的"一词，在这些语言里分别叫 bydre（维吾尔语）、bøgter（蒙古语）、bokto/bøker（满语）等。该词出现 d⇔g⇔k 式结构类型的辅音对应现象。当然，在这里提到的这些对应实例，均属于出现率很低而个别性质的对应现象。

（六）辅音 t 的对应现象

我们的资料显示，维吾尔语辅音 t 与蒙古语和满语的不同辅音发生的对应关系并不多，单辅音 t 与 t 之间产生的对应现象确实有不少，从而占有相当高的出现率。然而，辅音 t 同其他辅音间的对应实例出现的都不多。其中，包括辅音 t 与辅音 d、l、tʃ、ʃ、r 间发生的对应关系等。除此之外，该系列对应几乎可以位于词的不同部位。

1. 在词首或词中音节，短元音 a、y、o、u、e、i、ɵ、ʉ、ə 和长元音 oo 及复元音 ai、əi 等的前面，经常会出现维吾尔语辅音 t 同蒙古语和满语不同辅音间的不同程度、不同关系、不同角度的对应现象。

（1）在词首，短元音 a 之前。例如：

维吾尔语	蒙古语	满语	词义
tart-	tata-	tata-	拉
tartma	tatagur	tataku	抽屉
taŋlaj	taŋnai	tagani/taŋni	上颚
taka	taha	tahan/tak	马掌

（2）在词首，短元音 a 及复元音 əi、ai 之前。例如：

维吾尔语	蒙古语	满语	词义
tajak	tajag	təifun	拐棍
tajgan	taiga	taiha	猎狗
tajlak	tailag	tailag	小骆驼等

上述实例中，维吾尔语辅音 t 均位于短元音 a 之前，蒙古语辅音 t 则出现于短元音 a 及复元音 ai 的前面，满语辅音 t 主要位于复元音 əi、ai 之前。

（3）在词首，短元音 y 及复元音 o、u、ʉ 之前。例如：

维吾尔语	蒙古语	满语	词义
tygme	tobtʃi	tohon	扣子
tyz	tob	tob	正直的
tywryk	tulgagur	tura	柱子
tymen	tʉmən	tʉmən	万

不难看出，这些例词中的维吾尔语辅音 t 都出现于短元音 y 的前面。然而，蒙古语和满语的辅音 t 则出现于短元音 o、u、ʉ 之前。比较而言，该系列对应在短元音 y 和 o 前出现的居多。

（4）在词首，短元音 o 之前。例如：

维吾尔语	蒙古语	满语	词义
tor	tor/toor	torho	网
toz	togos	todʒin	孔雀
tokum	tohom	tohoma	鞍垫

（5）在词首，短元音 ɵ 及长元音 oo 之前。例如：

维吾尔语	蒙古语	满语	词义
tɵle-	tɵlɵ-	tooda-	赔偿
tɵl	tɵl	tɵl	羊羔、仔畜

可以说，词首辅音 t 的对应现象中，短元音 ɵ 前出现的实例不多。特别是，在长元音 oo 前的对应现象更是少见。

（6）在词首，短元音 e 及短元音 ə、a 之前。例如：

维吾尔语	蒙古语	满语	词义
teŋlik	təkʃi	təkʃi	平等
teŋri	təgri	təŋgər	上天
teri-	tari-	tari-	种地

上面的对应中，维吾尔语辅音 t 无一例外地出现于短元音 e 的前面。但是，蒙古语和满语的辅音 t 都出现于短元音 ə、a 之前。另外，该系列对应在短元音 ə 和 e 前出现得多一些。

（7）在词首，短元音 o、u、a 及 ʉ 之前：

维吾尔语	蒙古语	满语	词义
tulum	tulum	tʉlʉmə	皮囊
tonu-	tani-	taka-	认识

该系列对应现象的出现率也不高。另外，对于"皮囊"一词，在满通古斯语族语言里说 tulum 之外，还有 tʉlʉmə 之说。

（8）在词中音节，短元音 a、o、u 之前。例如：

维吾尔语	蒙古语	满语	词义
nohta	nokta	loŋto	笼头
hotun	hatun	katun	皇后、夫人

（9）在词中音节，辅音 r、h、k、g 及短元音 a 的后面。例如：

维吾尔语	蒙古语	满语	词义
tartin-	tatagʤa-	tataʤa-	约束、迟疑
tartma	tatagur	tataku	抽屉
ahta	agta	akta	骟马

上面的例词中，维吾尔语辅音 t 的对应现象都出现于辅音 r、h 后面，蒙古语和满语辅音 t 的对应则位于短元音 a 及辅音 k、g 后面。相比之下，

蒙古语和满语的对应现象在短元音 a 前面保持有较高的出现率。

（10）在词中音节，短元音 a、o、u 及 ʉ 的前后。例如：

维吾尔语	蒙古语	满语	词义
botulka	butun	butʉn	坛子、瓶子
batur	bagatur/baatur	batʉrʉ	勇士
bota	botogu	botog	驼羔

显而易见，这些对应实例多数出现于短元音 a、o、u 的前后，在短元音 ʉ 前面出现的不多。

以上分析的，从例（1）至例（10）均属于阿尔泰语系维吾尔语、蒙古语、满语辅音 t 与 t 的对应现象。其中，出现率较高的是例（1）至例（3）的对应实例，其次是属于例（2）、（4）、（6）内出现的对应现象，像例（5）、（7）、（8）、（9）、（10）的对应出现率不高。再者，这些对应，虽然不同程度地分别出现于短元音 a、y、o、u、e、i、ɵ、ʉ、ə 和长元音 oo 及复元音 ai、əi 等前面，但在短元音 a 前出现最多，其次是短元音 o、u 前的出现率，再就是短元音 y、ɵ、ə、e 前的出现实例。然而，在短元音 ʉ 和长元音 oo 及复元音 ai、əi 等前面出现的比较少。另外，这些辅音对应现象在词首出现的居多，在词中也有一定出现率，但在词尾一般不出现。

2. 在词首，短元音 a、o、e、ə、ɵ 的前面，维吾尔语辅音 t 与蒙古语和满语的辅音 d 之间产生的对应现象。例如：

维吾尔语	蒙古语	满语	词义
tal	dəligʉʉ	dəlihʉn/dlhi	脾
tehi	dahin	dahun	还、再

tokur	dogolaŋ/dogor	doholon	瘸子
tɵpe	dobo	dowo/dow	丘、岗

辅音 t 与 d 间的对应多数情况下出现于短元音 a、o 之前，而在短元音 e、ə、ɵ 的前面出现的不多。另外，有意思的是，在突厥语族的撒拉语里将"脾"发音成 daləh，这种说法更接近于蒙古语和满语的 dəligʉʉ＞dəligu＞dəliʉ＞dəlʉʉ 及 dəlihʉn＞dəlihʉ＞dəlhʉ 等的发音形式。上述对应现象，还有出现于词尾的特殊实例。比如说，对于"奶酪"就有 kurut（维吾尔语）、hurud（蒙古语）、hurud（满语）等说法。很清楚，该词词尾出现了 t 与 t 间的对应现象。再者，这些语言里还有与上面分析的辅音对应形式和内容密切相关的一些对应实例。比如说，t⇔d⇔b ⇨ ata（维吾尔语）⇔ abu（蒙古语）⇔ ama（满语）⇨"父亲"；t⇔t⇔d ⇨ etigen（维吾尔语）⇔ ərtə（蒙古语）⇔ ərdə/ədd（满语）"早晨"等。然而，这些均属于特殊而个别的对应现象。

3. 在词首或词中短元音 i 前后及个别词的词尾，维吾尔语辅音 t 与蒙古语和满语的辅音 ʧ、ʃ、t、r 之间产生对应现象。例如：

维吾尔语	蒙古语	满语	词义
tik	ʧig	ʃig	直的
het	hərgən	hərgən	字
kitap	bitʃig	bithə	书

上例辅音对应实例中，第一个例词是 t⇔ʧ⇔ʃ 式结构类型的辅音对应现象，第二个例词是 t⇔r⇔r 式结构类型的辅音对应现象，第三个例词则是 t⇔ʧ⇔t 式结构类型的辅音对应现象。不过，这些对应现象都出现得很少。

总而言之，上述维吾尔语辅音 t 同蒙古语和满语辅音之间产生的对应现象，在词首出现的占绝大多数，在词中也保持了一定出现率，但在词首音节出现的不多，特别是在词尾出现得更少。而且，在短元音 a 前的出现率最高，其次是短元音 o、u 前的出现率，再次是短元音 y、ɵ、ə、e 前出现的实例，在短元音 ʉ、i 和长元音 oo 及复元音 ai、əi 等前面出现得少。还有，以维吾尔语辅音 t 为中心的辅音对应现象中，辅音 t 与 t 的对应现象出现率最高，其次是辅音 t 与 d 间的对应现象，像辅音 t 与 l、tʃ、ʃ、r 等之间产生的对应现象的出现率比较低。

（七）辅音 n 的对应现象

维吾尔语辅音 n 同蒙古语和满语辅音间的对应有一定出现率。而且，维吾尔语辅音 n，主要跟蒙古语和满语的舌尖中音 n 和舌面后音 ŋ、k 及零辅音间产生对应现象。其中，维吾尔语辅音 n 与蒙古语和满语辅音 n 的对应现象出现率最高。但是，维吾尔语辅音 n 与蒙古语和满语辅音 ŋ、k，以及零辅音间的对应实例出现的较少。除此之外，维吾尔语的辅音 n 与蒙古语和满语辅音间的对应，主要出现在词中或词尾音节，词首出现的概率很低。

1. 在词尾，短元音 a、e、i、o、u、ə、ɵ、ʉ 后面，维吾尔语辅音 n 与蒙古语和满语的辅音 n 产生对音现象。

（1）在词尾，短元音 a 的后面。例如：

维吾尔语	蒙古语	满语	词义
dawan	dabagan	dabagan	岭
arʃan	arʃijan/arʃan	artʃan	泉水

对于"泉水"一词，蒙古语除了说 arʃijan 之外，还有 arʃan 这一说法。满通古斯语族通古斯语支语言内也有说 arʃan"泉水"的现象。

（2）在词尾，短元音 e、i、o 与 ə、ɵ、ʉ 的后面。例如：

维吾尔语	蒙古语	满语	词义
tymen	tumən	tumən	万
tʃitʃen	sitʃən	sətʃin	精明的
dɵnen	done	dunən	四岁牲畜

该项对应在短元音 e 与 ə 后面出现的较多，在短元音 i、o、ɵ、ʉ 等后面的出现率都很低。另外，在词尾比词中出现的要高。

（3）在词尾，短元音 u、o 及 a 的后面。例如：

维吾尔语	蒙古语	满语	词义
orun	oron	oron	位置
dolkun	dolgijan	boldʒon	波浪
hotun	hatun	katun	皇后、夫人

上述辅音 n 与 n 的对应现象多数出现于短元音 u 和 o 的后面，在短元音 a 后面出现的很少。

以上分析的阿尔泰语系语言辅音 n 与 n 之对应现象，多数出现于短元音 u 和 o 的后面，其次在短元音 a、e、ə、ʉ 后面也保持了一定出现率，但在短元音 i、ɵ 后面出现的较少。

2. 在词中，短元音 u、a、i、ə 后面，维吾尔语的舌尖中音 n 同蒙古语和满语的辅音 n 产生的对应现象也有不少。例如：

维吾尔语	蒙古语	满语	词义
sina-	ʃindʑi-	tʃəndə-	试验
gunan	guna	guna	三岁牲畜
sun-	sunai-	sanija-	伸
gandʑuga	gandʑuga	gandʑʉhan	梢绳

对于"试验"一词，除了满语里说 tʃəndə- 之外，满通古斯语族语言内还有 tʃində- ~ ʃində- ~ ʃindʑi- 等说法。另外，阿尔泰语系语言里，表示"试验"之概念的名词，同时还可以有"试一试""试探"等词义。

3. 在词尾或词中，短元音 i、u、ə、o 后面，维吾尔语辅音 n 同蒙古语和满语辅音 ŋ、g 产生相对应现象。例如：

维吾尔语	蒙古语	满语	词义
tʃin	dʑiŋkini	dʑiŋhini	真的
jilin	dələŋ	dələŋ	乳房
sun-	hugula-	hoŋtʃo-	折断

突厥语族语言里将"乳房"也可以发音成 dʑelin 等。说实话，以上三个例词的语音结构形式都比较复杂。但是，我们还是能够看清，在这些词内出现的 n⇔ŋ⇔ŋ 及 n⇔g⇔ŋ 式结构类型的辅音对应现象。

4. 在词中或词尾，短元音 a、i、ə、u、ʉ 后面，维吾尔语辅音 n 同蒙古语和满语的辅音 r 间产生相对应现象。例如：

维吾尔语	蒙古语	满语	词义
tʃana	tʃirga	ʃərhə/ʃirgʉl	雪橇
aman	amur	amʉran	平安

概而言之，阿尔泰语系语言中，维吾尔语辅音 n 同蒙古语和满语的不同辅音间发生的不同形式、不同内容、不同程度的对应现象也有不少。这些对应绝大多数出现在维吾尔语、蒙古语和满语的词中或词尾，在词首部位似乎不出现。相比之下，还是在词尾出现的居多。同时，在短元音 a、ə、o、u、e 前后出现的实例较突出，在短元音 i、ɵ 前后出现的比较少。在这些对应现象中，维吾尔语辅音 n 同蒙古语和满语的辅音 n 间发生的对应现象出现得最多，其次是维吾尔语辅音 n 同蒙古语和满语辅音 ŋ、r 间产生的对应，但辅音 n 与 g 的对应出现得很少。通过分析辅音 n 同其他辅音间的对应现象，我们还发现词尾出现的维吾尔语和蒙古语辅音 n，同满通古斯语族通古斯语支词尾出现的辅音 ŋ 相对应的实例较多。毫无疑问，这跟通古斯语支语言内大量出现的由辅音 ŋ 结尾的词有关。不过，有意思的是，现在的人们使用的通古斯诸语内，尤其是中青年人的口语内，在词尾使用 n 的现象变得越来越多。

（八）辅音 l 的对应现象

可以说，维吾尔语辅音 l 同蒙古语和满语的不同辅音及产生的对应现象，有相当高的出现率。特别是辅音 l 与 l 间的对应，有很高的出现率。另外，维吾尔语辅音 l，还可以同蒙古语和满语辅音 d、r、n、s、m、g、h 之间产生对应现象。再者，这一系列的对应实例，能够出现于词的各个部位。

1. 如上所述，维吾尔语辅音 l 同蒙古语和满语的辅音 l 之间产生的对应现象有很高的出现率。并且，出现于词首及词中音节或词尾音节及词尾部位。同时，主要在短元音 a、i、u、ə、ʉ 和复元音 ai 及长元音 oo、uu 或辅音 b、w、r、k、h、j、ŋ 等后面出现。

（1）在词中，短元音 u 或 ʉ 后面。例如：

维吾尔语	蒙古语	满语	词义
ula-	ulari-	ula-	继承、传承、连接

bulak	bulag	bular	泉
bulgar	bulgar	bʉlhari	皮革
tulum	tulum	tʉlʉmə	皮囊
ulak	ulaga	ʉlha	役畜
tʃulwur	tʃulbugur	dʒʉlhu	缰绳

以上对应现象，在短元音 u 或 ʉ 后面出现的实例，主要在满语或满通古斯语族语言内出现。而且，在满通古斯语族语言里，对于"皮囊""役畜"等词除了满语里有 tʉlʉmə、ʉlha 等说法之外，通古斯语支语言中还有 tulum 及 ulaga～ula 之说。

（2）在词中，短元音 a 后面。例如：

维吾尔语	蒙古语	满语	词义
ala	alag	alha	杂色的
dala	tala	tala	野外、平原
alkan	alaga	falaŋgu	手掌

突厥语族的哈萨克语里将"手掌"发音成 algan，满通古斯语族通古斯语支语言里也把该词说成 alagan＞algan＞aggan＞agga 等。

（3）在词中，短元音 i 后面。例如：

维吾尔语	蒙古语	满语	词义
takila-	tahala-	tahala -	钉马掌
ilga-	ilga-	ilga-	挑选
bile-	biləgudə-	bilʉdə-	磨
pajdilan-	baitala-	baitala-	使用

（4）在词尾或词中音节，短元音 a、u、ə 后面。例如：

维吾尔语	蒙古语	满语	词义
tal	dəligʉʉ	dəlihʉn	脾
bul	bulu	bul	车轮毂
bal	bal	bal 通	蜂蜜

有意思的是，维吾尔语例词的辅音 l 都出现于词尾，而蒙古语和满语例词中的辅音 l 却出现在词中。这种现象说明，一些词的语音结构系统比较复杂，从而导致辅音 l 所处语音环境的复杂性。

（5）在词中音节，辅音 w、j 和短元音 a、ʉ 及复元音 ai 后面。例如：

维吾尔语	蒙古语	满语	词义
pywle-	ʉlijə-	fʉlgijə-	吹
owla-	abala-	abala-	狩猎
tajlak	tailag	tailag	小骆驼

可以看出，这些对应现象在短元音 a 前后有较高的出现率，像在辅音 w、j 和短元音 ʉ 及复元音 ai 后面出现得不多。

以上分析说明，维吾尔语辅音 l 同蒙古语和满语的辅音 l 之间产生的对应现象不仅有很高的出现率，且所处语音环境也显示出相当的复杂性。另外，主要出现于词中音节，在词的其他部位出现的不多。再者，这些对应主要在短元音 a、u、i 前后出现，像在短元音 ə、ʉ 和复元音 ai 及长元音 oo、uu 或辅音 b、w、r、k、h、j、ŋ 等后面出现的均不是太多，甚至可以说出现的概率很低。

2. 在词中音节或词尾，短元音 a、u、ɵ、ʉ 和长元音 oo、uu 及辅音 k 后面，维吾尔语与蒙古语辅音 l 同满语的辅音 d、m、r 间产生对应现象。例如：

维吾尔语	蒙古语	满语	词义
tɵle-	tɵlɵ-	tooda-	赔偿
kakakla-	hahala-	hahada-	哈哈大笑
kirgul	gurguul	ʉlhuma	野鸡
buluŋ	buluŋ	bʉrən	角

突厥语族语言里，对于"野鸡"也有 kirgawul 之说。并且，这些对应现象主要在词中出现，词尾出现的比较少。而且，在短元音 a、u 前后出现的实例居多。根据对应形式和内容来看，第一第二例词是 l⇔l⇔d 式结构类型的辅音对应现象，第三个例词是 l⇔l⇔m 式结构类型的辅音对应现象，第四个例词则属于 l⇔l⇔r 式结构类型的辅音对应现象。

3. 在词中或者词尾音节，短元音 a、e、i、u、ə、ɵ、ʉ 及辅音 k、r 后面，维吾尔语辅音 l 同蒙古语和满语的辅音 r 之间产生的对应现象。例如：

维吾尔语	蒙古语	满语	词义
salkin	sərigʉn	sərgʉwən	凉快
kelin	gərgəi	girki	媳妇
kakla-	hagari-	hari-	烤
tʃarla-	hara-	hira-	侦察、仰望
jumul-	bɵmbəri-	bʉmbʉri-	打滚

蒙古语里对于"打滚"也有 əŋhəri- 之说。满语中的 hira- 主要表示"偷看"之意，但也可以用于表达"侦察""仰望"等词义。另外，满语中说"侦

察""仰望"等概念时还用 hargaʃa- 一词，阐述"凉快"之意时也说 sərgin 或 ʃahurʉn 等。此外，在通古斯语支语言里，将"打滚"说成 ʉmpʉri-。

4. 在词中的短元音 ɵ、a 及辅音 ŋ、k 后面，维吾尔语辅音 l 分别跟蒙古语和满语的辅音 n 和 s 之间发生对应关系。例如：

维吾尔语	蒙古语	满语	词义
məldyr	məndər	məndər	冰雹
taŋlaj	taŋnai	tagani	上颚
kakla-	hagsa-	haksa-	烘烤

对于"冰雹""上颚""烘烤"等词通古斯语支语言分别发音为 bono、taŋni、kaksa- 等。另外，上述第一、第二例词中出现的辅音对应属于 l⇔n⇔n 式结构类型的辅音对应现象，而第三个例子的对应则是 l⇔s⇔s 式结构类型的辅音对应现象。

5. 在词首、词中或在个别词的词尾，短元音 a、ə、ɵ 及辅音 b、h 前面，维吾尔语辅音 l 分别同蒙古语和满语的辅音 g、h、r 之间产生对应现象。例如：

维吾尔语	蒙古语	满语	词义
laʃaŋ	haʃin	haʃan	迟钝的
tʃilbərə	tʃəgəbʉri	ʤarhu	豺狼
kəwryl	həgərgə	həəggə	桥

这些对应主要出现于短元音 a、ɵ 前后，且词中音节出现的多一些。它们的辅音对应现象分别属于 l⇔h⇔h、l⇔g⇔r、l⇔g⇔g 式结构类型。

从以上讨论的实例中可以看出，维吾尔语辅音 l 与蒙古语和满语的辅音 l、d、r、n、s、m、g、h 之间发生不同程度的对应关系。其中，辅音 l 与 l 间出现的对应现象占有绝对优势。其次是 l 与 d、r 间的对应关系，像辅音 l 与 n、s、m、g、h 之间产生的对应现象都不多。再者，这些对应现象绝大多数情况下出现于词中音节，在词尾也有一定出现率，但词首出现得很少。另外，跟维吾尔语辅音 l 对应的实例中，也有一些较为特殊的对应现象。比如说，l↔r↔l ⇨ kol（维吾尔语）↔ gar（蒙古语）↔ gala（满语）⇨ "手"；l↔ʃ↔ʃ ⇨ teŋlik（维吾尔语）↔ təkʃi（蒙古语）↔ təkʃi（满语）⇨ "平等"；l↔n↔g ⇨ maŋlaj（维吾尔语）↔maŋnai（蒙古语）↔ maŋgil（满语）⇨ "额头"等。毋庸置疑，这些对应均属于个别现象。

（九）辅音 r 的对应现象

阿尔泰语系语言中，维吾尔语的辅音 r 同蒙古语和满语的不同辅音产生的语音对应现象也有出现。而且，主要在维吾尔语辅音 r 同蒙古语和满语辅音 r、s、l、t 等之间产生的对应现象。其中，辅音 r 与 r 间的对应出现率最高，辅音 l 与 s、l、t 间对应现象的出现率比较低。另外，这些对应现象基本上出现于词中或词尾，在词首很少出现。

1. 维吾尔语辅音 r 与蒙古语和满语的辅音 r 间产生对应现象的数量很多，一般出现于词中或词尾。同时，辅音 l 与 l 的对应，基本上位于短元音 a、e、i、o、u、y、ə、ɵ、ʉ 和复元音 ai 及辅音 d、t、r、k、h、g、tʃ、ʃ 前面，或者位于词尾短元音 a、e、o、u、ə、ɵ、ʉ 等的后面。

（1）在词尾或词尾音节，短元音 a、e、o、u、ə、ɵ、ʉ 等的后面。例如：

维吾尔语	蒙古语	满语	词义
tʃokur	tʃohor	soohor	麻子
tʃeder	tʃidər	ʃidəri	马绊子

batur	bagatur	batʉrʉ	勇士
bulgar	bulgar	bʉlhari	皮革

上述维吾尔语和蒙古语例词中的辅音 r 均出现于词尾，而满语里除第一个例子之外，其他三个例词的辅音 r 后面使用 i 或 ʉ 等短元音。另外，蒙古语中的 bagatur "勇士" 一词，在口语里均发音成 baatur＞batur 等。

（2）在动词词根或词干末尾以及短元音 a、i、ə、ɵ、ʉ 及辅音 r 等后面：

维吾尔语	蒙古语	满语	词义
sypyr-	ʃʉgʉrdə-	əsʉrdə-	扫
kikir-	həhərə-	kəkərə-	打嗝
jir-	jar-	jara	裂
kɵr-	hara-	kara-	看

在这里，维吾尔语辅音均出现于动词词根或词干末尾。然而，蒙古语辅音 r 除个别例词里出现在动词词干末尾的情况之外，其他例子的辅音 r 后面都有短元音 ə、a。满语辅音 r 都出现于词尾短元音 ə、a 之前。除此之外，上述对应现象，在短元音 a、i、ə、ʉ 后面出现得多一些。

（3）在词中，短元音 a 后面。例如：

维吾尔语	蒙古语	满语	词义
parʃilda-	partʃilda-	partʃildi-	吵闹
warkira-	barhira-	warkira-	喊
kara	hara	kara	黑
aran	arai	arkan	勉强

可以看出，这些有对应关系的辅音 r 不仅都出现于短元音 a 的后面，且在这些辅音 r 的后面也都出现短元音 a 及复元音 ai 或辅音 tʃ、ʃ、k、h 等。另外，对于上例中的"勉强"一词，满通古斯语族通古斯语支语言内也说 aran 或 araŋ 等。与上例词有关，这些语言里把"遇见"分别叫 utʃra-（维吾尔语）、utʃara-（蒙古语）、ᵾtʃara-（满语）等。

（4）在词中，短元音 i 后面：

维吾尔语	蒙古语	满语	词义
jirt-	ira-	ira-	撕
tʃiraj	tʃirai	tʃira	脸
ʃiwirgan	ʃigurgan	ʃᵾrga	暴风雪

除了上面的例词之外，也有一些出现于短元音 i 前面的辅音 r 与 r 的对应现象。比如说，对于"播种"一词，这些语言里都叫 teri-。

（5）在词中，短元音 y、o、ɵ、ᵾ 及复元音 əi 后面。例如：

维吾尔语	蒙古语	满语	词义
pyrke-	borgi-	porgi-	喷
yrky-	ᵾrgᵾ-	ᵾrhu-	受惊
myre	mɵrɵ	məirən	肩膀

以上维吾尔语辅音 r 都出现于短元音 y 后面，而蒙古语和满语辅音 r 则分别出现于短元音 o、ɵ、ᵾ 及复元音 əi 后面。不过，相比之下，在短元音 o、ᵾ 后面出现的多一些。另外，"受惊"一词，在满通古斯语族通古斯语支语言里也说 ᵾrgᵾ->ᵾggᵾ- 等。另外，满语栏内的 porgi-"喷"之说更多地使用于通古斯语支语言。

（6）在词中，短元音 o、u、ə、ɵ、ʉ 等的后面。例如：

维吾尔语	蒙古语	满语	词义
korʃa-	hori-	hori-	包围
borda-	bordo-	bordo-	施肥
orun	oron	oron	位置
kurut	hurud	hurud	奶酪
mɵre-	mʉgərə-	mʉra-	牛叫

显而易见，这些有对应现象的辅音 r 更多的时候出现于短元音 o 或 u 的前面或后面，在短元音 ə、ɵ、ʉ 等后面出现的比较少。

上述分析充分说明，维吾尔语辅音 r 同蒙古语和满语辅音 r 之间的对应现象绝大多数情况下出现于词中，在词首或词尾很少出现。而且，主要出现于短元音 a、o、u、i 前后。

2. 在词中，短元音 i、u、ʉ、a 后面，维吾尔语和蒙古语辅音 r 同满语辅音 s、l 之间产生对应现象。例如：

维吾尔语	蒙古语	满语	词义
kir	hir	hishan	污垢
uruk	ʉrə	ʉsə	种子
kirgul	gurguul	ʉlhuma	野鸡
karʃi	harʃi	halgi-	反对

蒙古语里也有将"种子"发音成 ʉsʉ 或 ʉr 的现象，在满通古斯语族通古斯语支语言里也说 ʉrə 或 ʉr 等。应该说，上述例词中，前两个例子是 r↔r↔s 式结构类型的辅音对应现象，后两个例子是 r↔r↔l 式结构类型的辅音

对应现象。与此对应形式和内容相关，在这些语言里也有 r↔r↔m 或 r↔r↔ g 式结构类型的辅音对应实例。比如说，对于"后面""桥"两个词，在这些语言里分别说 arka 和 kɵwryl（维吾尔语）、aru 与 hɵgɵrgə（蒙古语）、amagri 跟 hɵɵgɵ（满语）等。但是，这些对应现象很少出现。

3. 在词中或词尾，短元音 a、o、ɵ、ə 及辅音 p 前面，维吾尔语辅音 r 也有同蒙古语和满语辅音 l、t 之间产生对应的现象。例如：

维吾尔语	蒙古语	满语	词义
tʃatʃra-	tʃatʃula-	tʃatʃᵾla-	溅出
tokur	dogolaŋ	doholon	瘸子
ʃorpa	ʃɵlə	ʃilə	肉汤
bydre	bɵgtɵr	bokto/bɵkɵr	弯曲的

对于"瘸子"一词，蒙古语里也有 dogor 之说，但使用率比较低，不具代表性。"弯曲的"一词，通古斯语支语言内也说 bɵkɵr 或 bᵾkɵr 等。可以看出，上述四个例词中，前两个例子是 r↔l↔l 式结构类型的辅音对应现象，后两个例子是 r↔t↔t 式结构类型的辅音对应现象。

从以上分析了解到，维吾尔语辅音 r 同蒙古语和满语辅音间的对应，无论是在数量上还是在对应形式和内容上均属于较为丰富的一种结构类型。其中，辅音 r 与 r 之间的对应表现出很高的出现率。除此之外，像辅音 r 与 s、l、t 间的对应现象等出现的都不多。此外，从以上实例还可以看出，这一系列的辅音对应现象，主要在词中出现，在词尾出现得很少，在词首位置几乎不出现。再者，更多的实例出现于短元音 a、o、u、i 等的前后。在这里还应该提出的是，前面的分析中没有涉及的与讨论话题有关的对应实例还有不少。比如说，r↔l↔r ⇨ tywryk（维吾尔语）↔ tulgagur（蒙古语）↔ tura（满语）⇨"柱子"；r↔s↔n ⇨ togra（维吾尔语）↔ dʒohis（蒙古语）↔ dʒᵾken（满语）⇨"正确的"等。毫无疑问，此类对应实例均属于个别现象。

（十）辅音 s 的对应现象

根据现有的资料来看，维吾尔语辅音 s 同蒙古语和满语的不同辅音间产生的对应现象较为复杂。而且，主要是在辅音 s 与 s、ʃ、tʃ 及 h 之间发生对应关系。其中，数量上最多的维吾尔语辅音 s 同蒙古语和满语辅音 s 间的对应，像维吾尔语辅音 s 与蒙古语和满语辅音 ʃ、tʃ、h 间的对应均不是太多。并且，绝大多数对应实例出现于词首和词中，词尾基本不出现。

1. 维吾尔语辅音 s 同蒙古语和满语辅音 s 间的对应现象有一定的出现率。而且，一般都位于词首和词中，在词尾基本上不出现。另外，主要出现于短元音 a、u、o、ə、e、ɵ、ʉ、y 之前。

（1）在词首，短元音 a、ə、e 的前面。例如：

维吾尔语	蒙古语	满语	词义
sakal	sahal	salʉ	胡须
salkin	sərigʉn	sərgʉwən	凉快
segizhan	sagadʒagai	saksaha	喜鹊
segek	sərgəg	sərəbə	清醒的

上述对应现象在短元音 a 前出现的居多，其次是短元音 ə 前的出现率，在短元音 e 前出现的不多。另外，对于"胡须"一词，通古斯语支语言里也有 sahal 或 sakal 等说法。满语中表达"凉快"之意时，主要使用 ʃahurʉn 之说。

（2）在词首，短元音 u、o、ʉ、y、a 的前面。例如：

维吾尔语	蒙古语	满语	词义
suŋpijaz	soŋgina	soŋgina 通	葱

sun-   sunai-   sanija-   伸
syt   sʉ   sʉn   奶子

这些对应虽然可以出现于短元音 u、o、ʉ、y、a 之前，但在短元音 u、o 前出现的较多。另外，满通古斯语族语言的 soŋgina "葱" 之说更多用于通古斯语支语言。

（3）在词中，短元音 a、u、o 的前面。例如：

维吾尔语   蒙古语   满语   词义
jasa-   ʤasa-   dasa-   修理
josun   joso   joso   规矩、道理

总起来讲，维吾尔语辅音 s 同蒙古语和满语辅音 s 间的对应，主要出现于词首。该对应现象，虽然在词中也出现，但出现率很低。另外，在词尾一般不出现。而且，在短元音 a 前后保持了较高的出现率，其次在短元音 u、o、ə 前出现的也不少。但是，在短元音 e、y、ʉ 等前出现得不多。

2. 在词首，短元音 i 前面，维吾尔语辅音 s 同蒙古语和满语辅音 ʃ 之间发生的对应关系。例如：

维吾尔语   蒙古语   满语   词义
siŋ-   ʃiŋə-   ʃiŋə-   渗
sizik   ʃiʤim   ʃirgə   线条
sik-   ʃiha-   ʃiri-   拧
sikil-   ʃihaltʃa-   ʃiha-/ʃika-   挤、拥挤

突厥语族语言里对于 "拥挤" 说 sikil- 之外，还有 sag- 或 sih- 等说法。

对于"线条"一词，除了满语里说 ʃirgə 之外，通古斯语支语言内还有 ʃidʑin 之说。事实上，通古斯语支语言的该说法更接近于蒙古语和维吾尔语的实例。

3. 在词首或个别词词中，短元音 i、o、u、ə、ʉ、e、y 前面，维吾尔语辅音 s 同蒙古语辅音 ʃ 及满语的辅音 tʃ、s 间产生对应现象。例如：

维吾尔语	蒙古语	满语	词义
sina-	ʃindʑi-	tʃəndə-	试验
suwa-	ʃiba-	tʃifa-	抹墙
sypyr-	ʃugʉrdə-	əsʉrdə-	扫
serik	ʃira	soro	黄

可以看出，该系列对应形式和内容相当复杂，其中就出现 s⇔ʃ⇔tʃ 与 s⇔ʃ⇔s 式结构类型的辅音对应实例。另外，这些对应主要出现于短元音 i 之前。再者，只有满语栏里的 əsʉrdə-"扫"一词词首出现辅音 s 前的短元音 ə。在维吾尔语和蒙古语的对应实例里整齐划一地出现辅音 s 与 ʃ 间的对应现象，而在满语栏里则出现 tʃ 和 s 两个具有对应关系的辅音音素。在这里还需要指出的是，满通古斯语族通古斯语支语言内对于"试验""抹墙"两个词，还有 tʃində- ~ ʃində-、ʃiwa- 等说法。此外，与此相关的实例还有不少。比如说，s⇔ʃ⇔k ⇨ bosuga（维吾尔语）⇔ boʃoga（蒙古语）⇔ bokson（满语）⇨ "门槛"等。

4. 在词首，维吾尔语辅音 s 和蒙古语辅音 g 同满语辅音 g 间出现的对应现象，但出现率很低，可以说只出现在个别实例中。例如：

维吾尔语	蒙古语	满语	词义
sun-	hugula-	hoŋtʃo-	折断
us-	udhu-	soho-	舀水

总之，辅音 s 的对应，在阿尔泰语系语言里属于较为复杂的语音现象。其中，辅音 s 与 s 之间的对应出现率最高，像辅音 s 与 ʃ、ʧ、h 间的对应现象虽然出现的不多，但这些辅音所处的语音环境，以及辅音对应形式和内容都显示出一定的复杂性。除此之外，还有一些在前面的分析中没有涉及的维吾尔语辅音 s 同蒙古语及满语的相关辅音发生对应关系的实例。比如说，s⇔s⇔ʃ ⇨ solhaj（维吾尔语）⇔ sologai（蒙古语）⇔ ʃoloho/hasha/solge（满语）⇨ "左撇子"；s⇔s⇔t ⇨ ɵs-（维吾尔语）⇔ɵs-（蒙古语）⇔ mʉtʉ-/ʉsʉ-（满语）⇨ "生长"；s⇔g⇔g ⇨ silik（维吾尔语）⇔gilagar/gilʉgər（蒙古语）⇔ giladʒan/gilagar（满语）⇨ "光滑的"等。然而，这些对应实例都属于个别现象。

（十一）辅音 z 的对应现象

依据突厥语族语言辅音系统分析资料。辅音 z 属于舌尖浊擦音，通用于突厥语族语言中，但该辅音音素位于词尾时往往被发音成舌尖清擦音 s。比如说，维吾尔语的 bəz "布"或"土白布"在实际口语中的发音形式应该是 bəs，但在书面语里都写成 bəz。不论怎么说，辅音 z 是在阿尔泰语系语言里突厥语族语言特有的辅音音素。不过，在该语族语言里使用率不高，似乎更多地使用于新词术语及相关词的词尾部分。在蒙古语族语言，以及满通古斯语族语言内，均不使用该辅音音素。在我们现已掌握的资料里，同维吾尔语辅音 z 相对应的蒙古语和满语辅音也不太多，这种现象的出现，恐怕跟突厥语族语言辅音 z 的使用范围有限以及使用率低等直接有关。或许正是这些原因，辅音 z 同蒙古语和满语的不同辅音间产生的对应现象较为简单。而且，主要是跟辅音 s 与 ʃ、ʤ、n、b、g 之间发生对应关系。再者，词尾出现的居多。此外，所有对应现象的出现率都很低。

1. 在词尾或词尾音节，短元音 i、e、ɵ、a 及长元音 oo 的后面，维吾尔语辅音 z 同蒙古语辅音 s 和满语辅音 s、ʃ 间发生对应关系。例如：

维吾尔语	蒙古语	满语	词义
deŋiz	taŋgis	taŋgis	海
bɵz	bɵs	bɵsɵ	布
kegez	tʃagasu	hooʃan	纸

不过，在满通古斯语族通古斯语支语言里"纸"同蒙古语相近，也说 saasuŋ ~ saasun ~ saasan ~ tʃaasun＞tʃaasu 等。可以看出，对于"纸"一词的发音上，通古斯语支语言的说法更接近于蒙古语，而满语的说法不仅接近于蒙古语，同时也接近于维吾尔语的语音结构形式。

2. 在词尾或词中及词尾音节，短元音 i、o、a、ə、ɵ 及辅音 k 的后面，维吾尔语辅音 z 同蒙古语辅音 ʤ、g 和满语辅音 ʤ、s 间产生对应现象。例如：

维吾尔语	蒙古语	满语	词义
semiz	səməʤə	səməʤə	网油
toz	togos	toʤin	孔雀
segizhan	sagaʤagai	saksaha	喜鹊

以上对应现象，可以出现于词尾和词中及词尾音节，但在词首不出现。另外，相比之下，在短元音 o、a、ə 前后出现的较多。再者，以上三个例词内出现的辅音对应形式和内容，分别属于 z⇔ʤ⇔ʤ、z⇔g⇔ʤ、z⇔ʤ⇔s 式结构类型。

3. 在词中及动词词根或词干末尾，短元音 e、i、u 后面，维吾尔语辅音 z 同蒙古语和满语辅音 t 间产生对应现象。例如：

维吾尔语	蒙古语	满语	词义
jezik	bitig	bithə	文字
buz-	butala-	butla-	弄破

除了以上分析的实例之外，还有一些较为特殊的对应现象。比如说，z⇔n⇔n ⇨ suŋpijaz（维吾尔语）⇔ soŋgina（蒙古语）⇔ soŋgina（满语）⇨ "葱"；z⇔d⇔t ⇨ biz（维吾尔语）⇔ bidə（蒙古语）⇔ biti（满语）⇨ "咱们"；z⇔b⇔b ⇨ tyz（维吾尔语）⇔ tob（蒙古语）⇔ tob（满语）⇨ "正"等。不论怎么说，在阿尔泰语系语言里，维吾尔语辅音 z 同蒙古语和满语辅音间发生对应关系的实例不多。

（十二）辅音 g 的对应现象

阿尔泰语系语言里，同维吾尔语辅音 g 产生对应关系的现象也一定程度地存在。不过，所涉及的辅音并不多，主要有 g、h、k 等。其中，出现率最高的是辅音 g 与 h 的对应实例，像辅音 g 与 g 以及辅音 g 与 k 等之间的对应现象都出现的不多。相对应的辅音为首的对应现象，一般出现在词中或词尾音节，在词首出现得较少。在维吾尔语辅音 g 与蒙古语和满语辅音 g 的对应现象是最多的；其次是维吾尔语辅音 g 与蒙古语和满语 h 的对应；维吾尔语辅音 g 与蒙古语辅音 k 及满语辅音 s、n 之间也产生对应关系，但出现得不多。

1. 在词首或词中音节，维吾尔语的辅音 g 与蒙古语和满语的辅音 g 产生对应现象。而且，基本上出现于短元音 a、u、i 前面。例如：

维吾尔语	蒙古语	满语	词义
gunan	guna	guna	三岁牲畜
ilga-	liga-	liga-	选择
jegin	dagari	dagari	鞍疮
ʃiwirgan	ʃigurgan	ʃʉrga	暴风雪
ganʤuga	ganʤuga	ganʤɨhan	梢绳

上述对应主要出现于词中，在词首出现的比较少。另外，在短元音 a 前出现的居多，在短元音 u、i 后面出现得不多。

2. 在词首、词中和词尾音节，短元音 a、u 和长元音 uu 或复元音 ui 之前，以及短元音 o 的后面，维吾尔语和蒙古语辅音 g 同满语的辅音 h 和 s 之间产生对应现象。

（1）在词首，短元音 a、u 的前面。例如：

维吾尔语	蒙古语	满语	词义
tajgan	taiga	taiha	猎狗
bulgar	bulgar	bʉlhari	皮革
ganʤuga	ganʤuga	ganʤʉhan	梢绳
buga	bugu	bʉhu	鹿

满通古斯语族通古斯语支语言将"皮革"发音为 bulgar 或 bulga 等。与此同时，通古斯语支语言把"猎狗"和"鹿"也要发音成 tajga 和 buga 或 boga 等。可以看出，通古斯语支语言的实例，更接近于维吾尔语和蒙古语实例的语音结构类型。另外，以上对应现象，主要在短元音 a 后面出现。

（2）在词中或词首，短元音 u、a 及长元音 uu 或复元音 ui 的前面，以及短元音 o 的后面。例如：

维吾尔语	蒙古语	满语	词义
kirgul	gurguul	ʉlhuma	野鸡
karaŋgu	haraŋgui	farhun	暗
boguz	bagalʤuur	bilha	喉咙
tʃog	tʃog	jaha/jaga	火炭

突厥语族语言里对于"野鸡"除了说 kirgul 之外，也说 kirgawul 及 kərgawal 等。另外，满通古斯语族通古斯语支语言将上述例词分别发音为 gurguul、haraŋgui、bilga~ bilgakta、soɢ 等。毫无疑问，所有这些发音形式，更加接近于维吾尔语和蒙古语实例的发音及语音结构类型。另外，此类对应，在词尾出现的较少，绝大多数情况下出现于词中。同时，在短元音 u 前保持有一定出现率。

3. 在词中，短元音 a、e、i、ə 及辅音 r 后面，维吾尔语和蒙古语辅音 g 同满语辅音 k 之间产生对应现象。例如：

维吾尔语	蒙古语	满语	词义
bagla-	bagla-	baksala-	捆
segizhan	sagaʤagai	saksaha	喜鹊
jirgin-	ʤigʃi-	ʤəkʃi-	厌恶

比较而言，辅音 g 与 k 的这些对应现象，在短元音 a 后面出现的较多。另外，具有对应功能和作用的辅音后面，使用 l、s、ʃ 等辅音的现象也不少。与此相关，也有 g↔g↔s 式结构类型的辅音对应现象。比如说，对于"门槛"一词，这些语言里就说 bosuga（维吾尔语）、boʃoga（蒙古语）、bokson（满语）等。

4. 在词中，短元音 o、u、ʉ 及辅音 r 后面，维吾尔语辅音 g 同蒙古语辅音 h 及满语辅音 g、k 之间还可以产生对应关系。例如：

维吾尔语	蒙古语	满语	词义
koŋgurak	hoŋho	hoŋgon	铃
togra	ʤohis	ʤʉken	正确的

上面的分析表明，维吾尔语辅音 g 主要与蒙古语和满语的辅音 g、h、k 之间发生对应关系。其中，辅音 g 与 h 间的对应出现率较高，其次是辅音 g 与 k 间的对应实例。不过，维吾尔语辅音 g 同蒙古语辅音 h 及满语辅音 g、k 之间对应出现的比较少。另外，这些对应在词中出现较多，在词首或词尾出现的不多。还有，除了我们在上面分析的情况之外，还有一些与此相关的个别而特殊的对应实例。比如说，g⇔h⇔h ⇨ tʃetʃilaŋgu（维吾尔语）⇔ tʃatʃulhu（蒙古语）⇔ tʃatʃilahun（满语）⇨ "散乱"；g⇔b⇔h tygme（维吾尔语）⇔ tobtʃi（蒙古语）⇔ tohon（满语）⇨ "扣子"；g⇔j⇔r koragan（维吾尔语）⇔ hurijə（蒙古语）⇔ kuwaran（满语）⇨ "大围墙"；g⇔r⇔r ⇨ segek（维吾尔语）⇔ sərgəg（蒙古语）⇔ sərəbə（满语）⇨ "清醒的" 等。

（十三）辅音 k 的对应现象

阿尔泰语系的这些语言辅音对应系统里，维吾尔辅音 k 同蒙古语和满语不同辅音间产生对应现象，是一个极其复杂且数量可观的语音对应系统。尽管如此，我们通过语音对应现象的比较研究，还是能够寻找、整理、罗列出一系列的对应规律。其中，出现最多的是维吾尔语辅音 k 同蒙古语和满语辅音 h 间的对应现象。除此之外，维吾尔语辅音 k 与蒙古语和满语辅音 k、g 间的对应现象也有一定出现率。与此同时，还有不同范围、不同角度、不同程度的辅音 k 与辅音 b、m、f、n、l、r、ʤ 等之间产生的对应关系。另外，维吾尔语辅音 k 同蒙古语和满语不同辅音间产生的对应现象，可以出现于词的不同位置。

1. 在词首或词中音节，短元音 a、o、u、ɵ、ʉ、i、y 前面，维吾尔语辅音 k 同蒙古语和满语辅音 h 之间产生对应关系。

(1) 在词首，短元音 a 前面。例如：

维吾尔语	蒙古语	满语	词义
kakla-	hagari-	hari-	烤
kakakla-	hahala-	hahada-	哈哈大笑
kada-	hada-	hada-	插、扎、钉
karʃi	harʃi	halgi-	反对
kat-	hata-	hata-	变硬
kajtʃa	haitʃi	hasaha	剪刀

上例中的"剪刀"一词，满通古斯语族通古斯语支语言内叫 kajtʃi＞hajtʃi 及 haitʃi 等。甚至，也说 kabtʃiku。

(2) 在词首，短元音 u 前面。例如：

维吾尔语	蒙古语	满语	词义
kuduk	hudug	hutʃin	井
kuda	huda	hud	亲家
kutʃakla-	hutʃigala-	huʃi-	抱
kurut	hurud	hurud	奶酪

蒙古语里除了说 hutʃigala-"抱"之外，还可以用 hutʃi- 之说表达该词义。很显然，hutʃi- 是属于 hutʃigala- 的词根部分。

(3) 在词首，短元音 o、ɵ、ʉ、y 前面。例如：

维吾尔语	蒙古语	满语	词义
korʃa-	hori-	hori-	包围
koŋgurak	hoŋho	hoŋgon	铃

kɵwryl	hɵgɵrgə	hɵɵggɵ	桥
kɵk	hɵhə	hɵhɵ	蓝
kytʃ	hʉtʃʉ	hʉsun	力量

以上对应现象，在短元音 o、ɵ 之前比短元音 ʉ、y 之前出现的要多。另外，也有在短元音 i 前词首出现的辅音 k 与 h 间的对应实例。比如说，对于"污垢"一词，在这些语言里分别说 kir（维吾尔语）、hir（蒙古语）、hishan（满语）等。毋庸置疑，该词词首及短元音 i 就出现了 k⇔h⇔h 式结构类型的辅音对应现象。

（4）在词中，短元音 u、o、a 前面。例如：

维吾尔语	蒙古语	满语	词义
tʃokur	tʃohor	soohor	麻子
ukum	uhaga	uha	概念
tokum	tohom	tohoma	鞍垫

对于上例中的"鞍垫"一词，满通古斯语族语言内，除满语说 tohoma 之外，还有 tokom、tohom、tokomna 等说法。

（5）在词中，短元音 a、i、ə 前面。例如：

维吾尔语	蒙古语	满语	词义
buka	buha	mʉhaʃan/bʉhu	公牛等
taka	taha	tahan	马掌
mikir	məhə	məhə	诡计
sikil-	ʃihaltʃa-	ʃiha-	挤、拥挤

突厥语族语言内将"诡计"和"拥挤"两个词，还分别叫 meker 和 sag-、sih-、ʃih- 等。另外，满通古斯语族语言里把"拥挤"也说成 ʃika-。

也就是说，维吾尔语辅音 k 同蒙古语和满语辅音 h 间的对应现象，主要在词首出现，同时在词中也保持了一定的出现率，但在词尾很少出现。另外，绝大多数位于短元音 a、u 之前，其次在短元音 o、ɵ 之前也出现不少。相对而言，在短元音 ʉ、i、y 之前出现得不多。

2. 在词的不同位置，短元音 a、e、i、o、u、ə、ɵ、ʉ 及复元音 ai 或在辅音 g、ʤ 的前面，维吾尔语辅音 k 同蒙古语和满语辅音 g 之间产生对应关系。

（1）在词首，短元音 a、e、i、o、u、ə、ɵ 的前面。例如：

维吾尔语	蒙古语	满语	词义
kol	gar	gala	手
kelin	gərin/gərgəi	girki	媳妇
kɵnyl	gunil	gunin	心意

上述语音条件下的辅音 k 与 g 间的对应，在短元音 a 和 u 前出现的较多，在短元音 e、i、o、ə、ɵ 等前出现得较少。

（2）在词中，短元音 a、e、i、o、u、ə、ʉ 及辅音 g、ʤ 的前面。例如：

维吾尔语	蒙古语	满语	词义
salkin	sərigʉn	sərgʉwən/sərgin	凉快
alkan	alaga	falaŋgu	手掌
mikiʤin	məgəʤi	məgʤi	母猪
pyrke-	borgi-	porgi-通古斯	喷

突厥语族的哈萨克语里把"母猪"叫 megeʤin。另外，满通古斯语族语言内将"凉快"说 sərguwən 之外，也说 sərgin。再者，该对应在短元音a、i、ə 前出现得较多。

（3）在词尾，短元音 a、i 的后面。例如：

维吾尔语	蒙古语	满语	词义
tajlak	tailag	tailag	小骆驼
kitʃik	ʤiʤig	aʤigə	小的
silik	gilagar	gilagar	光滑的
tik	tʃig	ʃig	直的

上述蒙古语和满语的实例里，具有对应功能和作用的词尾辅音后面，使用有相关短元音或语音结构形式等，从而导致词尾辅音对应现象变得相对复杂。

前面的分析表明，这些语言内出现的 k↔g↔g 式结构类型的辅音对应现象，在词首或词中高于词尾的出现率。同时，在短元音 a 的前后出现的居多。其次在短元音 i、ə、u 前后也出现不少。不过，也有直接出现于辅音 g、ʤ、r、l 等前面或后面的一些实例。

3. 在词中和词尾，短元音 a、u、o、y、i、ə、ʉ 及辅音 l、t 后面，维吾尔语辅音 k 同蒙古语辅音 g 和满语辅音 h 间产生的对应现象。

（1）在词中，短元音 a、u、o、y、i、ə、ʉ 前面。例如：

维吾尔语	蒙古语	满语	词义
tʃaʃkan	hulugana	ʉlhʉ	灰鼠
tokur	dogolaŋ/dogor	doholon	瘸子

yrky-	ʉrgʉhʉ	ʉrhu-	受惊
ʃawkun	ʃuugin	ʃaahʉn	喧哗

满通古斯语族语言内将"灰鼠"和"受惊"叫 ʉlhʉ 与 ʉrhu- 之外，也说 uluhi、ʉrgʉ- 等。而且，第二种说法更多地用于通古斯语支语言。与此同时，"喧哗"一词，通古斯语支语言也说成 saagi-～ʃaagi-～ʃooge- 等。另外，这些对应实例，几乎都用于短元音 ʉ、u、o 及长元音 uu、oo 或辅音 r、l、w、ʃ 等的后面。

（2）在词尾或词尾音节，短元音 a、i 及辅音 l、t 后面。例如：

维吾尔语	蒙古语	满语	词义
ulak	ulaga	ʉlha	役畜
jezik	bitig	bithə	文字

在例（1）和例（2）内分析的 k⇔g⇔h 式结构类型的辅音对应现象，主要出现于词中和词尾。而且，短元音 a、u、o 前后出现较多。

4. 与上述实例有关，在词尾，短元音 a、u、i 的后面，维吾尔语辅音 k 同蒙古语辅音 g 及满语的辅音 n、r 之间发生对应关系。例如：

维吾尔语	蒙古语	满语	词义
kuduk	hudug	hutʃin	井
kattik	hatagu	hatan	硬
bulak	bulag	bular	泉

这些对应现象，主要出现于词尾。再者，短元音 a、u 前后有较高的出现率。另外，上述第一和第二例词属于 k↔g↔n 式结构类型的辅音对应现象，第三个例词则是 k↔g↔r 式结构类型的辅音对应现象。

5. 在词尾或词中，短元音 a、e、ə、u 及辅音 l 后面，维吾尔语辅音 k 同蒙古语辅音 g 及满语辅音 b、f、ʤ 之间发生的对应关系。例如：

维吾尔语	蒙古语	满语	词义
segek	sərgəg	sərəbə	清醒的
tajak	tajag	təifun	拐棍
dolkun	dolgijan	bolʤon	波浪

可以看出，这三个例词内出现的是 k↔g↔b、k↔g↔f、k↔g↔ʤ 式结构类型的辅音对应现象。另外，这些对应现象的出现率都很低。

6. 在词的不同部位，短元音 a、o、u、θ、ə、i 及 e 前面维吾尔语和满语的辅音 k 同蒙古语辅音 h 间产生对应现象。下面，为了进一步突出相同辅音间产生的对应关系，将满语栏及例词移到蒙古语栏例词的前面。

（1）在词首，短元音 a、o、u、θ、ə 前面。例如：

维吾尔语	满语	蒙古语	词义
kara	kara	hara	黑
kora	kuwa	hurijə	院子
kər-	kara-	hara-	看

（2）在词首或词中，短元音 i、ə 的前面。例如：

维吾尔语	满语	蒙古语	词义
kikir-	kəkərə-	həhərə-	打嗝
warkira-	warkira-	barhira-	喊
erkile-	ərkələ-	ərhələ-	撒娇

上述对应在词中出现的多。另外，在这些对应实例后面出现的主要是辅音 r 及短元音 i、ə 等。

（3）在词尾或动词词干末尾，短元音 a、e、ə、o 的后面。例如：

维吾尔语	满语	蒙古语	词义
jak	ʤaka	ʤaha	边
bek	bəki	bəhi	结实
tʃek-	tokʃi-	tʃohi-	敲

满通古斯语族语言内，对于"边""敲"两个词，除了说 ʤaka 和 tokʃi- 之外，还可以说 ʤaha 及 tʃohhi- ~ toŋtʃi-。此外，该类辅音对应现象出现得也不多。

总之，上面讨论的维吾尔语和满语辅音 k 同蒙古语辅音 h 间出现的 k↔k↔h 式结构类型的辅音对应现象，虽然在词的不同部位都可以出现，但在词首高于词中、词尾的出现率。同时，在短元音 a、o、u、ə、i 前后出现得多一些。

7. 在词首或词中，短元音 a、e、i、ə 前后，维吾尔语辅音 k 同蒙古语辅音 h 和满语的辅音 g 之间产生的对应现象，出现在词的任何位置。例如：

维吾尔语	蒙古语	满语	词义
kaga	herijə	gaha	乌鸦

| kitʃik | bitʃihan | adʑigə | 小的 |
| aka | aha | agə | 哥哥 |

8. 除此之外，在个别实例中，还可见到维吾尔语辅音 k 与蒙古语和满语辅音 b、m、r、l、dʑ 之间产生对应现象。例如：

维吾尔语	蒙古语	满语	词义
kitap	bitʃig	bithə	书
kutul-	multura-	mʉltʉ-	摆脱
dʑakarla-	dʑarla-	dʑarla-	宣告
tʃajka-	dʑaila-	dʑajla-	漱口
keme	dʑibi	dʑiwi	船

突厥语族语言内将"宣告"一词，除说 dʑakarla- 之外，也可以发音成 dʑaryala- 等。说实话，上面的这些实例，似乎各自属于特殊而个别的辅音对应现象。除维吾尔语辅音 k 在这些例词中贯穿始终之外，蒙古语和满语的辅音对应现象各自不存在内在联系。因此，上述例词内的辅音对应分属 k↔b↔b、k↔m↔m、k↔r↔r、k↔l↔l、k↔dʑ↔dʑ 式结构类型。

综上所述，维吾尔语辅音 k 与蒙古语和满语辅音间的对应现象，主要有前面分析的 8 项 15 个结构类型：（1）k↔h↔h，（2）k↔g↔g，（3）k↔g↔h，（4）k↔g↔n、k↔g↔r，（5）k↔g↔b、k↔g↔f、k↔g↔dʑ，（6）k↔k↔h，（7）k↔h↔g，（8）k↔b↔b、k↔m↔m、k↔r↔r、k↔l↔l、k↔dʑ↔dʑ 这些对应现象，均可出现于词的不同位置。其中，词首出现的实例居多，其次是在词中出现的对应现象，但在词尾出现的不多。另外，维吾尔语辅音 k 与蒙古语和满语辅音间的对应现象，多数情况下出现于短元音 a、u 的前后，再就是短元音 o、i、ə、ɵ 前后也保持了较高的出现率，像短元音 e、ʉ、y 前后出现的不太多。同时，也有一些对应现象直接出现于相关辅音的前后。不过，在长元音或复元音前后出现的实例十分少。

（十四）辅音 h 的对应现象

在我们现已掌握的资料里，维吾尔语辅音 h 同蒙古语和满语辅音发生对应关系的实例确实很少，甚至可以说没有几个。更直白地讲，只有以下四个例子。它们是在词首或词中，短元音 a、o、e 及辅音 z 的后面，维吾尔语辅音 h 同蒙古语辅音 h、g、k 及满语辅音 k、h、ŋ 之间产生的对应现象。例如：

维吾尔语	蒙古语	满语	词义
hotun	hatun	katun	皇后、夫人
tehi	dahi	dahun	还、再
segizhan	sagadʒagai	saksaha	喜鹊
nohta	nokta	loŋto	笼头

不难看出，上面的四个例词内，维吾尔语辅音 h 同蒙古语和满语相关辅音间的对应形式和内容，分别是 h⇔h⇔k、h⇔h⇔h、h⇔g⇔h、h⇔k⇔ŋ 式结构类型的辅音对应现象。另外，这些辅音对应现象，基本上出现于短元音 a、i、o、u 及辅音 s 等音素前后。

（十五）辅音 ŋ 的对应现象

阿尔泰语系语言都有辅音 ŋ，并使用于词的不同位置。相比之下，维吾尔语和蒙古语及满语等中的使用率，都没有满通古斯语族通古斯语支语言的高。而且，在通古斯语支语言里，在词首有一定使用率，除此之外的阿尔泰语系语言在词首很少使用辅音 ŋ。由于语音对应现象的讨论是以维吾尔语语音系统及其使用关系为主展开的，所以受其辅音 ŋ 的使用率不高及使用面有限等影响，加上蒙古语和满语中辅音 ŋ 使用的不多等因素，在阿尔泰语系这三个语言内辅音 ŋ 的对应出现的也不多。同时，一般出现于词中或词尾。另外，其对应现象，主要在维吾尔语辅音 ŋ 与蒙古语和满语的辅音 ŋ、n、k、g 之间产生。

1. 在词尾及动词词干末尾及词中，短元音 a、e、i、o、u 后面，维吾尔语 ŋ 同蒙古语和满语的辅音 ŋ 间发生对应关系。

（1）在词尾及动词词干末尾及词中，短元音 i 后面。例如：

维吾尔语	蒙古语	满语	词义
miŋ	miŋgan	miŋgan	千
tʃiŋ	tʃiŋga	ʃiŋga	紧的、结实的
siŋ-	ʃiŋə-	ʃiŋə-	渗

在这里，只有维吾尔语辅音 ŋ 位于词尾，蒙古语和满语辅音 ŋ 则位于词中。而且，在辅音 ŋ 后面都整齐划一地使用了辅音 g。另外，满通古斯语族语言内将"紧的"一词也说 tʃirala-。

（2）在词中，短元音 a、e、o、u 后面。例如：

维吾尔语	蒙古语	满语	词义
maŋlaj	maŋnai	maŋgil	额头
suŋpijaz	soŋina	soŋina	葱
koŋgurak	hoŋho	hoŋgon	铃
deŋiz	taŋgis	taŋgis	海

以上对应现象在短元音 o、a 后面出现的居多，在短元音 e、u 后面出现的比较少。同时，在辅音 ŋ 后面出现的绝大多数是辅音，主要使用 l、n、g、p、h 等辅音。其中，辅音 g 的使用率最高。另外，只有维吾尔语 deŋiz "海"

一词内出现有辅音 ŋ 后面使用短元音 i 的情况。另外，应该说明的是，满语栏里的例词更多地用于满通古斯语族通古斯语支语言。

2. 在词尾或词中，短元音 a、u、ə 后面，维吾尔语和蒙古语 ŋ 同满语的辅音 n 之间产生的对应关系。例如：

维吾尔语	蒙古语	满语	词义
buluŋ	buluŋ	bɯrən	角
taŋlay	taŋnai	taŋni/tagani	上颚

该对应现象出现的不多。而且，在词中辅音 ŋ 后面出现的是辅音 l、n。另外，对于"上颚"一词，满通古斯语族语言里还有 tagani 之说。

3. 在词尾或词中，短元音 a、i、e、ə 后面，维吾尔语辅音 ŋ 同蒙古语和满语的辅音 n 或 k 产生对应现象。例如：

维吾尔语	蒙古语	满语	词义
laʃaŋ	haʃin	haʃan	迟钝的
teŋlik	təkʃi	təkʃi	平等

显而易见，上述第一个例词的辅音对应的内容和形式属于 ŋ⇔n⇔n 结构类型，第二个例词则属于 ŋ⇔k⇔k 结构类型的辅音对应现象。另外，这两种结构类型的对应实例都出现得比较少。

根据以上分析，我们可以了解到，在阿尔泰语系的这些语言里，以维吾尔语辅音 ŋ 为例对应现象的出现率不高，并主要出现于词尾或词中，词首几乎不出现。而且，基本上都出现于短元音 a、e、o、u、i、ə 之前，以及辅音 g、k、l、n、g、p、h 及短元音 a 之后。相比之下，该系列的对应中 ŋ⇔ŋ⇔ŋ 式结构类型的辅音对应现象出现率最高，其次是属于 ŋ⇔ŋ⇔n 式结构类型的辅音对应实例，但 ŋ⇔n⇔n 式结构类型的辅音对应现象出现得很少。

（十六）辅音 ʤ 的对应现象

维吾尔语同蒙古语和满语辅音对应现象中，也有辅音 ʤ 之间发生对应的现象。但是，该对应实例同样出现的比较少。同时，几乎都出现于词首，短元音 a、e、i、o、u、ə、ʉ 及复元音 ʉi 后面。例如：

维吾尔语	蒙古语	满语	词义
ʤakarla-	ʤarla-	ʤarla-	宣告
ʤapa	ʤobal	ʤoboshun	苦
ʤuwa	ʤubtʃaga	ʤibtʃa	皮袄
ʤeren	ʤəgərə	ʤərən	黄羊
ʤyp	ʤʉirəi	ʤʉrʉ	双的

相比之下，上述对应在短元音 a 前出现较多，其次是短元音 o 前的出现率，其他短元音前出现的均不多，特别是在短元音 y、ʉ 及复元音 ʉi 之前出现得很少。另外，在突厥语族语言里，对于"宣告"一词还有 ʤaryala- 之说。

以上实例及分析说明，维吾尔语同蒙古语和满语辅音 ʤ 间的对应出现得很少，且主要出现于 a、e、i、o、u、ə、ʉ 及复元音 ʉi 后面。不过，我们掌握的资料里也有辅音 ʤ 词中音节产生对应的个别实例。比如说，对于"梢绳"一词，在这些语言里分别说 ganʤuga（维吾尔语）、ganʤuga（蒙古语）、ganʤʉhan（满语）等。不过，类似对应现象都出现得很少。

（十七）辅音 ʧ 的对应现象

研究资料表明，维吾尔语辅音 ʧ 同蒙古语和满语的辅音之间产生的对应现象也有一定数量的出现，是属于出现率较高的辅音对应现象。而且，基本上都在维吾尔语辅音 tʃ 同蒙古语和满语辅音 tʃ、ʤ、ʃ 或 t、g 间发生对应关系。其中，维吾尔语辅音 tʃ 同蒙古语和满语辅音 tʃ 间的对应具有相对高的出现率。同时，此类对应实例可以出现于词的不同部位。

1. 在词首，短元音 a、i、e、ə 及辅音 r 的前面，维吾尔语辅音 tʃ 同蒙古语和满语的辅音 tʃ 间发生的对应现象。

（1）在词首，短元音 a 之前。例如：

维吾尔语	蒙古语	满语	词义
tʃatʃra-	tʃatʃula-	tʃatʃʉla-	溅出
tʃartʃa-	tʃaŋga-	tʃaŋgali-	疲倦

（2）在词首，短元音 e、i 及个别词的短元音 a 之前。例如：

维吾尔语	蒙古语	满语	词义
tʃetʃilaŋgu	tʃatʃulhu	tʃatʃilahun	散乱的
tʃiŋda-	tʃiŋdala-	tʃiran	弄紧、弄结实
tʃiraj	tʃirai	tʃira	脸、脸色

（3）在词中或词尾音节，短元音 i、e、ə、a 及辅音 r 的前面。例如：

维吾尔语	蒙古语	满语	词义
eltʃi	əltʃi	əltʃin	使节
emtʃi	əmtʃi	əəntʃi	医生
tʃitʃen	sətʃən	sətʃin	精明的
utʃra-	utʃara-	ʉtʃara-	遇见

例（1）至例（3）的辅音对应实例，在短元音 a、i 前出现的居多。同时，在词首出现的概率比词中的要高。需要说明的是，所谓满语例词，事实上更多地用于满通古斯语族通古斯语支语言。

2. 在词首和词中，短元音 a、i、e、ə、u、ɵ、ʉ 之前，维吾尔语和蒙古语辅音 ʧ 同满语辅音 ʃ、ʤ 间产生的对应现象。

（1）在词首和词中，短元音 a、i、e、ə、u 的前面，维吾尔语和蒙古语辅音 ʧ 同满语的辅音 ʃ 间产生的对应。例如：

维吾尔语	蒙古语	满语	词义
ʧana	ʧirga	ʃərhə	雪橇
ʧeder	ʧidər	ʃidəri	马绊子
kuʧakla-	huʧigala-	huʃi-	拥抱

可以看出，上述对应现象在词首出现的实例比词中要多。其实，在满通古斯语族通古斯语支语言的早期词汇里，将用狗拉的小爬犁就叫 ʃana。毫无疑问，通古斯语支语言该说法，在语音结构类型上同突厥语族语言的 ʧana 保持了相当强的一致性。

（2）在词首或词中，短元音 i、a、u、ɵ、ʉ 的前面，维吾尔语和蒙古语辅音 ʧ 同满语的辅音 ʤ 间的对应现象。例如：

维吾尔语	蒙古语	满语	词义
ʧilbɵre	ʧɵgəburi	ʤarhu	豺狼
ʧulwur	ʧulbugur	ʤʉlhu	缰绳
kiʧik	biʧihan	aʤigə	小的

上面的例（1）和例（2）内出现的辅音对应实例属于 tʃ↔tʃ↔ʤ 式结构类型的辅音对应现象。另外，这些对应在词首出现的比词尾要多。同时，在短元音 a、i、u 前面有较高的出现率。

3. 在词首和词中，短元音 a、i 及复元音 ai 的前面，维吾尔语辅音 tʃ 同蒙古语和满语的辅音 ʤ 间发生对应关系。例如：

维吾尔语	蒙古语	满语	词义
tʃajka-	ʤaila-	ʤajla-	漱口
tʃin	ʤiŋkini	ʤiŋhini	真的
kitʃik	ʤiʤig	aʤigə	小的

显而易见，上述对应主要在词首出现，词中出现的较少。同时，多数实例位于短元音 i 之前，只有少数出现于短元音 a 及复元音 ai 的前面。

4. 在词首和词中，短元音 a、o、i、ʉ 及长元音 oo 的前面或短元音 y 的后面，维吾尔语和蒙古语辅音 tʃ 同满语辅音 ʤ 间发生对应关系。例如：

维吾尔语	蒙古语	满语	词义
tʃokur	tʃohor	soohor	麻子
tʃap-	tʃabtʃi-	satʃi-/sabtʃi-/satʃtʃi-	砍
kajtʃa	haitʃi	hasaha	剪子
kytʃ	hʉtʃʉ	hʉsun/kʉtʃun	力量

满通古斯语族的通古斯语支语言内把"砍"也可以发音成 sabtʃi->satʃtʃi-。另外，上述对应现象在词首或词中出现的居多，在词尾很少出现。再者，短元音 a 前使用率较高，其次在短元音 o、i、ʉ 前也有一定出现率。

5. 在词首，短元音 a、e、o 的前面，维吾尔语和蒙古语辅音 ʧ 同满语的辅音 t 间产生对应现象。例如：

维吾尔语	蒙古语	满语	词义
ʧap-	ʧahi-	talkija-	打闪
ʧek-	ʧohi-	tokʃi-	敲

6. 在词中和词尾，短元音 a、ə、i 及复元音 əi 的前面或短元音 e 的后面，维吾尔语辅音 ʧ 同蒙古语和满语的辅音 g 之间产生的对应。例如：

维吾尔语	蒙古语	满语	词义
ʧarʧa-	ʧaŋga-	ʧaŋgali-	疲倦
kikeʧ	hələgəi	hələgə-	结巴

综上所述，维吾尔语的辅音 ʧ 同蒙古语和满语的辅音对应有如下特点。（1）对应关系复杂。其中，维吾尔语辅音 ʧ 同蒙古语和满语的辅音 ʧ 之间的对应现象有出现最多，其次是维吾尔语和蒙古语辅音 ʧ 同满语的辅音 ʃ、ʤ、s 间的对应，以及维吾尔语辅音 ʧ 同蒙古语和满语辅音 ʤ 的对应实例等。不过，维吾尔语和蒙古语辅音 ʧ 同满语辅音 t 间的对应，以及维吾尔语辅音 ʧ 同蒙古语和满语辅音 g 间的对应现象的出现率较低。（2）这些对应现象基本上出现于词的不同部位，但在词首的出现率居高，其次是词中的出现率，在词尾出现率很低。（3）上述对应实例，在短元音 a、i、ə、u 等前后保持了相当高的出现率。另外，还应该提到的是，除了我们在前面分析的之外，还有一些属于个别或特殊的相关对应实例。比如说，ʧ↔ʧ↔j ⇨ ʧog（维吾尔语）↔ ʧog（蒙古语）↔ jaha/jaga（满语）⇨ "火炭"；ʧ↔h↔h ⇨ ʧarla-（维吾尔语）↔ hara-（蒙古语）↔ hira-/harga-（满语）⇨ "仰望" "侦察"；ʧ↔s↔s ⇨ ʧitʃen（维吾尔语）↔ sətʃən（蒙古语）↔ sətʃin/sədəhəri（满语）⇨ "精明的"；ʧ↔t↔ʧ ⇨ ʧoku-（维吾尔语）↔ togʃi-

（蒙古语）⇔ tʃoŋki-/tʃoki-/tonto-（满语）⇨ "啄"；tʃ⇔t⇔t ⇨ tʃøre（维吾尔语）⇔ togorin（蒙古语）⇔ torhon/tooriŋ/togori（满语） ⇨ "周围"等。

（十八）辅音 ʃ 的对应现象

根据现有资料分析，阿尔泰语系语言中辅音 ʃ 的对应现象出现的频率同样也很低，其对应形式和内容显得比较简单。而且，主要是维吾尔语辅音 ʃ 同蒙古语和满语的辅音 ʃ 之间产生的对应现象。同时，此类对应基本上位于词首，并出现于短元音 i、a、o、ɵ 及长元音 aa、uu 等前面。例如：

维吾尔语	蒙古语	满语	词义
ʃiwirgan	ʃigurgan	ʃʉrga	暴风雪
ʃina	ʃina	ʃibija	楔子
ʃal	ʃilusu	ʃiləŋgi	口水
ʃorpa	ʃɵlɵ	ʃilə	肉汤
ʃawkun	ʃuugin	ʃaahʉn	喧哗

突厥语族语言里将"口水"也可以说成 ʃɵlgej ~ ʃalwak ~ ʃilekej 等。对于该词，满通古斯语族语言内也有 ʃilin ~ ʃilisʉn ~ ʃilisʉn 的说法。同时，对于"楔子"和"喧哗"两个词，满通古斯语族语言内也说 ʃiawa~ʃina 与 ʃoogen 等。而且，这些对应主要出现于短元音 i 等前面，其他短元音或长元音前出现的都不多。除了上面提到的 ʃ⇔ʃ⇔ʃ 式结构类型的辅音对应现象基本上都出现在词首之外，也有出现于词中的个别实例。比如说，对于"迟钝的"一词，在这些语言里分别说 laʃaŋ（维吾尔语）、haʃin（蒙古语）、haʃan（满语） 等。另外，在上面的分析中没有涉及的，还有一些特殊而出现概率很低的实例。比如说，ʃ⇔s⇔s ⇨ ʃaman（维吾尔语）⇔ saman（蒙古语）⇔ saman ~ samaŋ（满语）⇨ "萨满"；ʃ⇔ʃ⇔tʃ ⇨ arʃan（维吾尔语）⇔ arʃijan ~ arʃan（蒙古语）⇔ artʃan （满语）⇨ "泉水"；ʃ⇔tʃ⇔tʃ ⇨ parʃilda-（维吾尔语）⇔ partʃilda- ~

partʃihina-（蒙古语）⇔ partʃildi-（满语）⇨ "吵闹"等。然而，这些辅音对应现象是极个别的实例，均形不成有规律性的对应现象。

（十九）辅音 j 的对应现象

阿尔泰语系语言中，几乎均有舌面中半浊元音 j，不过其使用率在每一种语言中都不高。这就自然而然地导致了辅音 j 对应现象的低出现率，以及适用范围的有限性。我们掌握的资料证明，维吾尔语辅音 j 同蒙古语和满语辅音的对应中，主要跟辅音 j、d、ʤ、b 之间发生的关系。其中，出现率最高的是辅音 j 与 j 间的对应实例。同时，这些对应现象可以出现在词的各个部位。

1. 在词首及词中或词尾，在短元音 a、o、i、y 的前面或短元音 a、i、u、y 的后面，维吾尔语辅音 j 同蒙古语和满语的辅音 j 之间产生对应现象。

（1）在词首，短元音 a、o、i、y 的前面。例如：

维吾尔语	蒙古语	满语	词义
jada-	jandara-	jada-	消瘦
jara	jara	jo	疮
jir-	jar	jara	裂
josun	joso	joso	道理
jyr-	jabu-	jabu-	走

对于上述例词"消瘦""疮""裂"等，满通古斯语族通古斯语支语言里，还分别有 jada-～janada-、jo～joo、jara～jar～gar 之类的说法。另外，可以看出，上面的这些对应，在短元音 a 前有最高的出现率，其次是短元音 o 前的出现率，在短元音 i、y 前出现得最少。

（2）在词中或词尾，短元音 a、i、u、y 的后面。例如：

维吾尔语	蒙古语	满语	词义
baj	bajin	bajan	富有的
tyj-	uja-	ʉmijə-	系、结

对于"系"一词，满通古斯语族通古斯语支语言还有 ʉji-～uji- 之说。此外例（2）的对应实例出现率较低。

总之，通过上面的例子和分析可以看出，在这些语言里出现的辅音 j 与 j 之间的对应现象，有其一定的出现率。而且，在词首出现的比词中的要多，在短元音 a 前后出现的也比其他短元音要多。

2. 在词首或词中，短元音 a、ə、i、e、u 之前，维吾尔语辅音 j 同蒙古语和满语的辅音 d 之间发生对应关系。例如：

维吾尔语	蒙古语	满语	词义
jegin	dagari	dagari	鞍疮
jilin(ʤelin)	dələŋ	dələŋ	乳房
jukir	dəgərə	dərgilə	上面
boja-	budu-	boda-	染

显而易见，这些对应现象主要出现于词首，在词中很少出现。同时，在短元音 a、ə 前出现的居多，其次是短元音 u 后面的出现率，但在短元音 i、e 后面出现的较少。此外，在通古斯语支语言内，把"鞍疮"也会发音成 dagan＞dagən 等。

3. 在词首，短元音 a、i、ə 及长元音 aa 的前面，维吾尔语辅音 j 同蒙古语和满语辅音 ʤ 之间发生对应现象。例如：

维吾尔语	蒙古语	满语	词义
jak	ʤaha	ʤaka/ʤaha	边
jaka	ʤagama	ʤaama	领子
jasa-	ʤasa-	dasa-	修理
jirgin-	ʤigʃi	ʤəkʃi-/ʤigʉʃi-	厌恶

满通古斯语族语言内，对于"边""厌恶"两个词，除了说 ʤaka、ʤəkʃi- 之外，还有 ʤaha、ʤigʉʃi- 等说法，且主要用于通古斯语支语言。另外，上述对应现象几乎都出现于词首，在词中或词尾一般不出现。而且，在短元音 a 前出现的实例占绝对优势，在短元音 i、ə 前面出现率很低。

4. 在词首，短元音 e、i、u、ɵ、ʉ 的前面，维吾尔语辅音 j 同蒙古语和满语的辅音 b 之间也可以发生对应关系。例如：

维吾尔语	蒙古语	满语	词义
jezik	bitig	bithə	文字
jumul-	bɵmbəri-/ɵŋhəri-	bʉmburi-/ʉmpʉri-	打滚

上面的实例和分析充分说明，（1）维吾尔语辅音 j 主要同蒙古语和满语辅音 j、d、ʤ、b 之间发生对应关系，其中，j 与 j 的对应现象出现得最多，其次是辅音 j 与 d、ʤ 间的对应实例，像辅音 j 与 b 间的对应出现的不多；（2）该系列对应现象，绝大多数位于词首，在词中或词尾出现的不多；（3）该系列对应现象，在短元音 a 的前后出现率最高，其次是短元音 i、ə 前后的出现率，但在短元音 e、o、u、y、ɵ、ʉ 及长元音 aa 等前后出现得都不多。

二 零辅音对应规律

前面我们利用相当长的篇幅，以突厥语族维吾尔语为主，同时充分利用维吾尔语、蒙古语、满语三种语言的实例为代表，较为系统地分析了阿尔泰语系辅音对应现象，进而较为全面系统地科学阐述了该语系辅音对应规律。就如前面的分析，这里所说的辅音对应现象及其规律，是指阿尔泰语系语言中区别于复辅音、叠辅音、零辅音之外的单辅音音素，也就是我们常说的辅音音素。正因为如此，在前面的讨论中，没有涉及单辅音之外的辅音对应现象。由于复辅音和叠辅音的形成原理，以及使用原理及其规则比较复杂，所以在零辅音与单辅音对应现象的讨论中，同样不涉及复辅音和叠辅音现象，以及与此相关的辅音对应现象。熟悉阿尔泰语系语言的专家学者都明白，该语系语言内部不断快速发展变化的语音结构形式，使不同语言里不同程度地出现语音脱落或省略现象，进而不断扩大或增加零辅音与单辅音间的对应概率。当我们对于现已搜集整理的阿尔泰语系语言词汇进行比较分析，特别是对于它们的语音结构形式和内容进行比较研究时，发现数量可观的零辅音与单辅音间出现的不同层级、不同角度、不同程度、不同关系的丰富多彩的对应实例。很显然，这种对应现象的不断出现，就是由于语言本身的快速发展变化，使词中或词尾辅音不断出现脱落或省略所致。比如说，蒙古书面语里的 əgʉdə"门"、hagurai"干的"、ʃigumji"评论"等词，由于词中辅音 g 的脱落而成为 əudə＞ʉʉdə、haurai＞huure、ʃiumji＞ʃuumji 等。那么，这些辅音 g 脱落的词，用零辅音的语音结构形式，同依然较好地保留原有语音结构特征语言的词中辅音 g 发生对应关系。类似的语音实例，在阿尔泰语系语言确实有不少，甚至变得越来越多。下面，根据现有资料，分析维吾尔语、蒙古语、满语间出现的零辅音与单辅音对应现象。简言之，就是零辅音与辅音的对应现象。而且，这些对应现象，可以出现在词的不同位置。

（一）零辅音与辅音 j 的对应现象

在词首和词中，维吾尔语的辅音 k 和蒙古语辅音 h、零辅音和满语的零辅音之间产生的对应现象。

（1）在词尾，短元音 a、e、i、o、ʉ 及复元音 ai 后面，蒙古语和满语零辅音同维吾尔语辅音 j 间发生对应关系。例如：

蒙古语	满语	维吾尔语	词义
sologai	ʃoloho	solhaj	左撇子
taŋnai	tagani	taŋlaj	上颚
tʃirai	tʃira	tʃiraj	脸、脸色
bilʉ	bilʉ	bilej	磨石

（2）在词中，短元音 a 及复元音 ai 后面，蒙古语和满语零辅音同维吾尔语辅音 j 间发生对应关系。例如：

蒙古语	满语	维吾尔语	词义
tailag	tailag	tajlak	小骆驼
taiga	taiha	tajgan	猎狗
haitʃi	hasaha	kajtʃa	剪子
baitala-	baitala-	pajdilan-	使用
aimag	aiman	ajmak	部落

（3）在词首和词中，短元音 i、e 及辅音 ʤ、l、k 之前，蒙古语和满语零辅音同维吾尔语辅音 j 间产生对应现象。例如：

蒙古语	满语	维吾尔语	词义
idə-	ʤi-	je-	吃
ʤaila-	ʤajla-	tʃajka-	漱口

通过上面的例词，可以看出，零辅音与辅音 j 间的对应现象，主要是蒙古语和满语的零辅音同维吾尔语辅音 j 间发生的对应关系。而且，在词首、词中和词尾均出现。但是，在词中和词尾出现的居多，在词首很少出现。

（二）零辅音与辅音 n、r、t 的对应现象

（1）在词尾，短元音 a、i、e 的后面，蒙古语和满语零辅音同维吾尔语辅音 n 间发生对应关系。例如：

蒙古语	满语	维吾尔语	词义
sagaʤagai	saksaha	segizhan	喜鹊
alaga	falaŋgu	alkan(algan)	手掌
ʃi	ʃi	sen	你

（2）在词尾，短元音 a、i、e、ə 的后面，蒙古语和满语零辅音同维吾尔语辅音 r 间发生对应关系。例如：

蒙古语	满语	维吾尔语	词义
daroi	doron	derru	马上
tata-	tata-	tart-	拉
məhə	məhə	mikir	诡计
ʤigʃi-	ʤəkʃi-	jirgin-	厌恶

（3）在词尾，短元音 a、ʉ、y 及辅音 r 的后面，蒙古语和满语零辅音同维吾尔语辅音 t 间发生对应关系。例如：

蒙古语	满语	维吾尔语	词义
ira-	ira-	jirt-	撕
sʉ	sʉn	syt	奶子

上述例（1）里出现的是 O⇔O⇔n 式结构类型的零元音与辅音间的对应现象，例（2）是 O⇔O⇔r 式结构类型的零元音与辅音间的对应现象，例（3）则是 O⇔O⇔t 式结构类型的零元音与辅音间的对应现象。也就是说，以上三种结构类型的零元音与辅音间的对应实例，均属于蒙古语和满语零辅音分别同维吾尔语辅音 n、r、t 间发生的对应关系。再者，例（1）、例（2）、例（3）内的零元音与辅音间的对应基本上均出现于词尾，在词首和词中很少出现。

（三）零辅音与辅音 k、g、h 的对应现象

（1）在词尾，短元音 i、a、o、ə 的后面，蒙古语和满语零辅音同维吾尔语辅音 k 间发生对应关系。例如：

蒙古语	满语	维吾尔语	词义
təkʃi	təkʃi	teŋlik	平等
ʃira	soro	serik	黄
ʉrə	ʉsə/ʉrə	uruk	种子

（2）在词中，短元音 i、a、e 及辅音 g、h 的前面或在词尾，满语零辅音同蒙古语和维吾尔语辅音 g、ŋ、r 间发生对应关系。例如：

满语	蒙古语	维吾尔语	词义
hooʃan	tʃagasu	kegez	纸
farhun	haraŋgui	karaŋgu	暗
dʒʉlhu	tʃulbugur	tʃulwur	缰绳

（3）在词中，短元音 a、i、ə、e 及辅音 r 之前，辅音 g 的后面或在词尾，满语和蒙古语零辅音同维吾尔语辅音 ʃ、p、w 间发生对应关系。例如：

满语	蒙古语	维吾尔语	词义
hori-	hori-	korʃa-	包围
ʃilə	ʃələ	ʃorpa	肉汤
tura	tulgagur	tywryk	柱子

（4）在词中，短元音 a、e、ə、o 之前、及辅音 g、h 的前面或在词尾，维吾尔语零辅音同满语和蒙古语辅音 g、h 间发生对应关系。例如：

维吾尔语	蒙古语	满语	词义
tʃana	tʃirga	ʃərhə	雪橇
ala	alag	alha	花的
tʃøre	togorin	torhon/toorin/togorin	周围
deŋiz	taŋgis	taŋgis	海

显然，上面例（1）里出现的是 O⇔O⇔k 式结构类型的零元音与辅音间的对应现象，例（2）分别出现了 O⇔O⇔g、O⇔O⇔ŋ、O⇔O⇔r 式结构类型的零元音与辅音间的对应现象，例（3）中也分别出现了 O⇔O⇔ʃ、O⇔O⇔p、O⇔O⇔w 式结构类型的零元音与辅音间的对应现象，例（4）则分别属于 O⇔g⇔h、O⇔g⇔g 式结构类型的零元音与辅音间的对应现象。再进一步进行说明的话，例（1）至例（3）内出现的对应是满语和蒙古语零辅音同维吾尔语辅音 k、g、ŋ、r、p、w、ʃ 间产生的对应现象，例（4）中的对应是维吾尔语零辅音同满语和蒙古语辅音 g、h 间产生的对应现象。而且，除了例（1）中出现词尾对应之外，像例（2）、例（3）、例（4）的零元音与辅音间产生的对应均位于词中。再者，同例（4）的对应现象有关，阿尔泰语系的这些语言里还有维吾尔语零辅音同满语和蒙古语相关辅音间发生对应关系的个别实例。比如说，O⇔m⇔m ⇨ jaka（维吾尔语）⇔ ʤagama（蒙

古语）⇔ ʤaama（满语）⇨ "领子"；O⇔r⇔r ⇨ etigen（维吾尔语）⇔ ərtə（蒙古语）⇔ ərdə（满语）⇨ "早晨"等。

（四）零辅音与辅音 r、d、j、g、ŋ 的对应现象

在词中，短元音 a、e、ə、o 之前、及辅音 g、h 的前面或在词尾，维吾尔语零辅音同满语和蒙古语辅音 g、h 间发生对应关系。例如：

维吾尔语	满语	蒙古语	词义
kaga	gaha	herijə	乌鸦
us-	soho-	udhu-	舀水
batur	baturu	bagatur	勇士
sujuk	ʉjan	ʃiŋən	稀的
arʃan	arʃijan	artʃan	泉水

事实上，上述实例各自属于相对独立的零辅音与辅音间发生的对应现象。也就是说，以上例（1）是 O⇔O⇔r 式结构类型的零元音与辅音间的对应现象，例（2）是 O⇔O⇔d 式结构类型的零元音与辅音间的对应现象，例（3）中出现 O⇔O⇔g 式结构类型的零元音与辅音间的对应，例（4）是属于 O⇔O⇔ŋ 式结构类型的零元音与辅音间的对应现象，例（5）里出现的是 O⇔O⇔j 式结构类型的零元音与辅音间的对应现象。另外，这些对应现象基本上出现于词中，在词的其他部位很少出现。另外，它们均属于出现率很低的零元音与辅音间的对应实例，甚至有的属于极个别的对应现象。

（五）零辅音与辅音 n 的对应现象

在词尾，短元音 a、u、i、e、ə、o、ɵ 及复元音 ui、oi 的后面，维吾尔语和蒙古语零辅音同满语辅音 n 间发生对应关系。例如：

维吾尔语	蒙古语	满语	词义
karaŋgu	haraŋgui	faehun	暗
tehi	dahi	dahun	还、再
derru	daroi	doron	马上
bosuga	boʃoga	bokson	门槛
kytʃ	hutʃu	husun	力量
myre	mərɵ	məirən	肩膀
kula	hula	kulan	黄马

该系列的零辅音同辅音间的对应，应该属于出现率较高的语音现象，且基本上出现于词尾，在词中或词首很少出现。就如上例所见，这些对应现象，主要是维吾尔语和蒙古语零辅音同满语的辅音 n 之间发生的。

（六）零辅音与辅音 f、k、s、l 的对应现象

我们掌握的资料还表明，在词尾部分使用的短元音 a 之前，或者在词中出现的短元音 a、u、i 及辅音 k、g、p 等后面，也有维吾尔语和蒙古语零辅音同满语辅音 f、k、s、l 间发生对应关系。例如：

维吾尔语	蒙古语	满语	词义
alkan/algan	alaga	falaŋgu	手掌
aran	arai	arkan	勉强
bagla-	bagla-	baksala-	捆
tʃap-	tʃahi-	talkija-	打闪

其实，上面的这些实例同样是各自相对独立存在的零辅音与辅音间发生的对应现象。尽管如此，它们也有某种共同特点。那就是，这些对应都属于维吾尔语和蒙古语零辅音同满语的某一辅音发生对应关系。具体分析的话，上述对应中的例（1）属于 O⇔O⇔f 式结构类型的零元音与辅音间的对应，例（2）

则是 O⇔O⇔k 式结构类型的零元音与辅音间的对应现象，例（3）中出现的是 O⇔O⇔s 式结构类型的零元音与辅音间的对应，例（4）是 O⇔O⇔l 式结构类型的零元音与辅音间的对应现象。另外，这些对应现象基本上都出现于词中，在词的其他位置很少出现。而且，这些零元音与辅音间的对应现象，几乎都出现于词首和词中。但是，比较而言，在词首出现的实例较多，在词尾很少出现。

总而言之，在阿尔泰语系语言中出现的零辅音与辅音间的对应现象相当复杂和丰富，且有一定出现率。虽然在词的不同位置均可出现，但根据零辅音与辅音间出现的对应形式和内容的不同，在词的不同位置出现的数量或概率也有所不同。蒙古语和满语的辅音对应形式是复杂多变的，与蒙古语和满语的辅音之间产生的对应结构类型又有较大的差别，加上各语言的辅音演化内容和程度不同，因此就出现了维吾尔语的零辅音同蒙古语和满语的辅音无规律可循的语音对应现象。其维吾尔语的零辅音实例远远超出了零元音的对应。此外，维吾尔语的零辅音与蒙古语和满语的舌面后音的对应情况较多，且多位于词中和词尾，很少在词首出现。根据分析，第一类的零辅音与辅音 j 间的对应现象主要在词中或词尾出现，第二类的零辅音与辅音 n、r、t 间的对应则在词中或词尾出现，第三类的零辅音与辅音 k、g、h 间的对应实例绝大多数出现于词中，第四类的零辅音与辅音 r、d、j、g、ŋ 间的对应现象均出现于词中，第五类的零辅音与辅音 n 间的对应现象出现于词尾，第六类的零辅音与辅音 f、k、s、l 间的对应主要在词中出现。相比之下，第一类的零辅音与辅音间的对应现象出现得最多，其次属于第二类和第三类及第五类中出现的零辅音与辅音间的对应实例，像第四类和第六类的零辅音与辅音间的对应现象都出现的非常少。除了我们在上面分析的之外，还有一些极其复杂而特殊的零辅音与辅音间的对应现象。比如说，k⇔ʤ⇔O ⇨ kitʃik（维吾尔语）⇔ ʤiʤig（蒙古语）⇔ aʤigə（满语）⇨"小的"；j⇔j⇔O ⇨ tajak（维吾尔语）⇔ tajag（蒙古语）⇔ təifun（满语）⇨"拐棍"；t⇔O⇔O ⇨ jirt-（维吾尔语）⇔ ira-（蒙古语）⇔ ira-（满语）⇨"撕"；O⇔O⇔s ⇨ us-

（维吾尔语）⇔ udhu-（蒙古语）⇔ soho-（满语）⇨ "舀水"等。在这里，还有必要指出的是，阿尔泰语系语言的语音对应现象中，还有一些某一个辅音与不同音节或某一较复杂而较长的语音结构形式发生对应关系的特殊情况。比如说，O⇔O⇔ŋgʉ⇨ til（维吾尔语）⇔ hələ（蒙古语）⇔ iləŋgʉ（满语）⇨ "舌头"；O⇔kini⇔hini ⇨ tʃin（维吾尔语）⇔ ʥiŋhini（蒙古语）⇔ ʥiŋkini（满通古斯语族语言）⇨ "真的"；O⇔tʃa⇔tʃaga ⇨ ʥuwa（维吾尔语）⇔ ʥibtʃa（满语）⇔ ʥubtʃaga（蒙古语）⇨ "皮袄"；O⇔O⇔ka ⇨ butun（蒙古语）⇔ butʉn（满语）⇔ botulka（维吾尔语）⇨ "坛子"；O⇔gan⇔gan ⇨ miŋ（维吾尔语）⇔ miŋgan（蒙古语）⇔ miŋgan（满语）⇨ "千"等有不少。我们认为，对于这些极其特殊而个别的语音区别性特征，以及极其复杂而曲折的语音对应关系等，以后的研究工作实践中，应该开展更加深入细致、全面系统、科学有效的探索与讨论。

第三章
阿尔泰语系语言词汇比较研究

　　通过对阿尔泰语系语言语音对应现象的分析讨论，使我们一定程度上认识到该语系语言内存在的极其丰富的共有词，或者说有深远的历史来源关系的词。但是，国内外阿尔泰语学专家学者们，对于这些词却各抒己见。（1）有的专家学者认为，这些词属于共有词。换言之，这些词是在阿尔泰语系语言内共同使用的词汇。对于这些共有词，很难从语言历史的角度说清是否同根同源的问题，只是在漫长的历史岁月里他们一直在共同使用这些词。由于这些词共同使用的历史十分悠久，导致后人难以说清先民们究竟哪个朝代怎么共同创造或使用了这些词，因此就叫共有词或者说有史以来共同使用的词。（2）有的专家学者把这些词都叫借词，就是相互借用的词语。在他们看来，伴随着北方诸民族逐步脱离传统意义上的狩猎生产生活，从山林走入草原的同时接受了畜牧业生产生活。那么，持这种观点的人认为，我国北方民族的畜牧业生产生活来源于欧洲牧场。他们传播畜牧业生产生活的同时传播了与此生产生活密切相关的词汇系统及语言文化。根据他们的这一思维逻辑，欧洲人把畜牧业生产生活首先传播给了突厥人，突厥人传给了蒙古人，后来草原上的满通古斯诸民族从蒙古人那里学会了这一生产生活方式。其结果，数量可观的畜牧业生产生活词汇，同样通过这一途径循序渐进地传播到了阿尔泰语系诸民族生活的辽阔无边的牧场。也就是说，这些畜牧业生产生活词语，先是突厥语族诸民族从欧洲借用过来后借给了蒙古语族诸民族，到后来蒙古语族诸民族又将这些借词借给了满通古斯语诸民族。问题是我国北方辽阔无边的平原或大草原上有史以来就有野生五畜生存,那里是野生牛马羊骆驼等自古以来生活的天然牧场和幸福乐园,其品种同欧洲的五畜品种有很大差别,后来人们习惯于称它们为蒙古马、布里亚特骆驼、沃鲁特牛或索伦牛、巴尔虎羊等。其实,他们的先民在历史进程中,伴随人口的不断增多,山林野生动物的不断减少,乃至山林狩猎采集生活条件的不断恶化,自然而然地走出山林,走向了生存资源更为丰富且还未开发的平原或草原。他们的先民在辽阔富饶的原野上狩猎时发现,像牛马羊等五畜不仅易狩猎,还更容易接近,性格又十分温顺、繁殖力又特别强,所以也就像在山林里牧养驯鹿一样逐步养成牧养草原五畜的生活习惯,进而创造性地开发了我国北方平原及草原地带的畜牧业生产生活。(3)甚至,有的学者认为,我国北方民族的畜牧业生产生活是在早年由中原地区传播到那里的。不论怎么说,我们认为单纯地根据西方的某一观点,强调北方原住民的畜牧业生产生活及其语言文化来自国外,从而否定阿尔泰语系诸民族先民与大自然交流,自我经营的生产方式的不断改变和发展,自然开发经营的畜牧业生产生活的历史来源。对此问题,我们必须有一个客观实在、实事求是而全面系统深刻的认识,从而科学阐释这一历史的、文明进步的、生产生活的和学术的问题。

  在这里,还应该提出的是,阿尔泰语系语言中,与阿尔泰诸民族远古历史文明密切相关的共有词或者说同源词,不只是涉及畜牧业生产生活用语或词汇系统,还有很多与野生动植物,以及跟人体结构、亲属称谓、衣食住行,包括同人的物质生活及精神生活等密切相关的极其丰富的词汇系列。毫无疑问,对于这些畜牧业生产生活之外的同源词,我们无法从外来说的角度去阐述或论证。尤其令人惊奇的是,从这些同源词派生出来的动词、形容词、副词等也有不少,而且派生词的构词手段及语音结构等也都保持了相当强的共性或同源性。乃至在那些极其复杂多变而深层次的形态变化语法系统内,同样存在诸多的共同性或同源性。说实话,所有这些我们无法从相互借用的角度进行讨论。伴随着阿尔泰语系领域开展的越来越多、越来越广泛、越来越深入的科学探索和讨论,人们曾经感到迷惑或徘徊不前的学术问题变得越来越清晰。不过，我们也应该理性地承认，受不同自然环境、地理环境、社会环境和生存环境等方面的直接影响，再加上受外来语言文化等因素不同程度的影响，那些同源词、构词词缀、形态变化语法现象，在阿尔泰语系不同语族语言、不同方言土语中，不断发生着不同程度的变化。其结果是，有的同源词已变得面目全非，很难透过词的表面展现的语音和词义变化看清其历史真面目，看清原有的语音结构特征及其词义关系。就如上面所说，这其中人们赖以生存的不同自然环境、不同地理地域性结构关系、不同社会环境和条件直接或间接的影响，以及不同语言文化的不断渗透，自然而然地导致这些同源词或同源成分的原始性、历史性、传承性、共同性变得越来越模糊、越来越不清楚，乃至对于它们的原始结构带来根本性或致命性的破坏。这使我们难以从直接比较或表面分析中获得更多、更好、更理想的科学结论。所以，对此问题的研究，可能还需要曲折性、变化性、动态性地从不同层面、不同角度、不同途径、不同思路展开学术讨论。也就是说，我们对于这些共有词或同源词的讨论，一定要深入到语言底层去探索和论证其历史来源问题。要将阿尔泰语系这些词的研究深入到这一深度和地步，就需要更加扎实、全面、系统地了解和科学把握这些语言及其方言土语发展变化的历史，否则很难开展更加科学有效的学术讨论。

我们搜集整理的阿尔泰语系语言共有词或者说同源词确实不少。尽管如此，在下面的讨论中，我们还是选定了在语音形式和词义结构上相当一致或基本一致的例词。对于那些在语音形式及其语音结构类型上，包括词义结构内容方面共有关系或同源关系等方面，变得十分模糊的实例词在这里没有涉及。另外，在具体讨论时，将阿尔泰语系语言例词，根据其出现率的高低，分类为名词、动词、形容词及其他词三大部分。在这些例词的语音转写上，主要采纳了第二章语音对应现象的分析中使用的语音系统。同时，例词的前后排序，基本上遵循了语音对应现象的讨论中使用的排序法。也就是，首先是突厥语族语言及方言土语例词，其次是蒙古语族语言及其方言土语例词，最后是满通古斯语族语言和方言土语例词。

第一节　阿尔泰语系语言共用名词及结构关系

阿尔泰语系语言里有数量相当可观的共有词,也就是我们在前面所说的同源词。而且,这些词关系到自然现象及山水、自然界的动植物、生产生活、衣食住行、人体结构、思想意识等诸多领域。其中,与这些民族的传统生产生活、历史文化、伦理道德、宗教信仰密切相关的词同样占有一定比例。那么,在下面的讨论中,我们出于慎重考虑,还是选定了那些具有一定历史性、基础性、代表性、稳定性的实例。在具体举例时,也使用了一些具有代表性和说服力的方言土语的词语。

1. "上天""天" ⇨ * təŋgəri

突厥语族语言：维吾尔语 teŋri，柯尔克孜语 teŋir，西部裕固语 deŋər；

蒙古语族语言：蒙古语 teŋri ~ təŋər ~ təŋgər ~ teŋger；

满通古斯语族语言：通古斯诸语 teŋgər，另外,通古斯诸语也叫 buga ~ bog，满语支语言却说 abka ~ avka 等。

2. "启明星" ⇨ *tʃolpan ~ *tʃolmon

突厥语族语言：维吾尔语 tʃolpan，哈萨克语 ʃolpan，柯尔克孜语 tʃolpon，图瓦语 ʃompan；

蒙古语族语言：蒙古语 tʃolmoŋ ~ solmoŋ ~ solboŋ ~ tʃolmon，达斡尔语 tʃolpon；

满通古斯语族通古斯语支语言：鄂伦春语 tʃolpon，鄂温克语 solho，赫哲语 solko。

3. "空气" ⇨ *agawur

突厥语族语言：维吾尔语 hawa，哈萨克语 awa；

蒙古语族语言：蒙古语 agaar，达斡尔语 awur＞aur；

满通古斯语族通古斯语支语言：suwar＞awur＞uur。

4."雾" ⇨ *manan
突厥语族语言：维吾尔语和哈萨克语等 tuman、西部裕固语 manan；
蒙古语族语言：蒙古语 manan、达斡尔语 manan＞manən；
满通古斯语族语言：通古斯诸语 manan～manaŋ。

5."波浪" ⇨ *dolgijan
突厥语族语言：维吾尔语 dolkun，柯尔克孜语 tolkun，乌兹别克语 tolkin，撒拉语 tʃalgəm；
蒙古语族语言：蒙古语 dolgijan＞dolgian、达斡尔语 dolgen；
满通古斯语族语言：满语 tʃolkon，鄂伦春语 dolgen，鄂温克语 dolgeŋ。

6."野外""平原" ⇨ *tala
突厥语族语言：维吾尔语 dala，柯尔克孜语 talaa，西部裕固语 tala；
蒙古语族语言：蒙古语 tala＞tal；
满通古斯语族语言：满语 tala＞tal。

7."海" ⇨ *taŋis
突厥语族语言：维吾尔语 deŋiz；
蒙古语族语言：蒙古语 taŋgis；
满通古斯语族语言：taŋgis。

8."泉" ⇨ *bulag
突厥语族语言：维吾尔语 bulak；
蒙古语族语言：蒙古语 bulag；
满通古斯语族语言：通古斯诸语 bular。

9. "泉水" ⇨ *arʃijan

突厥语族语言：维吾尔语 arʃan；

蒙古语族语言：蒙古语 arʃijan＞arʃian＞arʃan；

满通古斯语族语言：满语 artʃan，通古斯诸语 artʃan＞atʃtʃan＞artʃaŋ。

10. "冰雹" ⇨ *mundur

突厥语族语言：柯尔克孜语 məndyr，维吾尔语 məldyr；

蒙古语族语言：蒙古语 məndər；

满通古斯语族语言：鄂温克语 məndər～bono，满语 bono。

11. "火炭" ⇨ *tʃogo

突厥语族语言：维吾尔语 tʃog；

蒙古语族语言：蒙古语 tʃog；

满通古斯语族语言：通古斯诸语 sog～jaaga＞jaga，满语 jaha。

12. "丘""岗" ⇨ *dobon

突厥语族语言：维吾尔语 təpe，柯尔克孜语 təbə～dəbə；

蒙古语族语言：蒙古语 dobo；

满通古斯语族语言：赫哲语 dowo，鄂温克语 dow。

13. "峡谷" ⇨ *ʤilagan

突厥语族语言：维吾尔语 ʤilga；

蒙古语族语言：蒙古语 ʤilaga；

满通古斯语族通古斯语支语言：ʤilga～ʤilgar。

14. "岭" ⇨ *dabagan

突厥语族语言：维吾尔语 dawan；

蒙古语族语言：蒙古语 dabagan dobo；

满通古斯语族语言：满语 dabagan，锡伯语 davkan，鄂温克语 dawagaŋ，鄂伦春语 dabagan。

15. "暴风雪" ⇨ *ʃigurgan
突厥语族语言：维吾尔语 ʃiwirgan；
蒙古语族语言：蒙古语 ʃigurgan；
满通古斯语族语言：满语 ʃurga，锡伯语 surhan，鄂温克语 suurga ~ suugga，鄂伦春语 surgan。

16. "雪灾" ⇨ *ʤudun
突厥语族语言：维吾尔语 ʤudun；
蒙古语族语言：蒙古语 ʤud，另外，蒙古语里也说 tʃagan ʤud，其中，tʃagan 表示"白"；
满通古斯语族通古斯语支语言：ʤudu ~ ʤud ~ ʤod。

17. "水" ⇨ *usu
突厥语族语言：维吾尔语 su，哈萨克语 suw；
蒙古语族语言：蒙古语 usu；
满通古斯语族通古斯语支语言：ʉmʉgsʉ ~ ʉmʉsʉ "冰" 及蒙古语 mөsө "冰" 之词尾音 sʉ 和 sө 或许都跟 usu ~ su 有关。

18. "岛屿" ⇨ *aral ~ *argan
突厥语族语言：aral；
蒙古语族语言：aral；
满通古斯语族通古斯语支语言：aral ~ argan ~ argaŋ。

19. "岸边" ⇨ *kətʃi
突厥语族语言：维吾尔语 kaʃ；

蒙古语族语言：达斡尔语 kətʃi～kəʃi；

满通古斯语族通古斯语支语言：kəʃi～əktʃin，但是，通古斯语支的这些说法主要在农区鄂温克语里使用，往往指小河的岸边。

20."豺狼" ⇨ *tʃөɡəbʉri～*tʃөləbʉri

突厥语族语言：维吾尔语 tʃilbөre；

蒙古语族语言：tʃөɡəbʉri；

满通古斯语族通古斯语支语言：ʤarhu。

21."鹿" ⇨ *bugu

突厥语族语言：维吾尔语 buga，哈萨克语 bugə，柯尔克孜语 bugu；

蒙古语族语言：蒙古语 bugu＞bug，达斡尔语 bogu＞bog；

满通古斯语族语言：满语 bʉhu，锡伯语 bohu，鄂温克语 bog。

22."黄羊" ⇨ *ʤəɡərən

突厥语族语言：维吾尔语 ʤeren；

蒙古语族语言：蒙古语 ʤəɡərə，达斡尔语 ʤəərə；

满通古斯语族语言：满语 ʤərən，鄂温克语 ʤəɡərəŋ～ʤəɡərən＞ʤəɡrən，鄂伦春语和赫哲语 ʤəɡrən。

23."老鼠" ⇨ *atʃiktʃan

突厥语族语言：维吾尔语 tʃaʃkan，柯尔克孜语 tʃatʃkan；

蒙古语族语言：达斡尔语 atʃiktʃan，保安语 tʃitʃihaŋ，但在蒙古语里叫 hulugana＞hulgan；

满通古斯语族通古斯语支语言：鄂伦春语 atʃiktʃan，鄂温克语 aʃiktʃaŋ＞aʃitʃʃaŋ。

24. "鹦鹉" ⇨ *todi＞*todikus

突厥语族语言：维吾尔语 tutikuʃ，哈萨克语 toti；

蒙古语族语言：蒙古语 todi；

满通古斯语族语言：鄂温克语和赫哲语 todi。

25. "鹌鹑" ⇨ *bɵtɵnɵ

突厥语族语言：维吾尔语 bɵdyne；

蒙古语族语言：蒙古语 bɵtɵnə；

满通古斯语族语言：鄂温克语 bɵtɵnɵ。

26. "孔雀" ⇨ *togos

突厥语族语言：维吾尔语 toz；

蒙古语族语言：蒙古语 togos；

满通古斯语族语言：todʑin。

27. "喜鹊" ⇨ *sagadʑaga

突厥语族语言：维吾尔语 segizhan；

蒙古语族语言：蒙古语 ʃagadʑagai＞ʃaadʑagai＞ʃaadʑge，达斡尔语 saadʑig；

满通古斯语族语言：满语 saksaha，鄂温克语 saadʑige，鄂伦春语 saadʑiga～ʃaadʑije。

28. "野鸡" ⇨ *gurugul

突厥语族语言：维吾尔语 kirgawul＞kirgul；

蒙古语族语言：蒙古语 gurguul；

满通古斯语族语言：满语 ʉlhuma，锡伯语 olhum，鄂温克语 gorgol＞hoggol。

29. "乌鸦" ⇨ *gaga

突厥语族语言：维吾尔语 kaga；

蒙古语族语言：达斡尔语 gaagu＞gagu；蒙古语 hərijə＞hərəə；

满通古斯语族语言：满语 gaha，通古斯诸语 gaaha。

30. "鸟嘴" ⇨ *toŋʃigur

突厥语族语言：维吾尔语 tumʃuk，哈萨克语 tumsək，乌兹别克语 tumʃik；

蒙古语族语言：蒙古语 toŋʃigur，达斡尔语 tontʃikur；

满通古斯语族语言：满语 tokʃikʉ，鄂温克语 toŋkoŋko～toŋko，鄂伦春语 toŋki，赫哲语 toŋgi。

31. "巢" ⇨ *əgur

突厥语族语言：维吾尔语 uwa，乌兹别克语 uwe，哈萨克语 uja，撒拉语 oŋə；

蒙古语族语言：蒙古语 əgʉr、达斡尔语 əwʉr～əwər；

满通古斯语族语言：鄂温克语 ʉʉge～ʉge＞ʉwe，鄂伦春语 ʉgi～ʉji，满语 fəjə，锡伯语 fəj。

32. "蜂蜜" ⇨ *bal

突厥语族语言：维吾尔语 bal；

蒙古语族语言：蒙古语 bal；

满通古斯语族语言：鄂温克语 bal。

33. "牲畜" ⇨ *mal

突厥语族语言：维吾尔语 mal；

蒙古语族语言：蒙古语 mal。

34. "役畜" ⇨ *ulaga

突厥语族语言：维吾尔语等 ulak，另外，在柯尔克孜语里也说 una，塔塔尔语说 mal；

蒙古语族语言：蒙古语 ulaga～nunuga＞nunaa＞nuna～mal；
满通古斯语族通古斯语支语言：ula＞una＞ula，满语 ᵾlha。

35."牲畜烙印" ⇨ *im
突厥语族语言：维吾尔语 en；
蒙古语族语言：蒙古语 im；
满通古斯语族通古斯语支语言：im～in。

36."猎狗" ⇨ *tajagan
突厥语族语言：维吾尔语 tajgan；
蒙古语族语言：蒙古语 taiga；
满通古斯语族通古斯语支语言：taiha。

37."牤牛" ⇨ *buka
突厥语族语言：buka；
蒙古语族语言：蒙古语 buka～buha～buh，达斡尔语 bakə；
满通古斯语族语言：鄂温克语 buka～buha～buh～boh，鄂伦春语 buka～bukatʃan，赫哲语 buhʃan，锡伯语 muhʃan，满语 mᵾhaʃan。
在这里，需要解释的是，突厥语族语言里的 buka 一词更多的时候是指"公牛"。

38."骟马" ⇨ *agta
突厥语族语言：维吾尔语 ahta；
蒙古语族语言：蒙古语 agta；
满通古斯语族语言：满语 akta，鄂温克语 agta～akta。

39."黄马" ⇨ *kula
突厥语族语言：维吾尔语 kula；

蒙古语族语言：蒙古语 hula，达斡尔语 hualə；
满通古斯语族语言：满语和锡伯语 kulan，鄂伦春语 kula，鄂温克语 hula。

40."母猪" ⇨ *megeʥin
突厥语族语言：维吾尔语 mikiʥin，哈萨克语 megeʥin；
蒙古语族语言：蒙古语 məgəʥi，达斡尔语 məgʥi；
满通古斯语族语言：满语 məhən，鄂温克语和鄂伦春语 məgəʥ～məgʥi。

41."四岁牲畜" ⇨ *dunən
突厥语族语言：dənen；
蒙古语族语言：蒙古语 dənə；
满通古斯语族语言：满语 dʉnən，鄂温克语 dʉnəŋ，鄂伦春语 dʉnən，赫哲语 dunə。

42."三岁牲畜" ⇨ *gunan
突厥语族语言：维吾尔语 gunan；
蒙古语族语言：蒙古语 guna；
满通古斯语族语言：满语 guna，锡伯语 gona，鄂温克语 gonaŋ。

43."三岁母牛" ⇨ *gunaʥin
突厥语族语言：维吾尔语 guniʥin；
蒙古语族语言：蒙古语 gunaʥin；
满通古斯语族语言：gunaʥiŋ＞gunaʥin＞gunʥin。

44."驼羔" ⇨ *botogun
突厥语族语言：维吾尔语 bota；
蒙古语族语言：蒙古语 botogu；
满通古斯语族语言：满语 botog。

45. "小骆驼" ⇨ *tailag
突厥语族语言：维吾尔语 tajlak；
蒙古语族语言：蒙古语 tailag；
满通古斯语族语言：tailag。

46. "羊羔""羊仔畜" ⇨ *təl
突厥语族语言：维吾尔语 təl；
蒙古语族语言：蒙古语 təl；
满通古斯语族语言：满语 təl。

47. "牲畜圈" ⇨ *kotan
突厥语族语言：维吾尔语 kotan，柯尔克孜语 koton；
蒙古语族语言：蒙古语 hota＞hot；
满通古斯语族通古斯语支语言：鄂温克语 hot，鄂伦春语 kot。

48. "马掌" ⇨ *taka
突厥语族语言：维吾尔语 taka；
蒙古语族语言：蒙古语 taha，达斡尔语 takə＞tak；
满通古斯语族语言：满语 tahan，鄂伦春语 tak，鄂温克语 tak~tah。
与此相关，在阿尔泰语系语言里，将由名词 taka "马掌"派生而来的动词"钉马掌"也分别说成 takila-（维吾尔语）、tahala-（蒙古语）、tahala-（满语）等。有意思的是，维吾尔语名词 taka 变动词时词根末尾短元音 a 出现 i 音变。然而，在蒙古语和满语里没有这种音变形式。

49. "笼头" ⇨ *nokta
突厥语族语言：维吾尔语 nohta；
蒙古语族语言：蒙古语 nokta，达斡尔语 noktə；
满通古斯语族语言：满语 loŋto，鄂温克语 lonto，赫哲语 lontə。

50. "缰绳" ⇨ *tʃulbu

突厥语族语言：维吾尔语 tʃulwur；

蒙古语族语言：蒙古语 tʃulbugur；

满通古斯语族语言：满语 tʃulburi，锡伯语 tʃulbur，鄂温克语 tʃulbur～tʃolbor。

51. "马绊子" ⇨ *tʃidʉri

突厥语族语言：维吾尔语 tʃeder；

蒙古语族语言：蒙古语 tʃidər；

满通古斯语族语言：满语 ʃidəri，锡伯语 ʃidər，鄂伦春语 ʃidər～tʃidər。

52. "种子" ⇨ *huru

突厥语族语言：维吾尔语 uruk；

蒙古语族语言：蒙古语 ʉrə＞ʉr，达斡尔语 hur，土族语 fure，东乡语 furə；

满通古斯语族语言：满语和锡伯语 ʉsə＞ʉr。

53. "树干" ⇨ *golo

突厥语族语言：维吾尔语 gol；

蒙古语族语言：蒙古语 gool；

满通古斯语族语言：gol 。

54. "灌木丛" ⇨ *tohoji

突厥语族语言：维吾尔语 tokaj；

蒙古语族语言：蒙古语 tohoi；

满通古斯语族语言：tohe。

另外，在阿尔泰语系语言里，该词还可以表达"有灌木的河湾"之意。

55. "芦苇" ⇨ *kulusun ~*kumusun
突厥语族语言：维吾尔语 komuʃ；
蒙古语族语言：蒙古语 hulusu；
满通古斯语族语言：鄂伦春语 kultʃin，鄂温克语 hultʃin，满语 ᠊ulhu。

56. "时候""时间" ⇨ *tʃaga
突厥语族语言：维吾尔语 tʃag；
蒙古语族语言：蒙古语 tʃag，达斡尔语 tʃagə＞tʃag；
满通古斯语族通古斯语支语言：sag。

57. "朝代" ⇨ *hularil
突厥语族语言：维吾尔语 sulale；
蒙古语族语言：蒙古语 ularil，达斡尔语 hualiril＞waliril＞walril；
满通古斯语族通古斯语支语言：hularil＞ularil＞ulril。
在蒙古语族语言和通古斯诸语里，hularil 一词更多地使用于表述"季节"这一概念。同时，也可以表示"朝代""年代"等词义。

58. "年" ⇨ *ʥil
突厥语族语言：维吾尔语 jil；
蒙古语族语言：蒙古语 ʥil。

59. "以前""当初" ⇨ *tərigun
突厥语族语言：维吾尔语 burun；
蒙古语族语言：蒙古语 tərigʉn＞tʉrʉʉn＞tʉrʉn；
满通古斯语族语言：满语 tʉktan，鄂温克语 turtan。

60. "早晨" ⇨ *ərtə
突厥语族语言：哈萨克语和柯尔克孜语 erteŋ，塔吉克语 erte～irte，维吾尔语 etigen；

蒙古语族语言：蒙古语 ərtə；

满通古斯语族通古斯语支语言：ərdə＞əddə。

61. "夜晚" ⇨ *duni ~*suni

突厥语族语言：维吾尔语 tyn；

蒙古语族语言：蒙古语 sɵni，达斡尔语 suni，另外，蒙古语里表示"午夜"之意时还使用 dundʒi 一词；

满通古斯语族通古斯语支语言：duli～duni～dun，另外，还有 dobori（满语），dovir（锡伯语），dolob～dolbo（鄂温克语），dolbo（赫哲语）等。

62. "周围" ⇨ *togorin

突厥语族语言：维吾尔语 tʃɵre，哈萨克语 teŋirek，图瓦 tɵɵre；

蒙古语族语言：蒙古语 togorin＞toorin＞torin＞tore；

满通古斯语族语言：满语 torhon，鄂温克语 tooriŋ，不过，在通古斯语族语言内，"周围"也有说 tore 的现象。

63. "位置" ⇨ *oron

突厥语族语言：维吾尔语 orun；

蒙古语族语言：蒙古语 oron＞oro，达斡尔语 or；

满通古斯语族语言：满语 oron，鄂温克语 oro＞or。

64. "后面" ⇨ *arukan

突厥语族语言：维吾尔语 arka；

蒙古语族语言：蒙古语 aru，达斡尔语 arkan；

满通古斯语族通古斯语支语言：arkan。

65. "角落" ⇨ *bulun

突厥语族语言：维吾尔语 buluŋ；

蒙古语族语言：buluŋ ~ bulun ~ bulan；
满通古斯语族通古斯语支语言：buluŋ ~ bulun ~ bulan ~ bolon ~ bolən。

66. "边" ⇨ *ʤaka
突厥语族语言：维吾尔语 jak；
蒙古语族语言：蒙古语 ʤaha，达斡尔语 ʤaka ~ ʤakə ~ ʤak；
满通古斯语族语言：通古斯诸语 ʤaka＞ʤaha，满语 ʤasə。

67. "左" ⇨ *solo
突厥语族语言：维吾尔语 sol；
蒙古语族语言：蒙古语 sologai，达斡尔语 solge~sualge；
满通古斯语族语言：满语 hashu，鄂温克语 solge。

68. "部落" ⇨ *ajimag
突厥语族语言：维吾尔语 ajmak；
蒙古语族语言：蒙古语 aimag；
满通古斯语族语言：满语 aiman，鄂温克语 ajmag ~ ajmar ~ ajman。

69. "家庭" "家" "村寨" ⇨ *ajali
突厥语族语言：撒拉语 ail，柯尔克孜语 agəl，维吾尔语 aile；
蒙古语族语言：蒙古语 ail，达斡尔语 ajəl ~ ajil ~ ail；
满通古斯语族语言：满语 aili，鄂温克语 ajil ~ ail。

70. "萨满" ⇨ *samagan
突厥语族语言：维吾尔语 saman；
蒙古语族语言：蒙古语 saman；
满通古斯语族语言：samagan＞samaan＞saman ~ samaŋ。

71. "医生" ⇨ *əmətʃin

突厥语族语言：维吾尔语 emtʃi；

蒙古语族语言：蒙古语 əmtʃi；

满通古斯语族通古斯语支语言：əəŋtʃin＞əəŋtʃee～əəŋʃin。

72. "使节" ⇨ *ələtʃin

突厥语族语言：维吾尔语 eltʃi；

蒙古语族语言：蒙古语 əltʃin～əltʃi，达斡尔语 əltʃi；

满通古斯语族语言：满语 əltʃin，鄂伦春语 əltʃi，鄂温克语 əltʃi～əlʃi。

73. "勇士" ⇨ *bagatur

突厥语族语言：维吾尔语 batur；

蒙古语族语言：蒙古语 bagatur＞baatur，达斡尔语 baatər；

满通古斯语族语言：通古斯诸语 baatur＞batur～baatar，满语 baturu。

74. "男人""丈夫" ⇨ *ərən

突厥语族语言：维吾尔语 er，西部裕固语 eren；

蒙古语族语言：蒙古语 ərə＞ər，达斡尔语 ər；

满通古斯语族通古斯语支语言：ər，主要使用于林区和农区鄂温克语，在通古斯诸语内主要用 nira～nirug～nirə 表示上述概念。

75. "父亲" ⇨ *a-

突厥语族语言：维吾尔语 ata；

蒙古语族语言：蒙古语 abu～aaba，达斡尔语 atʃa，另外，在沃鲁特蒙古语里说 adʒa；

满通古斯语族语言：ama～aba。

76. "皇后""夫人" ⇨ *katun
突厥语族语言：塔塔尔语 hatən，维吾尔语 hotun，哈萨克语 katən；
蒙古语族语言：蒙古语 hatun，达斡尔语 katun＞katan＞katən；
满通古斯语族语言：katun＞katan＞katən。

77. "妻子" ⇨ *gərin
突厥语族语言：维吾尔语 kelin；
蒙古语族语言：蒙古语 gərin；
满通古斯语族通古斯语支语言：gərki～girki～gəkki。

78. "哥哥" ⇨ *aka
突厥语族语言：维吾尔语 aka；
蒙古语族语言：达斡尔语 aka，蒙古语 aha；
满通古斯语族语言：鄂温克语 aka～akin～ahin，鄂伦春语 akin，满语 agə。

79. "连襟" ⇨ *baʤa
突厥语族语言：维吾尔语 baʤa；
蒙古语族语言：蒙古语 baʤa，达斡尔语 baʤi；
满通古斯语族通古斯语支语言：鄂温克语 baʤa～baʤi。

80. "亲家" ⇨ *kuda
突厥语族语言：维吾尔语 kuda；
蒙古语族语言：蒙古语 huda＞hud；
满通古斯语族通古斯语支语言：kuda＞huda。

81. "兵" ⇨ *tʃərigə
突厥语族语言：维吾尔语 tʃerik；
蒙古语族语言：蒙古语 tʃərig；

满通古斯语族通古斯语支语言：sərigi＞sərgi＞səggi。

82."左撇子" ⇨ *sologai
突厥语族语言：维吾尔语 solhaj；
蒙古语族语言：蒙古语 sologai；
满通古斯语族语言：赫哲语 sologe，鄂温克语 sologe，满语 ʃoloho，锡伯语 sopis。

83."瘸子" ⇨ *dogolan ~ *tokur
突厥语族语言：维吾尔语 tokur；
蒙古语族语言：蒙古语 dogolaŋ，达斡尔语 dogloŋ ~ dokur；
满通古斯语族语言：满语 doholon，鄂伦春语 dokolon ~ dokor，鄂温克语 doholoŋ ~ dohloŋ ~ dohlon，锡伯语 dohulun。

84."身体" ⇨ *bəjə
突厥语族语言：boj；
蒙古语族语言：蒙古语 bəjə＞bəj；
满通古斯语族语言：bəjə＞bəj，但是，通古斯诸语内把"人"也称为 bəj。

85."前额""额头" ⇨ *maŋ-
突厥语族语言：维吾尔语 maŋlaj，图瓦语 maŋnaj；
蒙古语族语言：蒙古语 maŋnai，达斡尔语 maŋgil；
满通古斯语族语言：鄂温克语 maŋgil，赫哲语 maŋgel，鄂伦春语 maŋgeel，满语 ʃəŋgil，锡伯语 ʃiŋgəl。

86."牙" ⇨ *sidu
突厥语族语言：维吾尔语 tʃiʃ，哈萨克语 tiʃ；
蒙古语族语言：蒙古语 ʃidʉ＞ʃidə＞ʃid，达斡尔语 ʃidə＞ʃid；

满通古斯语族通古斯语支语言：hiiktə＞iiktə＞iittə＞hiiktə＞iktə。

87."脸""脸色" ⇨ *tʃirai
突厥语族语言：维吾尔语 tʃiraj；
蒙古语族语言：蒙古语 tʃirai，达斡尔语 tʃire ~ tʃiarə；
满通古斯语族语言：满语 tʃira，通古斯诸语 ʃira＞ʃir，但在通古斯诸语里所说的 ʃira＞ʃir 更多的时候指"脸色"。

88."上颚" ⇨ *taganai
突厥语族语言：西部裕固语 taŋnej，撒拉语 taŋnə，维吾尔语 taŋlaj；
蒙古语族语言：蒙古语 taŋnai，土族语 tanləi，东部裕固语 tanlii，保安语 tanli；
满通古斯语族语言：满语 tagani，锡伯语 taŋni。

89."胡须" ⇨ *sakal
突厥语族语言：维吾尔语 sakal；
蒙古语族语言：蒙古语 sahal，达斡尔语 sakal＞sakəl；
满通古斯语族语言：满语 salu，锡伯语 sal，通古斯诸语 sakal＞sahal。

90."痣" ⇨ *meŋ
突厥语族语言：维吾尔语 meŋ；
蒙古语族语言：蒙古语 məŋgə；
满通古斯语族通古斯语支语言：məŋgə。

91."麻子" ⇨ *tʃokur
突厥语族语言：维吾尔语 tʃokur；
蒙古语族语言：蒙古语 tʃəhər，达斡尔语 tʃokur；
鄂温克语：soohor。

92. "口水" ⇨ *silusun

突厥语族语言：哈萨克语 silekej，维吾尔语 ʃal~ʃɵlgej~ʃalwak；

蒙古语族语言：蒙古语 ʃilusun＞ʃulusu＞ʃulǝs，达斡尔语 ʃulsǝ；

满通古斯语族语言：满语 ʃilǝngi，锡伯语 ʃilin，鄂温克语 ʃilisuŋ＞ʃilsu。

93. "手掌" ⇨ *falagan

突厥语族语言：维吾尔语 alkan；

蒙古语族语言：蒙古语 alagan＞alaga＞alga，达斡尔语 alga；

满通古斯语族语言：鄂温克语 alagaŋ＞algaŋ＞aggaŋ＞aggan，鄂伦春语 algan~alga，锡伯语 falǝn，满语 falaŋgu。

94. "肩膀" ⇨ *muri

突厥语族语言：维吾尔语 mɵre；

蒙古语族语言：蒙古语 mɵrɵ，达斡尔语 murǝ＞mur；

满通古斯语族语言：满语 mǝirǝ，鄂温克语 miirǝ，锡伯语 miri。

95. "脾" ⇨ *dǝligun

突厥语族语言：撒拉语 dalǝh，维吾尔语 tal；

蒙古语族语言：蒙古语 dǝliguu＞dǝligu＞dǝliu~dǝluu，达斡尔语 dǝlu~dǝlukin；

满通古斯语族语言：满语 dǝlihun，锡伯语 dǝlihu，鄂温克语 dǝlihu~dǝliku，鄂伦春语 dǝlikin 等。

96. "乳房" ⇨ *dǝlǝn

突厥语族语言：ʤelin~jelin~jilin；

蒙古语族语言：蒙古语 dǝlǝŋ＞dǝlǝ＞dǝl，达斡尔语 dǝl；

满通古斯语族语言：满语 dǝlǝŋ，鄂温克语 dǝlǝŋ~dǝlǝn＞dǝlǝ＞dǝl。

97. "奶子" ⇨ *su

突厥语族语言：西部裕固语 sut，维吾尔语 syt；

蒙古语族语言：达斡尔语 su，蒙古语 sʉ；

满通古斯语族语言：赫哲语 sun，满语 sʉn，鄂伦春语 suun。

98. "胸脯" ⇨ *kəŋər

突厥语族语言：维吾尔语 køkrek；

蒙古语族语言：蒙古语 əŋgər；

满通古斯语族语言：鄂伦春语 kəŋgər，鄂温克语 kəŋgər＞həŋgər，锡伯 tugŋər~ tuŋər，满语 tuŋər。

99. "膀胱" ⇨ *dabusan

突厥语族语言：柯尔克孜语 tabərsək，西部裕固语 dawasək，维吾尔语 dosak；

蒙古语族语言：蒙古语 dabusaŋ＞dawusan＞dausan，东部裕固语 dawasəg，达斡尔语 dabsak，东乡语 dabsaɢ；

满通古斯语族通古斯语支语言：dawsun。

100. "网油" ⇨ *səməʤi

突厥语族语言：维吾尔语 semiz；

蒙古语族语言：蒙古语 səməʤə，达斡尔语 səmʤi＞sənʤi；

满通古斯语族通古斯语支语言：səməʤi＞səmʤi＞sənʤi。

101. "鞍疮" ⇨ *dagari

突厥语族语言：维吾尔语 jegin；

蒙古语族语言：蒙古语 dagari＞daari，达斡尔语 dagar ~ dagir＞da ar~dair；

满通古斯语族语言：满语 dagari，通古斯诸语 daari。

102. "院子" ⇨ *kura
突厥语族语言：维吾尔语 kora；
蒙古语族语言：蒙古语 hurijə，达斡尔语 kuwa＞kua；
满通古斯语族语言：kuwa。

103. "柱子" ⇨ *tuluga
突厥语族语言：维吾尔语 tywryk；
蒙古语族语言：蒙古语 tulgagur＞tulguur，达斡尔语 tualag；
满通古斯语族语言：鄂温克语 tula～tuluur，鄂伦春语 tula～tulga，满语 tura。

104. "门槛" ⇨ *bosoga
突厥语族语言：哈萨克语 bosoga，塔塔尔语 bosogə，维吾尔语 bosuga；
蒙古语族语言：蒙古语 boʃoga；达斡尔语 bosog～basrag；
满通古斯语族语言：满语 bokson，鄂温克语 bosog。

105. "井" ⇨ *kudug
突厥语族语言：维吾尔语 kuduk；
蒙古语族语言：达斡尔语 kodug＞kodog～kodir，蒙古语 huddug＞hudug；
满通古斯语族语言：鄂伦春语 kudir，鄂温克语 kudir＞kodir~hudir，满语 hutʃin。

106. "坛子""瓶子" ⇨ *botu
突厥语族语言：维吾尔语 botulka；
蒙古语族语言：蒙古语 butun；
满通古斯语族语言：鄂温克语 butuŋ～butun＞butoŋ＞botoŋ，鄂伦春语 botan，赫哲语 butan，满语 bɯtun。

107. "瓶子" ⇨ *loŋho

突厥语族语言：撒拉语 loŋha，维吾尔语 loŋka；

蒙古语族语言：蒙古语 loŋho，达斡尔语 loŋka＞loŋkə；

满通古斯语族通古斯语支语言：鄂温克语 loŋho＞loŋko，鄂伦春语 loŋko。

108. "盘子" ⇨ *tabag

突厥语族语言：维吾尔语 tawak；

蒙古语族语言：蒙古语 tabag＞tawag，达斡尔语 tawar；

满通古斯语族通古斯语支语言：tawar。

109. "碗" ⇨ *ajaga

突厥语族语言：维吾尔语 ajak，该词一般指"大木碗"；

蒙古语族语言：蒙古语 ajaga＞ajag，达斡尔语 ajig；

满通古斯语族通古斯语支语言：ajig。然而，该词更多的时候使用于农区鄂温克语。

110. "笤帚" ⇨ *siguri

突厥语族语言：维吾尔语 sypyrge；

蒙古语族语言：蒙古语 ʃugur，达斡尔语 əsuur；

满通古斯语族通古斯语支语言：əsuur。

111. "皮革""油脂革" ⇨ *bulgar

突厥语族语言：维吾尔语 bulgar；

蒙古语族语言：蒙古语 bulgar；

满通古斯语族语言：鄂温克语 bulgar，满语 bʉlhari～bʉlha，但是，满语里的 bʉlhari 主要表示"香牛皮"之意。

112. "皮囊" ⇨ *tulum

突厥语族语言：维吾尔语 tulum；

蒙古语族语言：蒙古语 tulum；

满通古斯语族语言：鄂温克语 tulum，锡伯语 tulum，满语 tuluмə。

113. "皮袄" ⇨ *ʤuba

突厥语族语言：维吾尔语 ʤuwa；

蒙古语族语言：蒙古语 ʤubtʃaga；

满通古斯语族语言：鄂温克语 ʤubtʃa ~ sʉʉbtʃi，满语 ʤibtʃa。

114. "领子" ⇨ *ʤaha

突厥语族语言：哈萨克语 ʤaka，柯尔克孜语 ʤaga，维吾尔语 jaka；

蒙古语族语言：蒙古语 ʤaha ~ ʤagama＞ʤaama，达斡尔语 ʤaama；

满通古斯语族通古斯语支语言：ʤaha＞ʤah ~ ʤaama。

115. "扣子" ⇨ *tob-

突厥语族语言：维吾尔语 tygme；

蒙古语族语言：蒙古语 tobtʃi，达斡尔语 totʃtʃi；

满通古斯语族语言：鄂温克语 totʃtʃi，满语 tohon。

116. "皮口袋" ⇨ *saba

突厥语族语言：维吾尔语 sawa；

蒙古语族语言：蒙古语 saba＞sawa＞saw；

满通古斯语族语言：满语 sukʉ，锡伯语 sukə，鄂温克语 suban ~ suhan。

117. "提包" ⇨ *sumku

突厥语族语言：维吾尔语 somka；

蒙古语族语言：蒙古语 səmhə~sʉʉmkʉ＞sʉmkʉ；

满通古斯语族语言：鄂温克语 sʉʉmhʉ＞sʉʉmkʉ＞sʉʉŋkʉ。

118."雪橇" ⇨ *tʃiruga
突厥语族语言：维吾尔语 tʃana，哈萨克语 ʃana；
蒙古语族语言：蒙古语 tʃirga；
满通古斯语族语言：鄂温克语 ʃirgul＞ʃiggul，满语 ʃərhə，锡伯语 sərhə。

119."鞍垫" ⇨ *tokuma
突厥语族语言：维吾尔语 tokum；
蒙古语族语言：达斡尔语 tokum＞tokom，蒙古语 tohom；
满通古斯语族语言：鄂伦春语 tokom，鄂温克语 tohom，满语 tohoma。

120."梢绳" ⇨ *gandʑuga
突厥语族语言：维吾尔语 gandʑuga；
蒙古语族语言：蒙古语 gandʑuga；
满通古斯语族语言：鄂温克语 gandʑuha，鄂伦春语 gandʑuka，满语 gandʑʉhan。

121."线条" ⇨ *sidʑi-
突厥语族语言：维吾尔语 sizik；
蒙古语族语言：蒙古语 ʃidʑim；
满通古斯语族语言：鄂温克语 ʃidʑin～ʃidʑiŋ，满语 ʃirgə，锡伯语 ʃirhə。

122."布" ⇨ *bəsə
突厥语族语言：维吾尔语 bəz；
蒙古语族语言：蒙古语 bəs；
满通古斯语族语言：满语 bəsə，锡伯语 bəs，鄂温克语 bəəsə～bəəs。

123."剪刀" ▷ *kajitʃa
突厥语族语言：维吾尔语 kajtʃa，哈萨克语 kajʃə；
蒙古语族语言：达斡尔语 kajtʃa＞kajtʃi，蒙古语 hajtʃi；
满通古斯语族语言：鄂温克语 kajtʃi＞hajtʃi，鄂伦春语 kaitʃi，满语 hasaha，锡伯语 hashə。

124."锯" ▷ *kirugən
突厥语族语言：维吾尔语 here，图瓦语 kire~kəregə；
蒙古语族语言：蒙古语 hirʉgə＞hirөө＞hirө、达斡尔语 kirөө＞kirө。
满通古斯语族通古斯语支语言：irəgə ~ irəŋ。

125."楔子" ▷ *sina
突厥语族语言：维吾尔语 ʃina；
蒙古语族语言：蒙古语 ʃina；
满通古斯语族语言：鄂温克语 ʃina ~ ʃiwa，满语 ʃibija，锡伯语 ʃiva。

126."车轮毂" ▷ *bulu
突厥语族语言：维吾尔语 bul；
蒙古语族语言：蒙古语 bulu，达斡尔语 bul；
满通古斯语族语言：bulu＞bul。

127."拐棍" ▷ *tajag
突厥语族语言：维吾尔语 tajak；
蒙古语族语言：蒙古语 tajag；
满通古斯语族语言：təifun。

128."穗子" ▷ *ʤala
突厥语族语言：维吾尔语 jala；
蒙古语族语言：蒙古语 ʤalaga，达斡尔语 ʤalaa＞ʤala；

满通古斯语族通古斯语支语言：ʤala。

129."豆角" ⇨ *burtʃag
突厥语族语言：维吾尔语 purtʃak；
蒙古语族语言：蒙古语 burtʃag，达斡尔语 bortʃo；
满通古斯语族通古斯语支语言：鄂温克语 bortʃo＞botʃtʃo。

130."葱" ⇨ *soŋ-
突厥语族语言：维吾尔语 suŋpijaz；
蒙古语族语言：蒙古语 soŋgina；
满通古斯语族通古斯语支语言：soŋgina＞soŋgin ~ soŋgiŋ。

131."肉汤" ⇨ * silu
突厥语族语言：维吾尔语 ʃorpa；
蒙古语族语言：蒙古语 ʃələ，达斡尔语 ʃilə ~ ʃilu；
满通古斯语族通古斯语支语言：ʃilə~ʃilʉ。

132."管子" ⇨ *kogo-
突厥语族语言：维吾尔语 konaj；
蒙古语族语言：蒙古语 hogolai＞hoolai＞hoole；
满通古斯语族语言：kəɵəmə＞kɵɵmə＞kɵɵmə。

134."抽屉" ⇨ *ta-＞tart-~tata-~taga-
突厥语族语言：维吾尔语 tartma；
蒙古语族语言：蒙古语 tatagur，达斡尔语 tataku＞tatku；
满通古斯语族语言：满语 tataku，锡伯语 tatku，鄂温克语 tatuku ~ tatuhu。

135. "网" ⇨ *tor

突厥语族语言：tor～torho；

蒙古语族语言：tor；

满通古斯语族语言：tor～toor。

136. "桥" ⇨ *kugurgə

突厥语族语言：维吾尔语 kɵwryk；

蒙古语族语言：kuwərəg＞kuərəg，蒙古语 hөgөrgə＞hөөrəg；

满通古斯语族通古斯语支语言：鄂伦春语 kʉrgʉ，鄂温克语 hөөrgө＞hөөggө。

137. "铃" ⇨ *koŋo

突厥语族语言：koŋgurak；

蒙古语族语言：达斡尔语 koŋgu~koŋku，蒙古语 hoŋho；

满通古斯语族语言：满语 hoŋgon，鄂伦春语 koŋko，鄂温克语 koŋko＞hoŋko。

138. "音调" ⇨ *aja

突厥语族语言：维吾尔语 ahaŋ，塔塔尔语 awaz，图瓦语 ajas；

蒙古语族语言：蒙古语 aja～ajas，达斡尔语 aji；

满通古斯语族通古斯语支语言：aji。

139. "告示" ⇨ *ʤaka～*ʤara

突厥语族语言：维吾尔语 ʤaka；

蒙古语族语言：蒙古语 ʤar～ʤara＞ʤarlal；

满通古斯语族通古斯语支语言：ʤar~ʤara。

140. "字" ⇨ *hərgən

突厥语族语言：维吾尔语 het；

蒙古语族语言：蒙古语 hərgən；

满通古斯语族语言：满语 hərgən。

另外，阿尔泰语系语言表示"文字"之意时，也可以说 jezik（维吾尔语）、bitig（蒙古语）、bitʃig（达斡尔语）、bithə（满语）、bitig（通古斯诸语）等。

141. "印迹" ⇨ *muru

突厥语族语言：维吾尔语 mər，哈萨克语 məhər；

蒙古语族语言：蒙古语 mər，达斡尔语 murə＞mur；

满通古斯语族语言：满语 mʉr。

不过，在蒙古语族语言或满通古斯语族语言中，mər 或 mʉr 更多地表示"印迹""足迹"等词义，而维吾尔语的 mər 主要是指"印迹"之意。

142. "标记""标志""征兆" ⇨ *bəlgə

突厥语族语言：维吾尔语 belge，哈萨克语、柯尔克孜语 belgi；

蒙古语族语言：蒙古语 bəlgə，达斡尔语 bəlgə ~ bələg；

满通古斯语族通古斯语支语言：bəlgə。

143. "自由" ⇨ *ərəkə

突厥语族语言：哈萨克语 erik，维吾尔语 erkin＞erk；

蒙古语族语言：蒙古语 ərhə，达斡尔语 ərkə＞ərk；

满通古斯语族通古斯语支语言：ərəkə＞ərkə＞əkkə。

144. "心意" ⇨ *guni

突厥语族语言：维吾尔语 kəŋyl；

蒙古语族语言：蒙古语 gunil；

满通古斯语族语言：满语 gunin。

145. "规矩""道理" ⇨ *josun

突厥语族语言：维吾尔语 josun；

蒙古语族语言：蒙古语 joso，达斡尔语 joso＞jos；

满通古斯语族语言：满语 joso，锡伯语 jos，鄂温克语 joso＞jos。

146. "种类""各种" ⇨ *turu

突厥语族语言：维吾尔语 tyr，图瓦语 təri；

蒙古语族语言：蒙古语 tərəl；

满通古斯语族语言：满语 tʉrəl。

147. "窍门" ⇨ *əbə

突厥语族语言：eb；

蒙古语族语言：蒙古语 əbə＞əb＞əw；

满通古斯语族通古斯语支语言：əb＞əw。

148. "力量" ⇨ *kutʃi

突厥语族语言：维吾尔语 kytʃ；

蒙古语族语言：达斡尔语 kutʃi＞kutʃ，蒙古语 hʉtʃun＞hʉtʃʉ＞hʉtʃi；

满通古斯语族语言：满语 husʉn，鄂温克语 kʉsʉn～husʉn，鄂伦春语 kʉtʃʉn。

149. "诡计" ⇨ *meke

突厥语族语言：哈萨克语 meker，维吾尔语 mikir；

蒙古语族语言：达斡尔语 meker＞meke，蒙古语 məhə；

满通古斯语族通古斯语支语言：məkə＞məhə。

150. "遭遇" ⇨ *dutʃa-~ *utʃa-

突厥语族语言：维吾尔语 dutʃar；

蒙古语族语言：蒙古语 utʃiral；

满通古斯语族语言：满语 tutʃaran。

151."污垢""污点" ⇨ *kir
突厥语族语言：维吾尔语 kir；
蒙古语族语言：达斡尔语 kir，蒙古语 hir；
满通古斯语族语言：鄂伦春语 kir，鄂温克语 hir，满语 hishan。

前面我们只是分析了选定的151个名词，可以看出这些名词无论在语音形式还是在词义结构上均有一定鲜明的共性，且和它们的历史文化有密切联系。从某种意义上讲，这些是他们的先民共同创造的语言符号系统。不过在这里，还有许多在语音或词义方面有曲折性结构关系的，或者说现有资料还无法满足开展更加深入研究的词，在这里都没有展开讨论。比如说，"如今" ⇨ emdi（维吾尔语）、əndur（蒙古语）、ənni（鄂温克语）；"朋友" ⇨ agine（维吾尔语）、ahanar（蒙古语）、akunər（鄂伦春语）；"喉咙" boguz ⇨（维吾尔语）、bagaldʒuur（蒙古语）、bilha（满语）；"手" ⇨ kol（维吾尔语）、gar（蒙古语）、gala（满语）；"肋条" ⇨ kawurga（维吾尔语）、habirga（蒙古语）、habirgə（达斡尔语）；"色彩" ⇨ tys（维吾尔语）、ʤisʉ（蒙古语）、ʤusu（鄂伦春语）；"伤寒" ⇨ tumu（维吾尔语）、tomogu（蒙古语）、tamug（鄂温克语）；"病" ⇨ kesel（维吾尔语）、giʤig（蒙古语）、giʤil（鄂伦春语）等。说实话，在阿尔泰语系语言共同使用的基本词汇里，名词占有十分重要的地位，这一切并不是仅仅表现在名词的数量上，同时也体现在丰富多元的名词词汇类别及结构系统上，也直接关系到极其复杂多样的名词词义结构体系。

第二节 阿尔泰语系语言共用动词及结构关系

除了前面讨论的共有名词之外，还有相当数量的共有动词。而且，很多动词是属于基本词范畴，也就是基础动词词汇范畴。其中一些动词，在语音或词义结构方面出现较大变化和差异，有的至今还保留着较强的同源性和共同性。在我们看来，对于共有动词的分析中，时常会遇到词根、词干、词缀难以分辨的难题。当然，一些动词词根或词干及其词缀的分界线很清楚，有的词就不是那么一目了然。尤其是，对于多种语言的共有动词进行比较研究时，在此方面遇到的问题显得更加复杂。由于有的语言里，伴随动词词根或词干语音不断脱落或省略，后续词缀取而代之出现词干化甚至是词根化现象。问题是，把这些被词根化或词干化的动词词缀，或者说被重新调整或补充的动词词根或词干，同至今把语音结构保存较好的动词词根或词干进行比较研究时，就会遇到一系列的问题。考虑到这些问题的复杂性，在下面讨论阿尔泰语系语言共有动词，也就是分析现已掌握的那些同源动词的时候，还是更多地考虑了那些语音结构比较整齐或一致性的例词，那些动词词根或词干及词缀分得很清楚的动词。那么，在具体讨论时，还是以突厥语族语言的维吾尔语、蒙古语族语言的蒙古语、满通古斯语族语言的满语等动词为实例。当然，也兼顾了突厥语族语言的哈萨克语及柯尔克孜语、蒙古语族语言的达斡尔语、满通古斯语族通古斯语支语言的鄂温克语及鄂伦春语等语言的代表性实例。

1."看"　⇨　*kara-
突厥语族语言：维吾尔语 kara-、kɵr-；
蒙古语族语言：蒙古语 hara-；
满通古斯语族语言：满语 kara-。

不过，满通古斯语族语言满语的动词 kara- 一般用于表示"望""瞧""瞭望"等词义的表达。与此同时，在阿尔泰语系语言里，将"瞭望"这一动词概念相近的词义"仰望"说成是 kara-（维吾尔语）、hara-（蒙古语）、hira-（满语）等。

2."吃"　⇨　*ʤə- ~ *idə-
突厥语族语言：哈萨克语及柯尔克孜语 ʤe-，图瓦语 ʤi-，维吾尔语 je-；
蒙古语族语言：蒙古语 idə-，达斡尔语 id-；

满通古斯语族语言：满语 ʤə-，通古斯诸语 ʤi- ~ ʤib-。

3. "吸吮" ⇨ *soro-
突厥语族语言：维吾尔语 ʃora-；
蒙古语族语言：蒙古语 soro-，达斡尔语 soro->sor-；
满通古斯语族通古斯语支语言：soro->sor-。

4. "啃" ⇨ *kəmi-
突厥语族语言：kemir-；
蒙古语族语言：蒙古语 həməli-，达斡尔语 kəmi->kəm-；
满通古斯语族通古斯语支语言：kəmi->həmi-。

5. "打嗝" ⇨ *kəkərə-
突厥语族语言：哈萨克语、柯尔克孜语、乌兹别克语 kekir-，撒拉语 kikər-，维吾尔语 kikir-；
蒙古语族语言：达斡尔语 kəkər-，蒙古语 həhərə->həhər-；
满通古斯语族语言：满语 kəkərə-，鄂伦春语 kəkər-，鄂温克语 həhər- ~ həhrə-。

6. "吹" ⇨ *puli-
突厥语族语言：维吾尔语 pywle-；
蒙古语族语言：达斡尔语 pule-，蒙古语 ɯlijə->ɯliə->ɯle-；
满通古斯语族语言：鄂伦春语 puligi-，鄂温克语 puligi- ~ pulii- ~ ɯɯgɯ-，锡伯语 filhi-，满语 fulgijə-。

7. "喷" ⇨ *purgi-
突厥语族语言：维吾尔语 pyrke-；
蒙古语族语言：蒙古语 borgi-；

满通古斯语族语言：满语 porgi-。

8."漱口" ⇨ *ʤajila-
突厥语族语言：图瓦语 ʤajga-，维吾尔语 tʃajka-，哈萨克语 ʃajka-；
蒙古语族语言：蒙古语 ʤaila-，达斡尔语 ʤaila->ʤailə-；
满通古斯语族通古斯语支语言：ʤajla-。

9."问" ⇨ *sora-
突厥语族语言：维吾尔语 sora-；
蒙古语族语言：蒙古语 suragla-；
满通古斯语族通古斯语支语言：鄂温克语 sora->sor-，鄂伦春语 sor-。

10."耳语" ⇨ *ʃibə-
突厥语族语言：维吾尔语 ʃiwirla-，柯尔克孜语 ʃəbərla-；
蒙古语族语言：蒙古语 ʃibənə->ʃiwnə-，达斡尔语 ʃiwən-；
满通古斯语族通古斯语支语言：ʃibəgnə->ʃiwəgnə->ʃiwə nə->ʃiwnə-。

11."喊" ⇨ *barkira-
突厥语族语言：维吾尔语 warkira- ~ wakira-；
蒙古语族语言：达斡尔语 barkir- ~ bakir-，蒙古语 barhira-；
满通古斯语族通古斯语支语言：warkira->warkir->wakkira-，不过，通古斯诸语里也有说 barkira->barkir->bakkira- 的现象，但使用率比较低。

12."将就" ⇨ *əblə-
突厥语族语言：维吾尔语 eplep- ~ seplep，一些方言里也说 eble-；
蒙古语族语言：蒙古语 əblə-；
满通古斯语族通古斯语支语言：əblə- ~ əblʉ-。

13. "挑选" ➪ *ilga-

突厥语族语言：维吾尔语 ilga-；

蒙古语族语言：蒙古语 ilga-；

满通古斯语族语言：ilga-，鄂温克语 ilga->igga-。

14. "夸奖" ➪ *makta-

突厥语族语言：mahta-；

蒙古语族语言：蒙古语 magta-～makta-；

满通古斯语族通古斯语支语言：makta-。

15. "认识" ➪ *ta-；

突厥语族语言：哈萨克语 tanə-，柯尔克孜语 tanə->tan-，乌兹别克语 teni-，维吾尔语 tonu-；

蒙古语族语言：蒙古语 tani-，达斡尔语 tani->tan-；

满通古斯语族语言：满语 taka-，锡伯语 taka-，鄂温克语 tag-～taag->taa-，鄂伦春语 taga->taa-，赫哲语 taga-。

16. "使用" ➪ *baitala-

突厥语族语言：维吾尔语 pajdilan-；

蒙古语族语言：蒙古语 baitala-，达斡尔语 baital-；

满通古斯语族语言：满语 baitala-，鄂温克语和鄂伦春语 bajtala-。

17. "拉" ➪ *ta-

突厥语族语言：维吾尔语 tart-；

蒙古语族语言：蒙古语 tata-，达斡尔语 tat-；

满通古斯语族语言：满语 tata-，鄂温克语 taa-。

18."拖" ⇨ *tʃiru-
突厥语族语言：维吾尔语 søre-；
蒙古语族语言：蒙古语 tʃir-，达斡尔语 ʃorə->ʃor-；
满通古斯语族通古斯语支语言：iru-～iro-。

19."抱""包" ⇨ *kutʃa-
突厥语族语言：维吾尔语 kutʃakla-＜kutʃa-～kuter-，哈萨克语 kutʃakla-＜kutʃa-，撒拉语 hutʃəhla-＜hutʃə-；
蒙古语族语言：达斡尔语 kutʃi-～kotʃi-，蒙古语 hutʃi-；
满通古斯语族语言：鄂伦春语 kutʃi-～kotʃi-，满语 huʃi-。

20."捆" ⇨ *bagla-
突厥语族语言：维吾尔语 bagla-；
蒙古语族语言：蒙古语 bagla-；
满通古斯语族语言：满语 baksala-。

21."系""结" ⇨ *tuji-～*uji
突厥语族语言：维吾尔语 tøj-；
蒙古语族语言：蒙古语 uja-；
满通古斯语族语言：鄂温克语 ʉji->ʉj-，满语 umijə-。

22."扫" ⇨ *sugur-
突厥语族语言：维吾尔语 sypyr-；
蒙古语族语言：蒙古语 ʃʉgʉrdə-，达斡尔语 əsʉ；
满通古斯语族通古斯语支语言：əsʉrdə-。

23."连续""传承" ⇨ *ula-
突厥语族语言：维吾尔语 ula-；

蒙古语族语言：蒙古语 ulari-；

满通古斯语族语言：满语 ʉla-，鄂温克语 ulabu-。

24. "弄紧""弄结实" ⇨ *tʃiŋ-

突厥语族语言：维吾尔语 tʃiŋda-；

蒙古语族语言：蒙古语 tʃiŋdala-；

满通古斯语族语言：满语 tʃiŋga-，鄂温克语 ʃiŋga-。

25. "掐""捏" ⇨ *tʃim-

突厥语族语言：维吾尔语 tʃimda-；

蒙古语族语言：蒙古语 tʃimhi-，达斡尔语 tʃimki- ~ ʃimki-；

满通古斯语族语言：满语 ʃimhʉ-，锡伯语 ʃimkə-，鄂温克语 ʃimki-，鄂伦春语 tʃimku-，赫哲语 ʃimku-。

26. "砍" ⇨ *tʃabtʃi-

突厥语族语言：维吾尔语 tʃab-；

蒙古语族语言：蒙古语 tʃabtʃi-；

满通古斯语族语言：鄂伦春语 tʃabtʃi- ~ sabtʃi-，鄂温克语 sabtʃi- ~ satʃtʃi-，满语 satʃi-。

27. "敲" ⇨ *tʃohi-

突厥语族语言：维吾尔语 tʃek-；

蒙古语族语言：蒙古语 tʃohi- ~ toŋʃi- ~ tokʃi-，达斡尔语 toŋʃi- ~ tokʃi-；

满通古斯语族语言：满语 tokʃi- ~ tokʃi-，锡伯语 tohʃi-，鄂温克语 tokʃi- ~ toŋtʃi-。

28. "裂" ⇨ *jara-

突厥语族语言：维吾尔语 jir-；

蒙古语族语言：蒙古语 jar-；

满通古斯语族语言：满语 jara-，鄂温克语 jar- ~ gar-。其实，蒙古语族语言里也用 gar- 一词来表达该词义的。

29."撕开" ⇨ *tit- ~*sət

突厥语族语言：维吾尔语 tit-；

蒙古语族语言：蒙古语 sət + -lə = sət(ə)lə->sətələ->sətlə-，达斡尔语 sətlə-；

满通古斯语族通古斯语支语言：sətlə-。

以上例词里出现的蒙古语族语言和满通古斯语族通古斯语支语言的动词 sətlə-，是在动词词根 sətə- 后面接缀动词构词词缀 -lə 而派生出来的动词。后来，动词词根 sətə- 末端短元音出现脱落现象，所以就成了 sətlə- 这一语音结构形式。

30."弄碎""破坏" ⇨ * buta-

突厥语族语言：维吾尔语 buz-；

蒙古语族语言：蒙古语 buta->but-；

满通古斯语族语言：buta->but-。

31."挤""拥挤" ⇨ *sika-

突厥语族语言：维吾尔语 sikil-；

蒙古语族语言：蒙古语 ʃihaltʃa->ʃihiltʃa-，达斡尔语 ʃakalda- ~ ʃikilda-；

满通古斯语族语言：鄂伦春语 ʃikaldi-~ʃikildi->ʃikil-，鄂温克语 ʃikaldi- ~ ʃikildi-，满语 ʃiha-。

32."撒娇" ⇨ *ərkələ-

突厥语族语言：维吾尔语 erkile-；

蒙古语族语言：达斡尔语 ərkəl-，蒙古语 ərhələ-；

满通古斯语族语言：满语 ərkələ-，鄂温克语 ərkələ->əkkələ-。

33. "伸" ⇨ *suni-

突厥语族语言：维吾尔语 sun-；

蒙古语族语言：蒙古语 sun- ~ sunai-，达斡尔语 son-；

满通古斯语族语言：满语 sanija-，锡伯语 sania-，通古斯语诸语 suuɲi- ~ sooɲi-。

34. "洒" ⇨ *tʃatʃi-

突厥语族语言：维吾尔语 tʃatʃ-，哈萨克语 ʃaʃ-，撒拉语 saʃ-；

蒙古语族语言：达斡尔语 tʃatʃi->tʃatʃ-，蒙古语 satʃu- ~ tʃatʃi-；

满通古斯语族语言：满语 tʃatʃu-，赫哲语 tʃatʃu- ~ tʃatʃi-，鄂温克语 tʃatʃu- ~ sasu-。

35. "渗""渗进去" ⇨ *siŋ-

突厥语族语言：维吾尔语 siŋ-；

蒙古语族语言：蒙古语 ʃiŋɡə-；

满通古斯语族语言：满语 ʃiŋɡə-。

36. "治疗" ⇨ *em-

突厥语族语言：维吾尔语 emle-；

蒙古语族语言：蒙古语 əmnə-；

满通古斯语族通古斯语支语言：əəŋtʃi- ~ əəmtʃi->əŋtʃi- ~ əmtʃi-。

37. "钉" ⇨ *kada-

突厥语族语言：维吾尔语 kada-；

蒙古语族语言：蒙古语 hada-；

满通古斯语族通古斯语支语言：hada-。

38. "烘烤" ⇨ *kaga-
突厥语族语言：维吾尔语 kakla-；
蒙古语族语言：蒙古语 hagari-；
满通古斯语族语言：鄂温克语 kakri- ~ hagri-，满语 haksa-。

39. "需要" ⇨ kerek-
突厥语族语言：维吾尔语 kerek-；
蒙古语族语言：达斡尔语，kərgəl-，蒙古语 hərəg-；
满通古斯语族通古斯语支语言：kərəglə- ~ hərəglə-。

40. "修理" ⇨ *ʤasa-
突厥语族语言：哈萨克语 ʤasa-，柯尔克孜语 ʤasa-，维吾尔语 jasa-；
蒙古语族语言：蒙古语 ʤasa-；
满通古斯语族语言：满语 dasa-。

41. "拧" ⇨ *si-
突厥语族语言：维吾尔语 sik-；
蒙古语族语言：蒙古语 ʃibha-，达斡尔语 ʃib- ~ ʃibka- ~ ʃir-；
满通古斯语族语言：满语 ʃiri-，锡伯语 ʃirə-，鄂温克语 ʃiri->ʃir-。

42. "装订" ⇨ *tob-
突厥语族语言：维吾尔语 tople-；
蒙古语族语言：蒙古语 tobhi-；
满通古斯语族通古斯语支语言：鄂温克语 tobki-，鄂伦春语 təbki-。

43. "磨" ⇨ *bilə-
突厥语族语言：维吾尔语 bile-；

蒙古语族语言：蒙古语 biləgʊdə->bilʉʉdə->bilʉdə-，蒙古语该动词是在名词 biləgʊ>bilʉʉ>bilʉ"磨石"后面，接缀由名词派生动词的构词词缀 -də 而构成；

满通古斯语族通古斯语支语言：鄂温克语 bilə- ~ bilʉdə-。

44. "染" ⇨ * budu-
突厥语族语言：图瓦语 budu-，西部裕固语 bozə-，维吾尔语 boja-；
蒙古语族语言：蒙古语 budu-，达斡尔语 bud- ~ bod-；
满通古斯语族语言：鄂温克语 budu- ~ buda- ~ boda-，满语 buda-。

45. "打闪" ⇨ *tʃa-
突厥语族语言：维吾尔语 tʃap-；
蒙古语族语言：蒙古语 tʃahi-；
满通古斯语族语言：满语 talkija-，鄂温克语 sakil-。

46. "播种" ⇨ *tari-
突厥语族语言：维吾尔语 teri-；
蒙古语族语言：蒙古语 tari-；
满通古斯语族语言：满语 tari-。

47. "散开" ⇨ *tara-
突厥语族语言：维吾尔语 tara-；
蒙古语族语言：蒙古语 tara- ~ tarha-，达斡尔语 tara->tar-；
满通古斯语族通古斯语支语言：tara->tar-。

48. "施肥" "育肥" ⇨ *bordo-
突厥语族语言：维吾尔语 borda-；
蒙古语族语言：蒙古语 bordo-；

满通古斯语族语言：满语 bordo-；鄂温克语 bordo->boddo-。

49. "试验" ⇨ *sin-
突厥语族语言：维吾尔语 sina-；
蒙古语族语言：蒙古语 ʃindʒi-；
满通古斯语族语言：鄂温克语 ʃində-，锡伯语 tʃində-，满语 tʃəndə-。

50. "发青""发绿" ⇨ *kөkө-
突厥语族语言：维吾尔语 kөkle；
蒙古语族语言：蒙古语 hөhərə-；
满通古斯语族语言：满语 hөhөrө-。

51. "生长" ⇨ *usu-
突厥语族语言：维吾尔语 ɵs-；
蒙古语族语言：蒙古语 ɵs-，达斡尔语 us-；
满通古斯语族语言：鄂温克语 usu->ʉsʉ-～ʉʃi-，满语 mʉtʉ-。不过，阿尔泰语系语言的这些动词，同时也表达"上升"等词义。

52. "变硬" ⇨ *kata-
突厥语族语言 kat-；
蒙古语族语言：达斡尔语 kat-＜katə-，蒙古语 hat-＜hata-～hatuura-；
满通古斯语族语言：鄂伦春语 kat-＜katu-～katur-，鄂温克语 kat-＜hat-～hatura-，满语 hata-。

53. "包围""围起来" ⇨ *kori-
突厥语族语言：乌兹别克语 kori-，哈萨克语 korə-，维吾尔语 koru-；
蒙古语族语言：达斡尔语 kori-、蒙古语 hori-；
满通古斯语族语言：满语 hori-、鄂温克语 hori-＜hor-。

54. "啄" ⇨ *tʃoku-

突厥语族语言：维吾尔语 tʃoku-；

蒙古语族语言：达斡尔语 tʃoŋku->tʃoŋkə-，蒙古语 togʃi-；另外，蒙古语东部方言土语里也有用动词 tʃoŋki- 表示"啄"之意的现象；

满通古斯语族语言：满语 tʃoŋki-。不过，在通古斯语支语言里除了说 tʃoŋki- 之外，也说 tonto- ~ tokʃi- 等。

55. "生羊羔" ⇨ *tulələ-

突厥语族语言：维吾尔语 tɵlle-；

蒙古语族语言：蒙古语 tɵllə-；

满通古斯语族语言：满语 tɵllə-，鄂温克语 tɵllə- ~ tʉllə-。

56. "牛叫" ⇨ *mugərə-

突厥语族语言：哈萨克语 mɵŋire-，柯尔克孜语 mɵɵrɵ-，维吾尔语 mɵre-；

蒙古语族语言：蒙古语 mʉgərə->mɵɵrɵ->mɵɵrə-，达斡尔语 mɵɵrə-；

满通古斯语族语言：满语 mʉra-，鄂温克语 mɵɵrɵ->mɵɵrə->məərə-。

57. "走马" ⇨ *ʤiro-

突厥语族语言：维吾尔语 jorga-，哈萨克语 ʤiroga-，柯尔克孜语 ʤirogo-；

蒙古语族语言：蒙古语 ʤirola->ʤorola-；

满通古斯语族语言：鄂温克语 ʤirola->ʤorola->ʤorolo-，鄂伦春语 ʤorola->ʤorolo-，赫哲语 ʤorolo-，满语 ʤorda-。

58. "狩猎" ⇨ *abala-

突厥语族语言：哈萨克语 awla-，维吾尔语 owla-；

蒙古语族语言：蒙古语 abala->abla->awla-；

满通古斯语族语言：满语 abala-，锡伯语 avala-，鄂温克语 abala->abla->awla-。

59. "选择" ⇨ *ilga-

突厥语族语言：维吾尔语 ilga-；

蒙古语族语言：蒙古语 ilga-；

满通古斯语族语言：满语 ilga-，鄂温克语 ilga->igga-。

60. "绊" "拴" ⇨ tusa-

突厥语族语言：哈萨克语 tusa-，维吾尔语 tʃyʃe-；

蒙古语族语言：蒙古语 tuʃa-；

满通古斯语族通古斯语支语言：tuʃa->toʃi-~tuʃabu->toʃibu-。

61. "移动" ⇨ *sildʒi-

突厥语族语言：维吾尔语 sildʒi-；

蒙古语族语言：蒙古语 ʃildʒi-；

满通古斯语族通古斯语支语言：ʃildʒi-。

62. "绕" ⇨ *ərgi-

突厥语族语言：图瓦语 ərgile-，维吾尔语 egi-；

蒙古语族语言：蒙古语 ərgi-；

满通古斯语族语言：鄂温克语 ərgi->əggi-，满语 ərgʉwə-。

63. "潜" ⇨ *ʃuŋ->ʃom- ~ tʃom-

突厥语族语言：塔塔尔语 tʃom-，维吾尔语 tʃəm-，哈萨克语 ʃək-；

蒙古语族语言：蒙古语 ʃuŋu- ~ ʃumbu-，达斡尔语 ʃoŋo->ʃoŋə- ~ ʃombə-；

满通古斯语族语言：鄂温克语 ʃuŋu->ʃiŋu- ~ ʃomba-，满语 somi-。

64. "遇见" ⇨ *utʃara-

突厥语族语言：维吾尔语 utʃra-；

蒙古语族语言：蒙古语 utʃara-；

满通古斯语族语言：满语 ʉtʃara-。

65."摩擦" ⇨ *sirugə-

突厥语族语言：维吾尔语 syrke-；

蒙古语族语言：蒙古语 ʃurgʉ->ʃʉrgə-，达斡尔语 ʃʉrgə-；

满通古斯语族语言：鄂温克语 ʃʉggʉ-，满语 ʤʉlhu-。

66."喧哗" ⇨ *sagi-

突厥语族语言：维吾尔语 ʃawkuŋ-；

蒙古语族语言：蒙古语 ʃagi->ʃaagi-；

满通古斯语族语言：鄂温克语 saagi- ~ ʃaagi- ~ ʃoogi- ~ ʃuugi-~，鄂伦春语 ʃowgi- ~ ʃoogi- ~ tʃoogi-，满语 tʃurgi-。

67."吵闹" ⇨ * parʃilda-

突厥语族语言：维吾尔语 parʃilda-；

蒙古语族语言：蒙古语达斡尔语 parʃildi-，partʃilda- ~ pargilda-；

满通古斯语族语言：鄂温克语 parʃilda- ~ partʃilda-，满语 partʃildi-。

68."冲突" ⇨ *tuku- ~ *tulu-

突厥语族语言：维吾尔语 tokunuʃ-；

蒙古语族语言：蒙古语 tululdu-；

满通古斯语族通古斯语支语言：tukuldi- ~ tukkuldi- ~ tokkoldi ~ tululdi-。

69."受惊" ⇨ *urgu-

突厥语族语言：维吾尔语 yrky-；

蒙古语族语言：蒙古语 ʉrgʉ-，达斡尔语 ʉrgə-；

满通古斯语族语言：满语 ʉrhu-，鄂温克语 ʉrgʉ->ʉggʉ-。

70."忍耐" ⇨ *daga-~*taka-
突厥语族语言：哈萨克语 taka-，维吾尔语 take-；
蒙古语族语言：蒙古语 daga->daa-，达斡尔语 daa-；
满通古斯语族通古斯语支语言：鄂温克语 daa-。

71."和解" ⇨ *əblə-
突厥语族语言：维吾尔语 ebleʃ-；
蒙古语族语言：蒙古语 əblə-；
满通古斯语族通古斯语支语言：əblə->əwlə-~ əbʃi->əwʃi- ~ əwʃildi-。

72."抖动" ⇨ *siliki-
突厥语族语言：维吾尔语 silki-，柯尔克孜语 selki-；
蒙古语族语言：蒙古语 ʃilgəgə-，达斡尔语 ʃilgə-；
满通古斯语族语言：鄂温克语 ʃilikʃi-，满语 ʃʊrgə-。

与此相关，"发抖"一词，维吾尔语说 titre-，蒙古语叫 tʃətʃərə-，满通古斯语族通古斯语支鄂温克语谓 səsərə- 等。这些说法之间似乎也有渊源关系。

73."反对" ⇨ *karsi-
突厥语族语言：维吾尔语 karʃi-；
蒙古语族语言：蒙古语 harʃila->harʃi-，达斡尔语 karʃe-，虽然蒙古语动词 harʃila-和达斡尔语的 karʃe- 表示"反对"之意，但更多的时候要表达"阻碍""抵触""对立"等词义；
满通古斯语族语言：鄂伦春语 karʃi- ~ karʃe-，鄂温克语 karʃila- ~ harʃila-，满语 halgi-。

74."厌恶" ⇨ *dʑigu-
突厥语族语言：哈萨克语 dʑijren-，柯尔克孜语 dʑijrken-，维吾尔语 jirgin-；
蒙古语族语言：蒙古语 dʑigʃi-；

满通古斯语族语言：满语 ʤigʉʃi-，鄂温克语 ʤiwʉʃi->ʤiwʃi- ~ ʤigʃi-。

75. "忧愁" ⇨ *gem-
突厥语族语言：维吾尔语 gem-；
蒙古语族语言：蒙古语 gəmʃi-，达斡尔语 gəmʃi- ~ gənʃi-；
满通古斯语族通古斯语支语言：鄂温克语 gəmtʃi- ~ gəɲtʃi->gəɳtʃə- ~ gəmʃi-，鄂伦春语 gəɲʃi->gəɳtʃə-，赫哲语>gəɳtʃə-。然而，通古斯诸语的这些动词同时也表示"埋怨""怨恨"等词义。

76. "拘束/迟疑" ⇨ *tata-
突厥语族语言：维吾尔语 tartin-；
蒙古语族语言：蒙古语 tatagʤa-，达斡尔语 tatgəlʤi- ~ tatəlʤi-；
满通古斯语族语言：满语 tathuʤa-；

77. "赔偿" ⇨ *tөlө-
突厥语族语言：维吾尔语 tөle-；
蒙古语族语言：蒙古语 tөlө-；
满通古斯语族语言：鄂温克语 tөlө- ~ tooda-，满语 tooda-。

78. "疲倦" ⇨ *tʃaŋga-
突厥语族语言：维吾尔语 tʃartʃa-；
蒙古语族语言：蒙古语 tʃaŋga-，达斡尔语 tʃaŋgal-；
满通古斯语族语言：满语 tʃaŋgali-＜tʃaŋga-，鄂温克语 tʃaŋgal- ~ saŋgali-。

79. "消瘦" ⇨ *jada-
突厥语族语言：维吾尔语 jada-；
蒙古语族语言：蒙古语 jada- ~ jandara-，达斡尔语 jada->jad-；

满通古斯语族语言：满语 jada-~janada-，鄂温克语 jada->jad~jandara->jandar-。需要说明的是，蒙古语族语言和满通古斯语族语言的动词 jada- 虽然表示"消瘦"之意，但更多的时候表达"疲劳""疲倦""累"等词义。

80. "是""可以""成为" ⇨ *bol-
突厥语族语言：维吾尔语 bol-；
蒙古语族语言：蒙古语 bol-；
满通古斯语族语言：满语 o-，鄂伦春语 oo-。

以上分析了阿尔泰语系语言里出现的 80 个共同使用动词。其实，这里讨论的动词，基本上属于同源词，但也难以一概而论，或许有历史悠久而隐藏在其中与这些同源词融为一体的早期借词。就如前面的叙述，这里列出的只是那些语音和词义方面相一致或基本一致的动词实例。除此之外，还有许多在语音形式和词义内容方面存在较大差异，甚至是词根或词干界限不相一致的共同使用的同源动词。而且，类似有问题的动词词根或词干占比很大。在这里，用一些例子进行说明。比如说，"舀水" ⇨ us-（维吾尔语）、udhu-（蒙古语）、soho-（鄂温克语）；"折断" ⇨ sun-（维吾尔语）、hugula-（蒙古语）、koŋtʃo-（鄂伦春语）；"撕" ⇨ jirt-（维吾尔语）、ira-（蒙古语）、ira-（满语）；"弄紧" ⇨ tʃiŋda-（维吾尔语）、tʃiŋdala-（蒙古语）、tʃiran-（满语）；"闩" ⇨ taka-（维吾尔语）、tʉkdʒi-（蒙古语）、tubki-（通古斯诸语）；"抚摸" ⇨ sila-（维吾尔语）、ilbi-（蒙古语）、bili-（锡伯语）；"打滚" ⇨ jumul-（维吾尔语）、bɵmbɵri-（蒙古语）、ʉmpʉri-（鄂温克语）；"抹墙" ⇨ suwa-（维吾尔语）、ʃiba-（蒙古语）、tʃifa-（满语）；"走" ⇨ jyr-（维吾尔语）、jabu-（蒙古语）、jabʉ-（满语）；"发抖" ⇨ titre-（维吾尔语）、tʃətʃərə-（蒙古语）、səsərə-（鄂温克语）；"腐败" ⇨ tʃiri-（维吾尔语）、ildʒir-（蒙古语）、ildʒira-（鄂温克语）；"流放" ⇨ syrgy-（维吾尔语）、tʃʉlə-（蒙古语）、sʉlə-（鄂温克语）等。

第三节　阿尔泰语系语言共用形容词、代词、数词、副词及结构关系

在这一节里，主要分析阿尔泰语系语言里出现的共同使用的形容词、代词、数词及副词等同源词。根据我们搜集整理的资料，该语系语言内的同源形容词、代词、数词及副词的数量没有名词和动词那么多。当然，这也和代词、数词和副词等实际数量没有名词和动词那么多有关。相比之下，形容词在同源词数量上优于代词、数词和副词等的同源词，但还是远不及名词和动词同源词的数量，特别是数词和副词等词类里出现的同源词显得很少。下面我们主要按照同源词数量出现的多少顺序，首先在第一部分里分析形容词的同源词，其次在第二部分里讨论代词、数词、副词的同源词等。

一　阿尔泰语系语言共用形容词及结构关系

阿尔泰语系语言内出现形容词范畴里的同源词确实有不少，涉及人或事物的性质、状态、特征、属性、颜色等诸多方面。比较而言，与人或事物的性质、属性等有关的实例显得多一些，同人或事物的特征和状态及其颜色有关的实例出现得相对要少一些。毫无疑问，在下面的分析中，我们还是使用了那些阿尔泰语系语言里语音结构类型和词义关系相一致或比较一致，能够说明问题和有说服力、代表性和基础性的一些例子。

1."平安的"　⇨　*ama-
突厥语族语言：维吾尔语　aman；
蒙古语族语言：蒙古语 amur＞amar，达斡尔语　amar＞amər；
满通古斯语族通古斯语支语言：amal。

2."平衡的""平均的"　⇨　*təgʃi
突厥语族语言：维吾尔语　tekʃi，哈萨克语 tegis；

蒙古语族语言：蒙古语 təgʃi；
满通古斯语族语言：满语 təkʧi，鄂温克语 təkʧi＞təʧʧi，鄂伦春语 təkʧin。

3."安静" ⇨ *ʤim
突厥语族语言：维吾尔语 jin；
蒙古语族语言：蒙古语 ʤim；
满通古斯语族通古斯语支语言：ʤim ~ ʤiŋ。

4."永恒" ⇨ *muŋkə
突厥语族语言：维吾尔语 meŋgy；
蒙古语族语言：蒙古语 mɵŋhə，达斡尔语 muŋkə ~ mɵŋkə；
满通古斯语族通古斯语支语言：muŋkə ~ mɵŋkə。

5."富有的" ⇨ *bajin
突厥语族语言：baj；
蒙古语族语言：bajin；
满通古斯语族语言：满语 bajan，鄂温克语 bajiŋ，赫哲语 bajin。

6."真的" ⇨ *ʤin
突厥语族语言：ʧin；
蒙古语族语言：ʤiŋhini＞ʤiŋhin；
满通古斯语族语言：ʤiŋkini＞ʤiŋkin＞ʤiŋkiŋ。

7."精明的" ⇨ *səʧən
突厥语族语言：维吾尔语 ʧiʧen；
蒙古语族语言：蒙古语 səʧən；
满通古斯语族通古斯语支语言：səʧin ~ səʧiŋ。

8. "清醒的" ⇨ *sərəgə

突厥语族语言：哈萨克语 sergek ~ sergək，乌兹别克语 sergek，维吾尔语 segek；

蒙古语族语言：蒙古语 sərgəg；

满通古斯语族语言：鄂温克语 sərgə＞səggə，鄂伦春语 sərəg~ sərət，满语 sərəbə。

9. "青的" "绿的" ⇨ *kɵkɵ

突厥语族语言：维吾尔语 kɵk；

蒙古语族语言：达斡尔语 kuku＞kukə＞kuk，蒙古语 hɵhə＞hɵh；

满通古斯语族语言：满语 hɵhɵ。

10. "黑的" ⇨ *kara

突厥语族语言：维吾尔语 kara；

蒙古语族语言：蒙古语 hara，达斡尔语 kara；

满通古斯语族通古斯语支语言：鄂温克语 hara，鄂伦春语 kara。与此相关，将形容词"黑暗的"也说成 karaŋgu（维吾尔语）、haraŋgui（蒙古语）、karaŋga＞haraŋga（通古斯诸语）。不过，通古斯诸语里的 karaŋga＞haraŋga 之说，更多地用于描述心灵或思想的"黑暗"，或者是表达过度劳累、饥饿后出现的双目"发黑"等词义。

11. "杂色的" ⇨ *ala

突厥语族语言：维吾尔语 ala；

蒙古语族语言：蒙古语 alag；

满通古斯语族语言：鄂伦春语 alar，鄂温克语 alar＞alaar，满语 alha。

12. "双的" ⇨ *ʤu-

突厥语族语言：哈萨克语 ʤup，维吾尔语 ʤyp；

蒙古语族语言：蒙古语 ʤʉirəi ~ ʤuurʉ，达斡尔语 ʤuuru；

满通古斯语族语言：满语 ʤuru，鄂温克语 ʤuuru。

另外，阿尔泰语系语言里，也用 koʃ（维吾尔语），hoos＞hos（蒙古语），hos（鄂温克语）等说法表示"双的"之意。

13."直的" ⇨ tik

突厥语族语言：维吾尔语 tik；

蒙古语族语言：蒙古语 tʃig；

满通古斯语族语言：满语 ʃig。

14."紧的" ⇨ *tʃiŋ

突厥语族语言：维吾尔语 tʃiŋ；

蒙古语族语言：蒙古语 tʃiŋga；

满通古斯语族语言：鄂温克语 ʃiŋga，满语 tʃiraŋga＜tʃira。

15."结实" ⇨ *bəki

突厥语族语言：维吾尔语 bek；

蒙古语族语言：达斡尔语 bəki＞bək，蒙古语 bəhə＞bəhə＞bəh；

满通古斯语族语言：满语、锡伯语、鄂伦春语、赫哲语 bəki，鄂温克语 bəhi。

16."硬的""坚硬的" ⇨ *kata

突厥语族语言：柯尔克孜语 katuu＞katu，哈萨克语 kattə，维吾尔语 kattik，撒拉语 hətdə；

蒙古语族语言：达斡尔语 katu～katən，蒙古语 hatagu＞hatuu＞hatu；

满通古斯语族语言：鄂伦春语 katan＞katən＞katə＞kat，鄂温克语 katan＞hatan＞hatu＞hat，满语 hatan。

17."小的" ⇨ *biʤi＞kiʤi～bitʃi

突厥语族语言：图瓦语 biʤii，撒拉语 kiʤi，维吾尔语 kitʃik；

蒙古语族语言：蒙古语 biʤiihan～bitʃihan；

满通古斯语族语言：满语 adʑigə，鄂伦春语 nitʃʉkʉn＞nitʃikʉn＞nitʃkʉn，鄂温克语 nitʃʉhʉn＞nitʃihʉn＞nitʃhʉn。

18."勉强的" ⇨ *aran

突厥语族语言：维吾尔语 aran；

蒙古语族语言：达斡尔语 aran，蒙古语 arai；

满通古斯语族语言：鄂伦春语 aran，鄂温克语 aran～araŋ，满语 arkan。

19."笨拙的" ⇨ *duta

突厥语族语言：维吾尔语 dət；

蒙古语族语言：蒙古语 dutagu＞dutuu＞dutu，在蒙古语里，形容词 dutagu 主要表示"缺的""差的"和"不足的"及"不够的""残的""残缺的"等词义，不过，也经常使用于表示"笨拙的"的词义表述。

满通古斯语族语言：通古斯诸语 duta＞dutə＞dut，满语 modo。

20."花的" ⇨ *ala

突厥语族语言：ala；

蒙古语族语言：蒙古语 alag，达斡尔语 alag＞aləg～alga＞algə；

满通古斯语族语言：鄂温克语 alar～alaar，满语 alha。

21."疯狂的" ⇨ *galdʑa-

突厥语族语言：维吾尔语 galdʑir；

蒙古语族语言：达斡尔语 galdʑu～galdʑir，蒙古语 galdʑagu＜galdʑuu＜galdʑu；

满通古斯语族通古斯语支语言：鄂温克语 galdʑu。

22."安静的" ⇨ *dʑim

突厥语族语言：维吾尔语 dʑim；

蒙古语族语言：蒙古语 ʤim；

满通古斯语族通古斯语支语言：ʤimə～ʤim。

　　以上讨论的只是在阿尔泰语系语言里共同使用的同源词的一小部分，除此之外还有许多相关实例，在这里没有一一罗列和分析。这是因为，在同语系的不同语言中，各自产生较大程度的语音演变或词义变化，进而给同源词比较研究带来诸多复杂问题。其中，包括超越语音比较研究范畴的复杂多变的语音结构类型，以及超越原始同源关系的新生词义结构内涵等。即使这样，我们还是通过一系列的语音演变规律及词义变化原理，能够深度探索原始的、原有的、基础性的同源语音及其固有词义。比如说，"正、正直的" ⇨ tyz（维吾尔语）、tob（蒙古语）、tob（满语）；"稀的" ⇨ sujuk（维吾尔语）、ʃiŋgən（蒙古语）、ʉjan（满语）；"种类、各种" ⇨ tyr～tyrlyk（维吾尔语）、tərəl（蒙古语）、tʉrəl（通古斯诸语）；"弯曲的" ⇨ bydre（维吾尔语）、bəgtər（蒙古语）、bʉkdaŋga（满语）；"结巴的" ⇨ kikek（维吾尔语）、hələgəi（蒙古语）、hələn（满语）；"正确的" ⇨ togra（维吾尔语）、ʤohihu（蒙古语）、ʤʉken（满语）；"凉快" ⇨ salkin（维吾尔语）、sərigʉn（蒙古语）、sərgʉwən（满语）；"狡猾的" ⇨ hiliger（维吾尔语）、ʤalihai＞ʤilihai（蒙古语）、giligʉŋ（鄂温克语）；"苦的" ⇨ ʤapa（维吾尔语）、ʤobalaŋtai（蒙古语）、ʤogol（赫哲语）；"清醒的" ⇨ segek（维吾尔语）、sərgəg（蒙古语）、sərəbə（满语）等。

二　阿尔泰语系语言共用代词、数词、副词及结构关系

　　我们已经掌握的资料里，也涉及不少阿尔泰语系语言的代词。如前所说，代词的数量不只在整个词汇系统里十分少，甚至在名词类词里也不多。这一现实自然而然地决定了，阿尔泰语系语言内共同使用的代词同源词的数量有限。然而，我们的资料强有力地说明，就是在这数量不是很多的代词范畴，同样有不少同源词。而且，涉及不同类别的代词。另外，该语系语言内，也有不少同

源关系而共同使用的数词或副词及虚词类词。下面，我们只是列举具一些有一定代表性的或个别的，在代词、数词、副词中出现的同源词。

1. "我们" ⇨ *bi-
突厥语族语言：biz；
蒙古语族语言：蒙古语 bidə＞bid；
满通古斯语族语言：满语、锡伯语 bə，鄂温克语、鄂伦春语 bʉ。但是，在通古斯语支语言内，也用 bəti 或 miti 等代词表示包括式复数第一人称"咱们"之概念。

2. "我" ⇨ mi-
突厥语族语言：塔塔尔语 min～men，维吾尔语 men；
蒙古语族语言：蒙古语 mi-；
满通古斯语族语言：满语 mi-。
与突厥语族语言单数第一人称代词 min～men 的词根 mi～me- 相对应，蒙古语族语言和满通古斯语族语言中，也有单数第一人称代词词根 mi-"我"。它们都属于非独立性结构类型，它们是在词根后面接缀格等形态变化语法词缀的前提下，才能够用于具体的句子，进而表达本身包含的单数第一人称概念。也就是说，mi- 在不接缀任何形态变化语法词缀的前提下，不能够使用于句子。

3. "你" ⇨ *si
突厥语族语言：塔塔尔语 sin～sen，维吾尔语 sen；
蒙古语族语言：蒙古语 tʃi＞ʃi，达斡尔语 ʃi；
满通古斯语族语言：满语 ʃi。
不过，蒙古语族语言和满通古斯语族语言的单数第二人称代词 ʃi 可以不接缀任何形态变化语法词缀的前提下，以原有语音结构形式使用于句子。但是，突厥语族语言的 si-～se- 必须在其后面接缀领格等形态变化语法词缀后才能够用于句子。另外，突厥语族语言的 si-～se- 后面接缀 -n 就会派生出表示单数第二人称的 sin～sen"你"，同样在 si-～se- 后面接缀 -z 也会派生出表示单数第二人称尊称的 siz～sez"您"。然而，在满通古斯语族语言里，s- 后面接缀表示单数第二人称概念的短元音 -i 时，s- 音就会发生 ʃ 音变，进而派生出 ʃi"你"这一语音结构形式的单数第二人称代词。那么，在充当词根的辅音 s- 后面，接缀短元音 -u 而派生出复数第二人称代词 su"你们"时，辅音 s-不发生任何音变现象，完美地保持原有的语音结构形式。蒙古语族语言的情况完全不同，该语族语言中单数第二人称概念要用 tʃi＞ʃi"你"来表示，表达单数第二人称的尊称时就会使用 ta"您"，指称复数第二人称时就会说 tanar～tanus～tanud 等。

4."他" ⇨ *gu＞*u

突厥语族语言：西部裕固语 gol＞ol＞o，哈萨克语 ol，维吾尔语 u。在我们看来，西部裕固语及哈萨克语等的 gol＞ol＞o 或许是*gul＞*ul＞u 的变音形式。因为，在蒙古语族语言单数第三人称代词 təgʉn＞təun＞tʉʉn，以及满通古斯语族通古斯语支语言单数第三人称代词 nu 中都有短元音 u、ʉ。那么，蒙古语的 təgʉn 也属单数远指代词"那"。再者，该语言里 təgʉn"那"和 əgʉn"这"的 tə- 和 ə- 是指示代词"那"及"这"的词根部分。问题是，作为所谓词缀的 -gʉn＜-gun 来自哪里，是否 -gʉn＜-gun 的 -gʉ＜-gu 跟突厥语族语言的 gol＜*gul 的 go-＜*gu- 有关。同样，也和通古斯语支语言的单数第三人称代词 nu＜nugan＜nuguan＜nuguwan 之 nu- 后面的所谓词缀 -gan＜-guan＜-guwan 中的 -gu 相关。如果这一假定成立的话，阿尔泰语系语言单数第三人称代词均和 gu 有关。在这里，还应该指出的是，阿尔泰语系语言的单数第三人称代词 u、təgʉn、nu"他"都同时表示单数远指代词"那"之意。这些问题，都可以进一步深入讨论。

5."他们" ⇨ *ula-

突厥语族语言：维吾尔语 ular；

蒙古语族语言：蒙古语 ulus；

满通古斯语族语言：满语 ᴜrsə，鄂温克语 ular。

其实，在这里，除了突厥语族语言的 ular 指称复数第三人称代词"他们""她们"等概念之外，蒙古语族语言的 ulus 及满通古斯语族语言的 ᴜrsə～ular 等主要表达"人们"之意，但也用于表示复数第三人称代词"他们"。毫无疑问，复数第三人称代词 ular、ulus、ᴜrsə 的词根是 u->ᴜ-，而后面接缀的 -lar、-lus、-rsə 恐怕均属于复数后缀。因为，在阿尔泰语系语言里 -s、-l、-r 都属于早期复数形态变化语法词缀。何况，在该语系语言中，复数形态变化语法词缀有重叠式使用，或者说连续式使用的实例。

6．"谁" ⇨ *kən

突厥语族语言：西部裕固语 kəm，撒拉语 kem，哈萨克语口语 kem~kim，维吾尔语 kim；

蒙古语族语言：达斡尔语 kən，蒙古语 hən；

满通古斯语族通古斯支语言：农区鄂温克语 kən～hən～ni。

但是，即使在农区鄂温克语内 kən~ hən 等也用得比较少，更多的时候还是使用 ni 这一疑问代词。然而，像疑问代词 nikən"谁谁"或"谁都"，是农区鄂温克语常用的早期词。显然，该词属于 ni "谁"和 kən "谁"两个疑问代词的黏着性使用形式。另外，在通古斯支语言中，还有用 awu 来表示"谁"之意。有意思的是，疑问代词 awu 在突厥语族语言中，却有表达远指代词"那"之概念。与此同时，awular（awu 谁 -lar 复数形态变化语法词缀）在突厥语族语言里表示"那些"，在通古斯支语言中指"谁们"。

7．"那" ⇨ *tə->*ti-

突厥语族语言：塔塔尔语 tigi，柯尔克孜语 tigil，维吾尔语 ʃu；

蒙古语族语言：达斡尔语 tii>ti "那样"，蒙古语 tərə>tər>tiri>tir；

满通古斯语族语言：赫哲语 ti，鄂温克语 tigan(ti-gan)～tari "那样"，满语 tərə，锡伯语 tər。

8. "千" ⇨ *miŋ

突厥语族语言：维吾尔语 miŋ；

蒙古语族语言：蒙古语 miŋga；

满通古斯语族语言：满语 miŋgan，鄂温克语 miŋgan＞miŋga，鄂伦春语 miŋga。

9. "万" ⇨ *tumun

突厥语族语言：维吾尔语 tymen，柯尔克孜语 tɵmen；

蒙古语族语言：蒙古语 tʉmən＞tʉmə＞tʉm；

满通古斯语族语言：锡伯语 tumun，满语 tumən，鄂温克语 tʉmuŋ＞tʉmu＞tʉmə＞tʉm，鄂伦春语 tʉmən＞tʉmə＞tʉm。

10. "还" ⇨ *dahi

突厥语族语言：西部裕固语 dahgə，撒拉语 dagə～dagi，柯尔克孜语 dagə，维吾尔语 tehi；

蒙古语族语言：蒙古语 dahin＞dahi，达斡尔语 dagi；

满通古斯语族语言：满语 dahin，鄂温克语 dahin＞dahi，鄂伦春语 dakin＞daki。

其实，在阿尔泰语系语言里共同使用的同源代词还有很多，其中许多是由人称代词和指示代词词根或词干派生出来的实例。从这个意义上讲，如果人称代词和指示代词词根或词干有对应关系，后面被派生出来的一系列代词也毫无疑问都有同源关系。所以说，在代词范畴，有同源关系的例子也有不少。有意思的是，甚至在那些从代词派生代词的构词词缀中也都有同源关系的成分。再者，对于同一副词或虚词在这里几乎没有举什么例子。相比之下，那些同源关系的副词或虚词的语音结构类型比较复杂，由此在不同语言同源词比较时，会遇到不同程度的或者是较大的语音结构方面的差异。比如说，"全" ⇨ tygel（维吾尔语）、təgʉs（蒙古语）、bʉhʉli（通古斯诸语）；"最" ⇨ eŋ（维吾尔语）、nəŋ（蒙古语）、gəŋ（通古斯诸语）；"马上" ⇨ derru（维吾尔语)、daroi（蒙古语）、doron（满语）；"慢慢地"⇨akərə（哈萨克语）、agadʒagu＞agadʒu（蒙古语）、agali（鄂温克语）；⇨和 bilen（维吾尔语）、bolon（蒙古语）、omoŋ（赫哲语）；"以后"⇨arkida（维吾尔语）、arun（蒙古语）、arkan（满语）；"刚刚"⇨ aran（维吾尔语）、arai（蒙古语）、arkan（满语）；"赶快"⇨ʃapʃan（哈萨克语）、gabʃigai＞gabʃige（蒙古语）、gibtʃu（鄂温克语）等。毋庸置疑，这都是我们将来进一步讨论的内容。

总而言之，我们通过对阿尔泰语系语言内共同使用的同源词比较研究，一定程度上认识到这些语言有史以来建立的同源词关系，以及这些同源词内出现的不同层面、不同程度、不同角度的语音和词义变化，以及由此出现的或多或少的差异性和区别性。有的实例之间出现的差异较大较突出，有的例子里出现的区别性特征却不那么明显。相比之下，该语系语言内蒙古语族语言和满通古斯语族语言的同源词，不论在语音或者在词义方面均表现出很强的一致性或者区别性特征不是太大。尤其是，蒙古语族语言的蒙古语和达斡尔语同满通古斯语族通古斯语支语言间的同源词，表现出很强的共性特征及十分密切的内在联系。由于它们之间的同源词数量十分庞大，要对此展开讨论会占很大篇幅，所以在这里没有做任何的举例说明或讨论。对此学术问题，以后可以开展专题研究。那么，在突厥语族语言及蒙古语族语言间拥有的同源词，及突厥语族语言与满通古斯语族语言的同源词之间，都不同程度地表现出一定的差异性和区别性变异特征。如同前面的分析，阿尔泰语系语言的同源词内，数量上最多的是名词，其次是动词，再就是形容词，像代词、数词、副词或虚词类词的同源词都出现的比较少。

如上所述，我们分析现已搜集整理的同源词时，发现在阿尔泰语系语言里的这些数量可观的同源词内，还有一定比例的只用于突厥语族语言和蒙古语族语言的同源词，这些同源词似乎跟满通古斯语族语言没有太大关系。比如说，"冰"⇨muz（维吾尔语）、məsə（蒙古语）；"蒸汽"⇨hor（维吾尔语）、agur＞uur（蒙古语）；"貂"⇨bulgun（维吾尔语）、bulaga（蒙古语）；"鹌鹑"⇨bødyne（维吾尔语）、bədənə（蒙古语）；"花"⇨tʃetʃek（维吾尔语）、

tʃətʃəg（蒙古语）；"生"⇨tug-（维吾尔语）、tɵrɵ-（蒙古语）；"长"⇨ɵs-（维吾尔语）、ɵs-（蒙古语）；"舌头"⇨til（维吾尔语）、hələ＞həl＞hil（蒙古语）；"字"⇨ɵsek（维吾尔语）、ʉsʉg（蒙古语）；"心"⇨jyrek（维吾尔语）、ʤirʉhə（蒙古语）；"膀胱"⇨dowsun（维吾尔语）、dabusaŋ（蒙古语）；"胡须"⇨sakal（维吾尔语）、sahal（蒙古语）；"男子"⇨er（维吾尔语）、ərə（蒙古语）；"喜爱"⇨amrak（维吾尔语），amarag（蒙古语）；"亲家"⇨kuda（维吾尔语）、huda（蒙古语）；"姻亲"⇨ururk（维吾尔语）、urug（蒙古语）；"家庭"⇨aile（维吾尔语）、ail（蒙古语）；"梯子"⇨ʃota（维吾尔语）、ʃatu＞ʃat（蒙古语）；"拴马绳"⇨agamtʃa（维吾尔语）、argamʤi（蒙古语）；"酸奶干"⇨kurut（维吾尔语）、hurud~kurud（蒙古语）；"锯"⇨here（维吾尔语）、hirɵgə（蒙古语）；"笤帚"⇨sypyrge（维吾尔语）、ʃʉgʉr（蒙古语）；"背包"⇨bohtʃa（维吾尔语）、bogtʃa（蒙古语）；"战利品"⇨olʤa（维吾尔语）、olʤa（蒙古语）；"旗帜"⇨tug（维吾尔语）、tug（蒙古语）；"做"⇨kil-（维吾尔语）、hi-（蒙古语）；"问"⇨sora-（维吾尔语）、sura-（蒙古语）；"猜"⇨tap-（维吾尔语）、taga-（蒙古语）；"写"⇨jaz-（维吾尔语）、bitʃi-（蒙古语）；"排行"⇨kur（维吾尔语）、mɵr（蒙古语）；"积累"⇨ʤugla-（维吾尔语）、tʃugla-（蒙古语）；"住宿"⇨kon-（维吾尔语）、hono-（蒙古语）；"吃惊"⇨tʃɵtʃy-（维吾尔语）、tʃotʃi-（蒙古语）；"推"⇨itter-（维吾尔语）、tʉlhi-（蒙古语）；"抢劫"⇨bulaŋ-（维吾尔语）、bulija-（蒙古语）；"裹"⇨ora-（维吾尔语）、orija->oria-（蒙古语）；"涂抹"⇨syr-（维吾尔语）、tʉrhi-（蒙古语）；"结束"⇨tyge-（维吾尔语）、təgʉs-（蒙古语）；"相等的"⇨teŋ（突厥语族语言）、təŋtʃu（蒙古语）；"永远"⇨bedi（维吾尔语）、agʉri（蒙古语）；"适宜的"⇨eblik（维吾尔语）、əblig（蒙古语）；"圆的"⇨dygilek（维吾尔语）、tɵhɵrig（蒙古语）；"粗大的"⇨tom（维吾尔语）、tomo＞tom（蒙古语）；"疯狂的"⇨galʤir（维吾尔语）、galʤagu＞galʤu（蒙古语）；"零"⇨nɵl（维吾尔语）、noil（蒙古语）；"马上"⇨derru（维吾尔语）、daroi（蒙古语）等。同样，也涉及名词、动词、形容词等不同词类。另外，还有突厥语族语言

和满通古斯语族语言内共同使用的同源词。这些实例，与蒙古语族语言也没有太大关系。比如说，"鸡"⇨tohu（维吾尔语）、tʃoko（满语）；"老鼠"⇨tʃaʃqan（维吾尔语）、aʃiktʃaŋ（鄂温克语）；"脸"⇨jyz（维吾尔语）、ʥisʉ（满语）；"女人"⇨ajal（维吾尔语）、aʃe（满语）；"针"⇨ jiŋne（维吾尔语）、iŋmə（鄂伦春语）；"簸米"dəbi-（维吾尔语）、dəbʃi-（满语）；"玩"⇨ojna-（维吾尔语）、ʉgi->ʉji-（鄂温克语）；"赢"⇨ut-（维吾尔语）、ətə->ət-（满语）；"忘"untu-（维吾尔语）、oŋgo-（满语）等。再者，就如前面的交代，除突厥语族语言和蒙古语族语言的同源词，以及突厥语族语言和满通古斯语族语言的同源词之外，也有只出现于蒙古语族语言和满通古斯语族语言的同源词。而在数量上最多、涉及面最广、内容上最丰富的，是蒙古语族语言和满通古斯语族语言的同源词。

以上所讨论的阿尔泰语系语言共同使用的同源词，包括刚刚谈到的两个语族语言内部使用的同源词，在语音和词义方面至今保持着一定的原始性、同源性和共同性。正因为如此，人们完全可以清楚或较清楚地看出它们的同源关系，尽管有的同源词伴随不同语族语言或不同语言进入各自发展的历史阶段之后，在不同的自然环境、地理位置、地域条件、社会文化及不同语言文字的不同程度的影响下，产生了各自不同的一些演变，但其中很多同源词还是一直保存着同源性、固有性、历史性。另外，我们在分析讨论阿尔泰语系语言同源词时，还发现满通古斯语族语言通古斯语支的鄂温克语和鄂伦春语内，保存有相当数量的阿尔泰语系语言同源词。所以，在分析阿尔泰语系语言同源词的时候，使用了不少来自通古斯语支语言，特别是源自鄂温克语和鄂伦春语的实例。但我们也必须承认，阿尔泰语系语言同源词中，在语音和词义结构类型上产生了很大变化，甚至一些例子变得模糊不清或难以辨认。比如说，"宁安" ⇨ tetʃ（维吾尔语）、tʉbʃin（蒙古语）、nətʃin（满语）；"羊拐骨"⇨oʃuk（维吾尔语）、ʃaga（蒙古语）、gatʃʉha（满语）；"黄的" ⇨ serik（维吾尔语）、ʃira（蒙古语）、ʃiŋariŋ（鄂温克语）；"割草"⇨ota-（维吾尔语）、hada-（蒙古语）、hadʉ-（满语）；"忍耐" ⇨ taket-（维吾尔语）、dagagatʃa＞daagtʃa（蒙古语）、dəgdən（鄂温克语）等。毋庸置疑，所有这些都给我们提供了极其丰富多彩的研究内容和题目，只要我们潜心研究，就会发现更多更有说服力和更有学术价值的理论依据，从而更科学更有力度更加全面系统地论证阿尔泰语系语言有史以来共同使用的同源词，以及他们的原始语音系统和音变规律及其复杂多变的词义关系。

第四章
阿尔泰语系语言语法形态变化现象比较研究

阿尔泰语系语言有最为复杂、丰富、系统、完整的形态变化语法现象，这些语言不仅有动词类词的态、体、式、时及形动词、副动词、助动词等形态变化语法体系，同时还有名词类词的数、格、领属、级等形态变化语法范畴。而且，所有这些形态变化语法概念，几乎都用约定俗成的形态变化语法词缀来表现。再者，这些形态变化语法词缀，基本上都黏着性地接缀于名词类词或动词类词词根或词干后面，进而表示错综复杂的语法意义，以及人们所要表达的极其复杂的话语内容、层级鲜明的思维关系、细密深奥的语言内涵。或许正因为如此，阿尔泰语系诸民族，可以充分利用相当有限的词语以及相当有限的时间，去表达十分复杂的话语内容。然而，完美无缺、精确高效地完成这些语言交流使命和任务的，是除了话语中使用的有限词语之外，更为重要的那些极其严密严谨而各成系统的语法词缀。换句话说，倘若阿尔泰语系语言没有这些极其丰富而庞大的语法词缀系统，那么人们在语言交流时使用的话语词汇便会同折了档的算珠，失去了使用价值和意义。当然，更不可能完整精确地表达话语内容。不过，该语系语言里，也有用零结构类型的形态变化语法词缀，或者是用非黏着式手段，表达某一语法意义的个别现象。但是，绝大多数语法关系，约占95%以上的语法概念是由黏着性形态变化语法词缀来承担并完成的。比如说，阿尔泰语系语言名词类词的数形态变化语法现象分有单数和复数；格形态变化语法词中分有主格、领格、与格、宾格、造格、位格、从格等；人称领属语法词缀包括单数第一人称、第二人称、第三人称及复数第一人称、第二人称、第三人称形态变化语法现象；级语法词缀一般也都涉及低级、最低级、高级、最高级等形态变化语法现象。动词类词则有主动态、被动态、使动态、互动态等态形态变化语法现象；体语法范畴基本上包括完成体、进行体、多次体、一次体、反复体、中断体等体形态变化语法词缀；式语法词缀先分陈述式、祈求式、命令式、假定式、疑问式五大种类，再分若干不同时间、不同数、不同人称形态变化的结构类型，陈述时形态变化现象内部还进一步分现在时、现在将来时、将来时、过去时、过去进行时及单数第一、第二、第三人称和复数第一、第二、第三人称形态变化语法词缀；形动词语法词缀分有现在时、现在将来时、将来时、过去时形态变化语法现象；副动词语法词缀分有目的副动词、条件副动词、因果副动词、立刻副动词、让步副动词、联合副动词、并进副动词等形态变化语法现象；助动词内部也有否定助动词、肯定助动词、判断助动词、应许助动词、能愿助动词等分类。就如前面所说，阿尔泰语系语言名词类词和动词类词数量庞大的这些形态变化语法现象,除了极其个别的实例用零结构类型的形态变化语法词缀表现，或者用非黏着形式的语法手段表示之外，绝大多数要用约定俗成而自成体系的形态变化语法词缀来表达。这其中，许多形态变化语法现象均有不同程度、不同层面、不同内涵的亲属关系，并不同程度地使用于阿尔泰语系的不同语言，进而科学高效地表达错综复杂、层级鲜明、精密严谨的语法概念及语言内涵。比如说，名词类词复数形态变化语法词缀 -lar（维吾尔语）、-nar（蒙古语）、-lar（通古斯诸语）；名词类词领格形态变化语法词缀 -niŋ（维吾尔语）、-ni（蒙古语）、-ni（满语）；形容词最高级形态变化语法词缀 kap kara "最黑"（维吾尔语）、hab hara（蒙古语）、kab kara（锡伯语）；动词使动态形态变化语法词缀 -kuz（维吾尔语）、-gul（蒙古语）、-ku（通古斯诸语）；动词现在将来时形态变化语法现象均用动词词根或词干来表示；动词命令式形态变化语法词缀 -gin（维吾尔语）、-ga（蒙古语）、-giŋ（鄂温克语）；形动词过去时形态变化语法词缀 -kan（维吾尔语）、-san（蒙古语）、-ka~-sa~-tʃa（通古斯诸语）；目的副动词形态变化

语法词缀 -gili（维吾尔语）、-har（蒙古语）、-ŋar~nam（锡伯语）等，具体涉及名词类词和动词类词的诸多形态变化语法范畴。

那么，在这里，我们只选择具有一定说服力、影响力和代表性的形态变化语法现象，并以实际例句为理论依据展开比较研究。具体讲，名词类词中选择了格形态变化语法现象，动词类词里选定了态形态变化语法现象。在举例说明时，主要使用了阿尔泰语系突厥语族语言的维吾尔语和哈萨克语句子，蒙古语族语言的蒙古语及达斡尔语句子，满通古斯语族语言的满语和鄂温克语句子。同时，尽量列举了能够说明问题的短句或简单句。而且，这六种语言的国际音标转写形式，同样都遵从了语音对应现象分析中使用的符号系统。

第一节　名词类词格形态变化语法现象比较研究

这一节里，主要针对阿尔泰语系语言名词类词中出现的格形态变化语法现象展开比较分析。该语系语言的名词类词，主要包括名词、代词、数词、形容词等。这些词在具体的语言交流中，所发挥的作用全靠在其词根或词干接缀的、复杂多变、形式多样、内容丰富、各具不同功能作用的形态变化语法词缀。根据其形态变化语法现象的分类，应该涉及数、格、人称、级四种结构类型语法范畴。有意思的是，作为这四种结构类型形态变化语法现象的表现形式的词缀系统，几乎都可以黏着性地接缀于名词、代词、数词、形容词等名词类词词根或词干后面。需要特别指出的是，级形态变化语法现象，更多地使用于形容词词根或词干。但这并不是说，级形态变化语法词缀，不能够接缀其他名词类词词根或词干后面，只是说其使用率和出现率没有形容词的高和多。另外，我们的分析还表明，格形态变化语法现象，在名词类词的语法范畴里，是一个具有一定代表性、复杂性和系统性的实例。由此，我们选定名词类词的格形态变化语法现象，对其进行较为全面系统的比较研究。根据现已掌握的阿尔泰语系语言名词类词格形态变化语法资料，以及相关专家的分析，突厥语族语言的维吾尔语有主格和领格 -niŋ、宾格 -ni、与格 -ga/-ge ~ -ka/-ke、位格造格 -da/-de ~ -ta/-te、从格比较 -din/-tin；哈萨克语有主格和领格 -nəŋ/-niŋ ~ -dəŋ/-diŋ ~

-tən/-tiŋ、宾格 -nə/-ni ~ -də/-di ~ -tə/-ti、与格 -ga/-ge ~ -ka/-ke ~ na/-ne、位格 -da/-de ~ -ta/-te ~ -nda/-nde、从格 -dan/-den ~ -tan/-ten ~ -nan/-nen、造格 -men/-pen/-ben。蒙古语族的蒙古语有主格与领格 -ni ~ -nu＞-un/-nʉ＞-ʉn ~ -jin、宾格 -gi ~ -i、从比格 -atʃa/-ətʃə、向格位格 -du/-dʉ ~ -tu/-tʉ、造格 -ijar ~ -bar、凭借格 -ijar ~ -bar、共同格 -tai、联合格 -tai；达斡尔语有主格和领格 –ni ~ -i ~ -ji、宾格 -i ~ -ji、与格位格 -d ~ -də、造格 -aar/-əər、离格 -aas-/-əəs ~ -jaas/-jəəs、共同格 -tii、程度格 -tʃaar/ -tʃəər、目的格 -maa + -jinni = -maajini、方向格 -daa/-dəə、方面从格 -aataar/-əətəər- ~ -jaataar/-jəətəər、共同格 –tii。满通古斯语族的满语有主格和属格 -i ~ -ni、宾格 -bə、位格 -də、造格 -i ~ -ni -də、从格比格 -tʃi ~ -dəri、方向格 -də ~ -tʃi、经格 -bə；鄂温克语包括主格及领格 -ni、确定宾格 -ba/-bə/-bo/-bɵ/-bu/-bʉ ~ -wa/-wə/-wo/-wɵ/-wu/-wʉ、不确定宾格 -a/-ə/-o/-ɵ/-u/-ʉ ~ -ja/-jə/-jo/-jɵ/-ju/-jʉ、反身宾格 -wii/-bi、位格 -la/-lə/-lo/-lɵ ~ -dala/-dələ/-dolo/-dɵlɵ、不定位格 -li ~ duli/dʉli、造格 -ʥi、从格 -dihi、比格 -thi、与格 -du/-dʉ、方面格 -giiʥ、方向格 -thahi/-thəhi/-thohi/-thɵhi、限定格 -haŋ/-həŋ/-hoŋ/-hɵŋ ~ -kaŋ/-kəŋ/-koŋ/-kɵŋ、共同格 -te、有格 -ʃi、所有格 -teen 等。其实，该语系语言名词类词格形态的变化现象，以及作为表现形式的语法词缀比我们在这里罗列的要多，何况还有一些有分歧、语音结构类型复杂、还未定论的格形态变化语法词缀在这里没有纳入。另外，我们也可以看出，这些格形态变化语法词缀内部结构系统中，有如下几个方面的结构性特征。

一是，有的格形态变化语法概念要用几个或几套不同语音结构类型的或相关语音结构特征的语法词缀来表现。

二是，有的格形态变化语法词缀，可以同时表达两个或两个以上的形态变化语法概念。也就是说，同一个结构类型的某一或某一套形态变化语法词缀，可以使用于表达两个或两个以上的格语法概念。

三是，有的格形态变化语法词缀，有可变性和不变性两种结构类型。可变性结构类型的格形态变化语法词缀，主要是受元音和谐规律的强力影响而出现的语音变化原理及其语音结构类型。其中，包括二元一体结构类型、四元一体结构类型、六元一体结构类型等不同层级的格形态变化语法词缀。同时，还涉及辅音交替式结构类型的格形态变化语法词缀。另外，也有属于单元音或单辅音结构类型的形态变化语法词缀，也有复合型结构形态变化语法词缀等。

从以上三点，我们可以充分领略阿尔泰语系语言格形态变化语法现象的复杂性，以及结构系统内部的多变性，构成音素的多样性和多元性，以及使用关系的复杂性等问题。那么，格形态变化语法词缀的所有这些现象，在该语系语言内都不同程度地共同存在。毫无疑问，所有这些均属于该语系语言的共性化特征，是这些语言有史以来传承或发展形成的共有现象。虽然，在不同语族的不同语言或不同方言土语间，名词类词格形态变化语法现象的发展变化及其种类有所不同，但基本上都有主格、领格、与格、宾格、造格、位格、从格等格形态变化语法现象。而且，这些语言里，主格形态变化语法现象，均由名词类词的词根或词干形式来表现，不需要任何的形态变化语法词缀。不过，其他所有格形态变化现象几乎均用约定俗成的语法词缀来表达其本身所包含的语法概念，表示名词类词在句中和词间产生的各种语法关系，以及名词类词在句中所处的不同位置、充当的不同角色、发挥的不同功能作用等。这也是格形态变化语法现象在名词类词的语法范畴内，所占据的不可忽视的重要地位之原因。以下，我们以主格、领格、位格、宾格、造格、从格为先后顺序，并结合具体例句比较研究该语系语言的格形态变化语法现象的异同。

一 主格形态变化语法现象

如上所述，阿尔泰语系语言名词类词均无一例外地有主格形态变化语法现象，且整齐划一地均用零形态变化语法现象来表现。换句话说，主格富有的语法概念要依托名词类词的词根或词干来表达，不需要任何语音形式或结构类型的形态变化语法词缀。在名词类词词根或词干后面，不接缀任何格形态变化语法词缀的前提下，它们就会自然而然地用零结构类型的形态变化语法现象，明确阐述句子动作行为的主体或叙述的对象。

（一）突厥语族语言名词类词的主格

1. 维吾尔语名词类词零结构类型的主格形态变化语法现象及其句中使用情况：

（1）gylhan-O[1] muʃu   mektepniŋ   okugutʃisi.
　　 古丽汗   这个   学校的   学生
　　 古丽汗是该校的学生。

（2）aka-O   kejserlik   emgek   bilen   ylge   kørsetti.
　　 哥   顽强的   劳动   以   榜样   表现了
　　 哥哥以顽强的劳动树立了榜样。

维吾尔语例句（1）和（2）中，句首出现的名词 gylhan"古丽汗"、aka"哥哥"均属于零结构类型的主格形态变化语法现象，也是句子动作行为的主体或叙述对象。

2. 哈萨克语名词类词零结构类型的主格形态变化语法现象及其句中使用情况：

（1）olar-O   erteŋ   kajtar.
　　 他们   明天   回来
　　 他们也许明天回来。

（2）bastək-O   ol   kisini   tanəjdə.
　　 领导   那   人   认识
　　 领导认识那个人。

---

[1] -O 表示零结构类型的形态变化语法词缀。

上述哈萨克语例句（1）和（2）内，位于句首的代词 olar "他们"和名词 bastək "领导"同样是零结构类型的主格形态变化语法现象，是属于句中动词 kajtar、tanəjdə 所陈述的动作行为"回来""认识"之主体。

（二）蒙古语族语言名词类词的主格

1. 蒙古语名词类词零结构类型的主格形态变化语法现象及其句中使用情况：

（1） nara-O　doron　ʤʉgətʃə　manduba.
　　　 太阳　　东方　　升起
　　　 太阳从东方升起来了。

（2） manai　təməgə-O　əmʉnə　agunandu　baina.
　　　 我们　　骆驼　　南　　山　　在
　　　 我们的骆驼在南山上。

显而易见，蒙古语例句（1）和（2）中，句首出现的名词 nara "太阳"、təməgə "骆驼"也都是主格形态变化结构类型，是句子动作行为的主体或叙述对象。

2. 达斡尔语名词类词零结构类型的主格形态变化语法现象及其句中使用情况：

（1） ʃi-O　buni　ədʉr　maandə　irə.
　　　 你　　明天　天　　我们　　来
　　　 你明天来我们家吧。

（2） mori-O　tər　kərʤəəd　bəi.
　　　 马　　那　院子里　在
　　　 马在那个院子里。

可以看出，上面的两个达斡尔语例句中，位于句首的代词 ʃi "你" 和名词 mori "马" 是零结构类型的主格形态变化语法现象，属于句中动词 irə、bəi 所陈述的动作行为 "来"、"在" 的主体。

（一）满通古斯语族语言名词类词的主格

1. 满语名词类词零结构类型的主格形态变化语法现象及其句中使用情况：

（1）ʃi-O　aji　gəwə?
　　 你　什么　名字
　　 你叫什么名字？

（2）agə-O　nəigən　tulgilə　buda　ʤəwən.
　　 哥哥　经常　外面　饭　吃
　　 哥哥经常在外面吃饭。

满语句（1）和句（2）内，零结构类型的主格代词 ʃi "你" 和名词 agə "哥哥" 使用于句首，进而明确交代了句子动作行为的主体及句子叙述的对象。

2. 鄂温克语名词类词零结构类型的主格形态变化语法现象及其句中使用情况：

（1）bi-O　əri　inig　ʉrdʉ　juume.
　　 我　这　天　山　登
　　 我今天去登山。

（2）ahiŋ-O　moriŋ　ugutʃtʃi　ninisə.
　　 哥　马　骑　去
　　 哥哥骑着马去了。

以上鄂温克语例句（1）和（2）中，代词 bi"我"和名词 ahiŋ"哥"也是以零结构类型的主格形态变化语法现象出现于句首，从而阐明了句子动词 juume、ninisə 所陈述的动作行为"登""去"的主体。

从以上分析可以看出，阿尔泰语系语言名词类词的主格结构类型的名词类词，在绝大多数情况下使用于句首，或者是使用于接缀有领格形态变化语法词缀的定语后面。当然，也有出现于句中的一些实例。但是，属于零结构类型的主格形态变化语法现象的名词类词，不论位于句首还是句中，所要表达的都是句子动作行为的主体及句子所要叙述的对象。也就是说，该语系语言格范畴的主格形态变化语法现象均属于零结构类型，都没有约定俗成的形态变化语法词缀。

二 领格形态变化语法现象

阿尔泰语系语言的名词类词都有领格形态变化语法现象，且均用特定形态变化语法词缀来表现。如同前面的叙述，该语系语言的名词类词领格形态变化语法现象中均有由鼻辅音 n 开头的语法词缀。比如说，维吾尔语 -niŋ、哈萨克语 -nəŋ/-niŋ、蒙古语 -nu/-nʉ ~ -jin，达斡尔语有领格 *-ni＞-i ~ -ji、满语领格 -ni~-i、鄂温克语领格 -ni 等。那么，这些领格形态变化语法词缀，根据使用原理及元音和谐规律，分别接缀于不同语言的不同名词类词词根或词干后面，在语句中表示人或事物间存在的领属关系。它所表达的语法概念，相当于汉语的"的"字。在这里，还有必要指出的是，阿尔泰语系语言的句子里，领格形态变化语法词缀经常可以以连缀形式使用。也就是说，在句子中出现的两个或两个以上的名词类词后面，可以连续性地分别接缀领格形态变化语法词缀。比如说，蒙古语里就有 mi-ni aha-ni həl-ni dəgər baina "在我哥哥的腿上面"。该短句里，连续使用的代词 mi"我"和名词 aha"哥哥"及 həl"腿"后面，均分别接缀了领格形态变化语法词缀 -ni，从而构成 mini"我的"、ahani"哥哥的"、həlni"腿的"等，具有了格形态变化语法概念的三个名词类词。另外，由辅音 n 开头的领格形态变化语法词缀，接缀于由鼻辅音 n 或 ŋ 结尾的名词类词词根或词干后面时，词尾鼻辅音一般都要产生脱落现象。不过，也有直接接缀于词尾鼻辅音 n 或 ŋ 后面的一些实例。

（一）突厥语族语言名词类词的领格

1. 维吾尔语名词类词的领格形态变化语法词缀 -niŋ 句中使用情况：

（1）azad-niŋ ukisi muʃu mektep-niŋ okugutʃisi.
　　　阿扎提的 弟弟　这个　学校的　　学生
　　　阿扎提的弟弟是该校的学生。

（2）bu kitap men-niŋ ɵzem-niŋ kitawim.
　　　这　书　　我　的　自己的　　书
　　　这书是我自己的。

上两句内，名词 azad "阿扎提"、mektep "学校" 及代词 men "我"、ɵzem "自己" 后面，均接缀了领格形态变化语法词缀 -niŋ，进而构成 azadniŋ(azad-niŋ) "阿扎提的"、mektepniŋ (mektep-niŋ) "学校的" 及代词 meniŋ(men-niŋ) "我的"、ɵzemniŋ(ɵzem-niŋ) "自己的" 等，具有领格形态变化语法功能的名词类词。

2. 哈萨克语名词类词的领格形态变化语法词缀 -niŋ 与 -neŋ 句中使用情况：

（1）akem-niŋ dosə-nəŋ inisi-niŋ balasə okwʃə.
　　　爸爸的　　朋友的　　弟弟的　孩子　　学生
　　　我父亲的朋友的弟弟的孩子是学生。

（2）bul　kisi　omar-nəŋ　akesi, me(n)-niŋ　atam.
　　　这　人　吾买尔的　爸爸　我　的　爷爷
　　　这位是吾买尔的父亲，是我的爷爷。

例句（1）中连续使用的名词 akem、dosə、inisi 均各自接缀领格形态变化语法词缀 -niŋ，从而构成 akemniŋ(akem-niŋ) "爸爸的"、dosənəŋ(dosə-nəŋ) "朋友的"、inisiniŋ(inisi-niŋ) "弟弟的"等，表示领格形态变化语法概念的名词类词。例句（2）里，名词 omar "吾买尔"和代词 men "我"分别接缀了领格形态变化语法词缀 -nəŋ/-niŋ，构成具有领格形态变化语法功能的 omarnəŋ(omar-nəŋ) "吾买尔的"、meniŋ(me-niŋ) "我的"等名词类词。在哈萨克语里，除了 -niŋ 之外，还有与此配套的 -nəŋ ~ -dəŋ/-diŋ ~ -təŋ/-tiŋ 等领格形态变化语法词缀，并各自有约定俗成的使用原理和要求。其中，领格形态变化语法词缀 -niŋ/-nəŋ 接缀于由鼻辅音结尾的名词类词后，-dəŋ/-diŋ 接缀于由元音或鼻辅音之外的浊辅音结尾的名词类词后，-təŋ/-tiŋ 接缀于由清辅音结尾的名词类词后。

（二）蒙古语族语言名词类词的领格

1. 蒙古语名词类词的领格形态变化语法词缀 -ni、-nu、-jin 等句中使用情况：

（1）mi-ni　aha-jin　nom　bol　ta(n)-nu　iləgəgsən　nom　bolna.
　　　我的　哥哥的　书　是　您的　寄来的　书　成
　　　我哥哥的书是您寄来的。

（2）ʃi-ni　gər-ʉn　əgʉdə(n)-ʉn　əmʉnə　nohai　baina.
　　　你的　家里的　门　的　前面　狗　有
　　　你家门口有狗。

很显然，在上面的两个句子里出现的 mi"我"、ʃi"你"、tan"您"及其名词 aha"哥哥"、gər"家的"、əgʉdən"门的"等，根据元音和谐规律及使用原理，分别接缀了 -ni、-nu、-jin、-ʉn 等领格形态变化语法词缀。在此基础上，构成 mini(mi-ni)"我的"、ʃini(ʃi-ni)"你的"、tannu(tan-nu)"您"、ahajin(aha-jin)"哥哥的"、gərʉn(gər-ʉn)"家的"、əgʉdənnʉ(əgʉdən-ʉn)"门的"等包含有领格形态变化语法概念的名词类词。在这里，需要说明的是，这些由鼻辅音 n- 开头的领格形态变化语法词缀接缀于由鼻辅音 n 结尾的名词类词后面时，词尾鼻辅音 n 一般要出现脱落现象。另外，领格形态变化语法词缀 -ni 的使用率不断下降，取而代之的是 -jin 这一领格语法词缀。

2. 达斡尔语名词的类词领格形态变化语法词缀 -ni 及 -i 句中使用情况：

（1）ʃi-ni　　dawur　　nərʃiŋ　　ani?
　　　你的　　达斡尔　　名字　　什么
　　　你的达斡尔语名字叫什么？

（2）mi-ni　akamini　hukur-i　kərʤədə　warsən.
　　　我　的　哥哥　　牛的　　圈　　进了
　　　我哥哥进牛圈里了。

例句（1）和（2）内，代词 ʃi"你"和 mi"我"及名词 hukur"牛"等后面，分别接缀了领格形态变化语法词缀 -ni 与 -i，构成 ʃini(ʃi-ni)"你的"、mini(mi-ni)"我的"、hukuri(hukur-i)"牛的"等，表示领格形态变化语法概念的名词类词。不过，在现在的达斡尔语里，也跟现在的蒙古语一样，领格形态变化语法词缀 -ni 的使用率变得越来越低，取而代之的是领格形态变化语法词缀 -i 或 -ji。

（三）满通古斯语族语言名词类词的领格

1. 满语名词类词的领格形态变化语法词缀 -ni 句中使用情况：

（1）mə-ni wəjlərə ba giakə sain.
　　我们的 工作 地方 非常 好
　　我们工作的环境十分优美。

（2）bədʑi(n)-ni fulhian abdahe giake saikan.
　　北京的 红 叶 很 漂亮
　　北京的红叶很漂亮。

以上句子里，代词 mə"我们"和名词 bədʑin"北京"后面，接缀了领格形态变化语法词缀 -ni，构成 məni(mə-ni)"我们的"和 bədʑini(bədʑi-ni)"北京的"两个具有领格形态变化语法功能的名词类词。不过，由鼻辅音 n 或 ŋ 结尾的名词类词接缀 -ni 时，词尾鼻辅音要出现脱落现象。另外，满语还有 -i 这一领格形态变化语法词缀。

2. 鄂温克语名词类词的领格形态变化语法词缀 -ni 句中使用情况：

（1）ʉr-ni oroondu moo baraaŋ biʃiŋ.
　　山的 上面 树 多 有
　　山顶有许多树。

（2）sʉ-ni moriŋ muni moriŋ sʉt huriɡaŋdu biʃiŋ.
　　你们的 马 我们的 马 都 院子 在
　　你们的马和我们的马都在院子里。

例句（1）与（2）内，名词 ʉr"山"和代词 sʉ"你们"后面，同样接缀有领格形态变化语法词缀 -ni 的 ʉrni(ʉr-ni)和 sʉni(sʉ-ni)，表达了"山的"和"你们的"等领格形态变化语法概念。鄂温克语领格形态变化语法词缀 -ni，出现于由鼻辅音 n 或 ŋ 结尾的名词类词后面时，词尾鼻辅音同样出现脱落现象。

总而言之，阿尔泰语系的维吾尔语(-niŋ)、哈萨克语(-niŋ/-nəŋ 及 -dəŋ/-diŋ～-təŋ/-tiŋ)、蒙古语 (-ni～-nu/-nʉ 及-jin)、达斡尔语(-ni 及 -i～-ji)、满语(-ni～-i)、鄂温克语(-ni)均有领格形态变化语法现象，且都有约定俗成的形态变化语法词缀。根据分析，名词类词的领格形态变化语法词缀，在不同语言里均有很高的使用率。特别是，在名词和代词后面使用的现象十分突出。另外，在数词和形容词后面接缀领格形态变化语法词缀时，那些数词或形容词出现名词化现象，从而表现出与某人或某物密切相关的语义要素或内涵。比如说，鄂温克语的 toŋ-ni "五的"和 ulariŋ-ni "红的"，要表示的词义应为"五个（人或物）的"及"红（颜色）的"等。再者，就如上面的句子分析所说，由鼻辅音 n 或 ŋ 结尾的名词类词后面，接缀由 n 开头的领格形态变化语法词缀时，词尾鼻辅音一般都被省略。不过，由双唇鼻辅音 m 结尾的名词类词后面，接缀领格形态变化语法词缀时，词尾鼻辅音 m 基本上被保留下来。此外，领格形态变化语法词缀，在具体的某一个句子里，可以连续使用两次或两次以上。

三 位格形态变化语法现象

依据我们掌握的资料，阿尔泰语系语言均有位格形态变化语法现象。同时，都不同程度地使用位格形态变化语法词缀。比如说，维吾尔语的 -da/-de～-ta/-te、哈萨克语的 -da/-de～-ta/-te、蒙古语的 -du/-dʉ～-tu/-tʉ、达斡尔语的 -d～-də、满语的 -də、鄂温克语的 -du/-dʉ～-la/-lə 等。可以看出，这其中，除了满和达斡尔语之外，其他语言的位格形态变化语法词缀均有元音和谐规律。甚至，像维吾尔语、哈萨克语、蒙古语等位格形态变化语法词缀，还有词缀首辅音交替原理。另外，鄂温克语使用两套位格形态变化语法词缀。该语系语言，把这些位格形态变化语法词缀,根据使用原理分别接缀于不同的名词类词后面,表示人或事物所在位置、处所、地点等。

（一）突厥语族语言名词类词的位格

1. 维吾尔语名词类词的位格形态变化语法词缀 -da/-de 及 -ta/-te 在句中的使用实例：

（1）ular əji-de naʃti-da adette syt itʃidu.
　　他们 家 在 早餐 在 一般 奶子 喝
　　他们在早餐时一般都喝牛奶。

（2）kotʃaniŋ karʃi teripi-de aʃhana bar.
　　街道 对 面 在 饭馆 有
　　街道对面有餐馆。

（3）buniŋ-da bu jilniŋ kiʃ-ta kar jagdi.
　　这里 在 这 年 冬天在 雪 下了
　　在这里今年冬天下了雪。

不难看出,在以上三个句子里,位格形态变化语法词缀 –de、-da 及 -ta,根据使用要求和规定,分别接缀于名词 əji"家"、naʃti"早餐"、kiʃ"冬天"、terpi"方面"及代词 buniŋ"这里"等后面,构成 əjide(əji-de)、naʃtida(naʃti-da)、terpide(terpi-de)、buniŋda (buniŋ-da)、kiʃta(kiʃ-ta) 等具有位格形态变化语法功能的名词类词,进而表达了"在家""在早餐""在方面""在这里""在冬天"等词义。维吾尔语位格形态变化语法词缀 -da/-de 接缀于由元音或浊辅音结尾的名词类词后面,-ta/-te 则接缀于由浊辅音结尾的名词类词后面。另外,该语言的位格形态变化语法词缀,还可以用于表达造格形态变化语法概念。

2. 哈萨克语名词类词的位格形态变化语法词缀 -da/-de 及 -ta/-te 或 -nda/-nde 句中使用情况：

（1）bul bala bəjəl ʤeti ʤas-ta.
　　 这个 孩子 今年 七   岁   在
　　 这孩子今年7岁。

（2）apam   yj-de gyl ɵsirwdə ʤaksə kɵredi.
　　 奶奶   家在   花   养   好   看
　　 奶奶喜欢在家养花。

（3）biz   olardəŋ ʤatagə-nda aŋgimelestik.
　　 我们 他们   宿舍 在   聊天
　　 我们在他们宿舍聊天了。

例句（1）、（2）、（3）中，哈萨克语位格形态变化语法词缀 -ta、-de、-nda 分别接缀于名词 ʤas"岁数"、yj"家"、ʤatagə"宿舍"后面，构成 ʤasta(ʤas-ta)、yjde(yj-de)、ʤatagənda(ʤatagə-nda)位格形态变化语法功能的名词，表达了"在岁数""在家""在宿舍"等词义。在哈萨克语里，位格形态变化语法词缀 -da/-de ~ -ta/-te ~ -nda/-nde 均有严格的使用规范和要求，其中 -da/-de 接缀于由元音或浊辅音结尾的名词类词后面，-ta/-te 则接缀于由清辅音结尾的名词类词后面，而 -nda/-nde 专门用于接缀有领格人称形态变化语法词缀的名词类词。

（二）蒙古语族语言名词类词的位格

1. 蒙古语名词类词的位格形态变化语法词缀 -du/-dʉ 及 -tu/-tʉ 句中使用情况：

（1）tərə mini abdara-du hubtʃasu hibə.
　　 他   我的   箱子   在   衣服   装了
　　 他在我箱子里装了衣服。

（2）ənə huddug-tu olan mələhəi baina.
　　 这   井里   在   很多   青蛙   有
　　 这口井里有很多青蛙。

（3）batu gər-tʉ sonin ʉjəjʉ baina.
　　 巴图   在家   报纸   看   有
　　 巴图在家里看报纸。

蒙古语位格形态变化语法词缀 -du、-tu、-tʉ 在上述三个句子里，按使用要求分别接缀于名词 abdara "箱子"、huddug "井"、gər "家"后面，构成包含有位格形态变化语法概念的名词 abdaradu(abdara-du)、huddugtu(huddug-tu)、gərtʉ(gər-tʉ)，表达了"在箱子里""在井里""在家"等词义。那么，蒙古语的位格形态变化语法词缀 -du/-dʉ 要接缀有元音或辅音 l、m、n、ŋ 结尾的名词类词，而 -tu/-tʉ 则接缀于由其他辅音结尾的名词类词。再者，这些位格形态变化语法词缀，除了用于表达位格语法概念之外，还可以用于表示与格语法意义。

2. 达斡尔语名词类词的位格形态变化语法词缀 -də 句中使用情况：

（1）bi aagsan nantun-də ʃig bolsənbe.
　　 我   是   南屯   在   大   成
　　 我是在南屯长大。

（2）mani gərmani əməl ail-də bəi.
　　 我们   家   前   村 在   在
　　 我们在前村。

例句（1）和（2）内，达斡尔语位格形态变化语法词缀 -də 接缀于 nantun"南屯"、ail"村"后面，构成 ənantundə(nantun-də)"在南屯"、aildə(ail-də)"在家"两个包含有位格形态变化语法含义的名词。达斡尔语位格形态变化语法词缀 -də，可以接缀于由不同元音或辅音结尾的名词类词后面。另外，达斡尔语位格形态变化语法词缀 -də，也同蒙古语位格形态变化语法词缀一样，用于表达与格形态变化语法意义。另外，-də 也有被发音为 -d 的现象。

（三）满通古斯语族语言名词类词的位格

1. 满语名词类词的位格形态变化语法词缀 -də 句中使用情况：

（1）bo   faŋkil   bo-də   tem   bi.
　　 我们   平   房   在   住
　　 我们住在平房。

（2）mini   sakda   bo   orho   tala-də   bi.
　　 我   老   家   草原   在   有
　　 我老家在草原。

这两个短句里，满语位格形态变化语法词缀 -də 接缀于名词 bo"房子"、tala"原野"后面，构成 bodə(bo-də)"在房子"、taladə(tala-də)"在原野"具有位格形态变化语法概念的名词。满语位格形态变化语法词缀 -də，同达斡尔语位格 -də 相同，能够接缀于由不同元音或辅音结尾的名词类词后面，同样也用于表达与格形态变化语法意义。

2. 鄂温克语名词类词的位格形态变化语法词缀 -du/-dʉ 及 -la/-lə 等句中使用情况：

（1） mini　　ahiniwi　　ʤʉʉniŋ　　nantuŋ-du　　biʃiŋ.
　　　我的　　哥哥　　　家　　　　南屯　在　　　在
　　　我哥哥家在南屯。

（2） bi　ʤahuŋ　sag-la　əri　ʤʉʉ-dʉ　jʉʉme.
　　　我　　八　　　点在　这　　房子里　　住
　　　我在八点钟入住这个房间。

（3） əri　əggi-lə　əmʉŋ　totʃtʃi　biʃiŋ.
　　　这　下面在　　一　　　纽扣　　有
　　　在这下面有一粒纽扣。

鄂温克语位格形态变化语法词缀 -du/-dʉ 及 -la/-lə，先后接缀于上述三句里出现的名词 nantuŋ "南屯"、sag "时"、ʤʉʉ "房子"、əggi "下面" 后面，构成 nantuŋdu(nantuŋ-du) "南屯"、sagla(sag-la) "时"、ʤʉʉdʉ(ʤʉʉ-dʉ) "房子"、əggilə(əggi-lə) "下面" 等表示位格形态变化语法意义的名词。事实上，在阿尔泰语系语言内，鄂温克语名词类词的位格形态变化语法现象是最为复杂的系统之一。它的表现形式除了以上提到的 -du/-dʉ 及 -la/-lə 之外，还有 -lo/-lө 与 -da/-də/-do/-dө。其中，使用率最高的是 -la/-lə/-lo/-lө，而 -dala/-dələ/-dolo/-dөlө 等形态变化语法词缀含有强调语气，-du/-dʉ 原来是表示与格语法概念的形态变化语法词缀，但也经常用于表达位格语法意义。其实，阿尔泰语系语言名词类词的位格和与格形态变化语法词缀，都能够相互表达彼此的语法概念。甚至在一些语言里位格和与格形态变化语法词缀只有一种，或者说只有一套，只是在不同的语句里分别表示位格或与格语法意义。那么，鄂温克语的那些有元音和谐现象的位格形态变化语法词缀，在使用时要严格遵循该语言的元音和谐规律，分别接缀于由不同元音构成的名词类词后面。另外，鄂温克语里还有 -li 及 -duli/-dʉli 等表示不定位格语法概念的词缀系统。

通过以上分析，使我们比较清楚地了解到，阿尔泰语系语言均有位格形态变化语法现象，同时均用约定俗成的形态变化语法词缀来表现。比如说，维吾尔语有 -da/-de ~ -ta/-te、哈萨克语有 -da/-de ~ -ta/-te ~ -nda/-nde、蒙古语有 -du/-dʉ ~ -tu/-tʉ、达斡尔语和满语有 -də、鄂温克语有 -du/-dʉ ~ -la/-lə/-lo/-lɵ ~ -dala/-dələ/-dolo/-dɵlɵ 等。其中，（1）除了达斡尔语和满语位格形态变化语法词缀之外，其他语言的位格形态变化语法词缀均有不同程度的元音和谐现象；（2）维吾尔语、哈萨克语、蒙古语等的位格形态变化语法词缀还有词缀首辅音交替现象，从而形成两套或两套以上位格形态变化语法词缀；（3）位格形态变化语法词缀几乎都可以同时有与格、造格等形态变化现象的语法概念；（4）鄂温克语还有不定位格形态变化语法词缀；（5）阿尔泰语系语言名词类词位格形态变化语法词缀的弱化现象，乃至语音脱落现象比较普遍，且越来越严重。

四 宾格形态变化语法现象

名词类词的格形态变化语法范畴里，宾格也是一个不可或缺的重要语法手段。毫无疑问，在每一个语言中，都在使用宾格形态变化语法词缀，以此来表示动作行为之支配对象，或阐述与某一动作行为相关的人或事物。比如说，维吾尔语的 -ni、哈萨克语的 -nə/-ni ~ -də/-di ~ -tə/-ti、蒙古语的 -gi ~ -i、达斡尔语的 -i ~ -ji、满语的 -bə、鄂温克语的 -ba/-bə/-bo/-bɵ/-bu/-bʉ ~ -wa/-wə/-wo/-wɵ/-wu/-wʉ 等。可以看出，像维吾尔语的 -ni、满语的 -bə、蒙古语的 -gi ~ -i、达斡尔语的 -i ~ -ji 等的宾格形态变化语法现象比较简单，也没有元音和谐现象。相比之下，哈萨克语的 -nə/-ni ~ -də/-di ~ -tə/-ti，以及鄂温克语的 -ba/-bə/-bo/-bɵ/-bu/-bʉ ~ -wa/-wə/-wo/-wɵ/-wu/-wʉ 等宾格形态变化语法词缀比较复杂，不仅有元音和谐规律，还有词缀首辅音交替原理。

（一）突厥语族语言名词类词的宾格

1. 维吾尔语名词类词的宾格形态变化语法词缀 -ni 句中使用情况：

（1）u　bali-ni　jeslige　apirip　kojdi.
　　 她　孩子把　幼儿园　送去　　是
　　 她把孩子送到了幼儿园。

（2）men　bygyn　bejdʒi(n)-ni　kərdyk.
　　 我　　今天　　北京　把　　见到
　　 我今天看到了北京。

在例句（1）和（2）里，维吾尔语名词类词宾格形态变化语法词缀 -ni，先后接缀于名词 bali "孩子"、bejdʒin "北京" 后面，构成 balini(bali-ni) "把孩子"、bejdʒi(n)ni(bejdʒi-ni) "把北京" 等具有宾格形态变化语法概念的名词。可以看出，维吾尔语名词类词的宾格形态变化语法现象比较简单，只有 -ni 这一表现形式，所以不受元音和谐规律及词首辅音交替原理等方面的制约，自由使用于有不同元音和辅音构成的名词类词后面。不过,出现于由鼻辅音 n 或 ŋ 结尾的名词类词时，词尾鼻辅音一般都要被省略。

2. 哈萨克语名词类词的宾格形态变化语法词缀 -nə/-ni~-də/-di~-tə/-ti 等句中使用情况：

（1）yʃtem　eki-ni　alsa　bir　kaladə.
　　 三　　 二把　 拿下　一　 剩下
　　 三减二等于一。

（2）beske　bes-ti　kossa　on　boladə.
　　　五　　　五把　　加　　十　　成为
　　五加五等于十。

（3）biz　otanəməz-də　syjemiz.
　　我们　　祖国把　　　爱
　　我们爱祖国。

在以上三个句子里，宾格形态变化语法词缀 -ni、-ti、-də 分别接缀于数词 eki"二"和 bes"五"及名词 otanəməz"祖国"后面，构成 ekini(eki-ni)、besti(bes-ti)、otanəməzdə(otanəməz -də)等具有宾格形态变化语法现象的数词和名词，进而表达了"把二""把五""把祖国"等词义。那么，根据这三套形态变化语法词缀的使用原理，-ni/-nə 接缀于由鼻辅音结尾的名词类词后，-də/-di 则接缀于由元音或鼻辅音之外的浊辅音结尾的名词类词后，-tə/-ti 要接缀于由清辅音结尾的名词类词等后面。

（二）蒙古语族语言名词类词的宾格

1. 蒙古语名词类词的宾格形态变化语法词缀 -gi~-i 等句中使用情况：

（1）həmʉn-i　bitəgəi　ʉiməgʉltʃihə.
　　　人把　　　不要　　　　打扰
　　请不要打扰别人。

（2）abu　hʉʉjin　malagai-gi　əmʉsgəbə.
　　爸爸　儿子　　帽子把　　　穿
　　父亲给儿子戴上了帽子。

（3）bi aha-gi nisgəlun gadʒardu hʉrgəbə.
　　　我　哥把　飞机　　场　　　送了
　　我把哥哥送到了机场。

宾格形态变化语法词缀 -gi 或 -i 在上述三个句子里，前后接缀于名词 həmʉn "人"、malagai "帽子"、aha "哥哥"后面，构成具有宾格形态变化语法概念的 həmʉni(həmʉn-i)、malagaigi(malagai-gi)、ahagi(aha-gi)等名词。根据使用原理，宾格形态变化语法词缀 -gi 要接缀于由辅音结尾的名词类词后，而 -i 则接缀于由元音结尾的名词类词后面。很显然，这其中 -i 是 -gi 的一种演变形式。另外，蒙古语口语里，宾格形态变化语法词缀 -gi 也有发音成 -ji 的现象。

2. 达斡尔语名词类词的宾格形态变化语法词缀 -ji～-i 句中使用情况：

（1）tər　kuu-ji　ʃi　əndə　daodar　atʃirə.
　　　那　人把　你　这儿　　叫　　拿来
　　你把那个人叫到这里来。

（2）aka　ʃi　tər　hukur-i　ən　kərdʒədə　warga.
　　　哥　你　这　牛把　　这　牛圈　　　赶进
　　哥你把这头牛赶进这个牛圈里。

宾格形态变化语法词缀 -ji 在例句（1）内接缀于名词 kuu 后，形成 kuuji(kuu-ji) "把人"之含有宾格形态变化语法现象的名词。在例句（2）中，宾格形态变化语法词缀 -i 使用于名词 hukur 的后面，构成 hukuri(hukur-i) "把牛"这一具有宾格形态变化语法概念的名词。依据使用要求，达斡尔语宾格形态变化语法词缀 -ji 接缀由辅音结尾的名词类词后，而 -i 则接缀由元音结尾的名词类词后面。

（三）满通古斯语族语言名词类词的宾格

1. 满语名词类词的宾格形态变化语法词缀 -bə 句中使用情况：

（1）əniə　non-bə　tatʃikudə　bənənhə.
　　 妈　 妹把　 学校　　 送到了
　　 妈妈把妹妹送到了学校。

（2）ʃi　minidə　tərə　əmu　ətuku-bə　gam　bukə.
　　 你　我的　 那　 一　 衣服把　 拿　 给
　　 请你把那件衣服拿给我。

满语名词类词的宾格形态变化语法现象比较简单，只使用 -bə 这一语法词缀，在使用上不受元音和谐规律等方面的影响，在上述两个句子里，-bə 分别接缀于名词 non"姐姐"和 ətuku"衣服"后面，形成 non-bə(nonbə)、ətukubə(ətuku-bə) 等带有宾格形态变化语法现象的名词，进而表达了"把姐姐""把衣服"等含有宾格语法概念的名词词义。

2. 鄂温克语名词类词的宾格形态变化语法词缀 -ba/-bə 及 -wa/-wə 等句中使用情况：

（1）ahiŋbi　tari　nisuhuŋ　hashaŋ-ba　minidu　buusə.
　　 哥　　 那　 小　　 狗崽把　　 我　　 给了
　　 哥哥把那条小狗崽儿给了我。

（2）ʃi　tari　taŋgur　uhuŋtʃi　see-wa　imiha.
　　 你　那　 碗　　 奶子　　茶把　 喝吧
　　 你把那碗奶茶喝了吧。

在例句（1）与（2）中，鄂温克语宾格形态变化语法词缀 -ba 和 -wa，根据元音和谐规律先后接缀于名词 hashaŋ "狗崽"、see "茶"后面，构成 hashaŋba(hashaŋ-ba) "把狗崽"、seewa(see-wa) "把茶"等，具有宾格形态变化语法概念的名词。说实话，鄂温克语名词类词宾格形态变化语法现象，属于一个相当复杂而严谨的语法结构系统。资料表明，该语言有 ba/-bə/-bo/-bɵ/-bu/-bʉ 以及 -wa/-wə/-wo/-wɵ/-wu/-wʉ 两套共 12 个宾格形态变化语法词缀。其中，不仅有元音和谐现象，还有词首辅音交替内容，由此可以想象使用方面的复杂性。按规定和要求，以辅音 b 开头的宾格形态变化语法词缀 -ba/-bə/-bo/-bɵ/-bu/-bʉ 接缀于由鼻辅音 m、n、ŋ 结尾的名词类词后，而以辅音 w 为首的宾格形态变化语法词缀 -wa/-wə/-wo/-wɵ/-wu/-wʉ 则接缀鼻辅音之外的辅音或元音结尾的名词类词后。另外，以短元音 a、ə、o、ɵ、u、ʉ 为主构成的宾格形态变化语法词缀 -ba～-wa、-bə～-wə、-bo～-wo、-bɵ～-wɵ、-bu～-wu、-bʉ～-wʉ 等要严格遵循鄂温克语元音和谐规律，分别接缀于由短元音 a、ə、o、ɵ、u、ʉ 为主构成的名词类词后面。然而，该语言的宾格形态变化语法现象的复杂性并未到此结束。在鄂温克语专家看来，我们在这里所说的宾格形态变化语法现象属于确定宾格范畴，除此之外，该语言的名词类词还使用不确定宾格(-a/-ə/-o/-ɵ/-u/-ʉ～-ja/-jə/-jo/-jɵ/-ju/-jʉ)，以及反身宾格(-wi/-bi)形态变化语法词缀，进而表示不确定性质和反身性质的格形态变化语法概念。

总之，（1）阿尔泰语系语言名词类词的宾格形态变化语法现象，在不同语言里所表现出的语法词缀有所不同；（2）尽管如此，在语音结构类型上，不同语族语言内部还是显示出一定的共性。就以前面的分析来看，突厥语族的维吾尔语和哈萨克语都有 -ni、蒙古语族的蒙古语和达斡尔语均使用 *-gi＞-ji＞-i，满通古斯语族的满语和鄂温克语也都有 -ba＞-bə 等。有意思的是，农区鄂温克语里也有用 -ji、-i 表示宾格形态变化语法现象的情况；（3）维吾尔语、蒙古语、达斡尔语、满语宾格形态变化语法词缀不存在元音和谐等现象，哈萨克语和鄂温克语宾格形态变化语法词缀同时具有元音和谐及词首辅音交替现象；（4）该语系语言的宾格形态变化语法词缀可以在句中连续使用；（5）鄂温克语宾格形态变化语法现象内部分有确定宾格、不确定宾格、反身宾格等。

五 造格形态变化语法现象

阿尔泰语系语言都有造格形态变化语法现象，同样均有各自相关且有所不同的表现形式。比如说，维吾尔语有 -da/-de ~ -ta/-te、哈萨克语有 -men/-pen/-ben、蒙古语有 -ijar/ -ijər ~ -bar/-bər、达斡尔语有 -aar/-ǝər、满语有 -ni/-i ~ -də、鄂温克语有 -dʒi 等。这些造格形态变化语法现象有的有元音和谐规律，有的有词首辅音交替原理，有的同时具有元音和谐和词首辅音交替双重结构性特征。所以 具体使用时要根据各自不同结构特征及要求，分别接缀于不同名词类词后面，从而表示"用"这一造格形态变化语法概念。

（一）突厥语族语言名词类词的造格

1. 维吾尔语名词类词的造格形态变化语法词缀 -da/-de 及 -ta/-te 句中使用情况：

（1）men   kelem-de   het   jazdim.
　　 我　　 笔　　 用　 字　　 写了
　　 我用笔写了字。

（2）biz   bygyn   aptobus-ta   kelduk.
　　 我们　 今天　　 公交车　用　 来
　　 我们今天乘公交车来的。

维吾尔语位格造格形态变化语法词缀 -de 和 -ta 根据使用原理，先后接缀于例句（1）和（2）中出现的名词 kelem "笔"、aptobus "公交车"后面，构成 kelemde(kelem-de) "用笔"、aptobusta(aptobus-ta) "用公交车"等具有造格形态变化语法概念的名词。那么，按规定和要求，-da/-de 基本上接缀于由元音或浊辅音结尾的名词类词后面，-ta/-te 则接缀于由清辅音结尾的名词类词后面。其实，对于维吾尔语的这两套形态变化语法词缀，我们并不感到陌生，在前面分析位格形态变化语法词缀时也见过 -da/-de 及 -ta/-te。由此，我们认为，这些语法词缀应该是双重功能作用的产物，在不同语言环境和话语结构中，可以分别表达位格和造格语法概念。其实，类似的语法现象，在蒙古语族语言及满通古斯语族语言内也有出现。比如说，蒙古语的 aha-du hilgə "用哥哥做"或"让哥哥做"里，就是借用位格形态变化语法词缀 -du，表达了造格语法意义；鄂温克语中 ta-du oohoŋko "用他做""让他做"等中的位格形态变化语法词缀 -du，同样表现出了造格语法概念。但是，位格形态变化语法词缀的这种用法，在蒙古语族语言或满通古斯语族语言内都比较少见。尽管如此，它们在这一点上，同突厥语族的维吾尔语保持了一定程度的共性。也提示我们从另一个角度去考虑蒙古语族语言和满通古斯语族语言造格的表现手段，以及造格和位格的形态变化语法词缀间存在的错综复杂的使用关系。

2. 哈萨克语名词类词的造格形态变化语法词缀 -men/-pen/-ben 句中使用情况：

（1）men keʃe taŋerten at-pen keldim.
　　　我　昨天　早晨　　马　用　来我
　　　我昨天早晨骑马来的。

（2）erteŋ biz ʤurtəməzga pojez-ben baraməz.
　　　明天　我们　家乡　　　　火车　乘　去我们
　　　我们大家明天乘火车去家乡。

（3）ol kisi agaʃtə balta-men ʃapkiladə.
　　　那　人　木头　斧子用　　劈
　　　那个人用斧子劈木头。

在例句（1）至（3）里，哈萨克语造格形态变化语法词缀 -pen、-ben、-men 按使用要求，分别接缀于名词 at"马"、pojez"火车"、balta"斧子"后面，构成 atpen(at-pen)"用马"、pojezben(pojez-ben)"用火车"、baltamen(balta-men)"用斧子"等含有造格形态变化语法内涵的名词。那么，根据使用规定，造格形态变化语法词缀 -pen 接缀于由清辅音结尾的名词类词后，-ben 则是用于有浊辅音 ʤ 或 z 结尾的名词类词后，还有元音及浊辅音 ʤ 或 z 之外的浊辅音结尾的名词类词后面接缀 -men 的现象。有意思的是，哈萨克语的这些造格形态变化语法词缀，不仅同维吾尔语名词类词的造格形态变化语法现象不相一致，似乎也跟阿尔泰语系其他语言的造格表现形式没有什么关系，它们是独立性很强的一套语法词缀。

（二）蒙古语族语言名词类词的造格

1. 蒙古语名词类词的造格形态变化语法词缀 -ijar/-ijər 及 -bar/-bər 句中使用情况：

（1）aha　　ənə　ədur　morin　tərgə-bər　irəjəi.
　　　哥　　这　天　　马　　车用　　来的
　　　今天哥哥用（乘坐）马车来的。

（2）bi　ənə　nomi　moŋgol　bitʃig-ijar　bitʃibə.
　　 我　这　书　　蒙　文　用　　　　写了
　　 我用蒙文写了这本书。

显而易见，在上面的两个例句内出现的名词 tərgə"车"及 bitʃig"文字"中，分别接缀了造格形态变化语法词缀 -bər 与 -ijar，构成 tərgəbər(tərgə-bər)"用车"及 bitʃigijar (bitʃig- ijar)"用文字"等，表现有造格形态变化语法概念的名词。根据使用原理，蒙古语造格形态变化语法词缀 -ijar/-ijər 接缀于由辅音结尾的名词类词后，-bar/-bər 则接缀于由元音结尾的名词类词后。与此同时，-ijar 和 -bar 用于阳性元音结构类型的名词类词，-ijər 与 -bər 用于阴性元音结构类型的名词类词。

2. 达斡尔语名词类词的造格形态变化语法词缀 -aar 和 -əər 句中使用情况：

（1）atʃamin modi gal-aar buda kiisən.
　　　父亲　　木柴　火用　　饭　　做了
　　　父亲用柴火做了饭。

（2）tər ku əus-əər madan nandakən gər kiisən.
　　　那　人　草用　　非常　　漂亮的　　房子　搭建了
　　　那个人用草搭建了非常漂亮的房子。

例句（1）和（2）里，也是依据元音和谐规律，将达斡尔语名词类词的造格形态变化语法词缀 -aar 与 -əər 接缀于名词 gal"火"与 əus"草"后面，构成 galaar(gal-aar)"用火"、əusəər(əus-əər)"用草"等具有造格形态变化语法意义的名词。其实，达斡尔语名词类词的造格形态变化语法词缀 -aar 与 -əər，同蒙古语的造格形态变化语法词缀 -ijar 和 -ijər 属于同根同源。

（三）满通古斯语族语言名词类词的造格

1. 满语名词类词的造格形态变化语法词缀 -i、-ni 及 -də 句中使用情况：

（1）tərə niame ərə mobə sʉhə-i satʃiha.
　　　那　　人　　这　　树把　斧子用　砍了
　　　那个人用斧子砍了这棵树。

（2）bə tərə niameni kəʃi-də itʃəkin bobə gahə.
　　我们 那 人的 福用 新 房子 买了
　　我们托他的福买到了新房子。

这里所说的满语名词类词的造格形态变化语法词缀 -ni 与 -i，同样属于领格形态变化语法范畴。在前面，我们从领格形态变化现象的角度，分析过这两个语法词缀的使用情况。其实，在其语音结构类型及其词缀的使用关系等方面，领格和造格形态变化语法词缀 -ni 与 -i 没有什么区别性特征，只是根据语言表达内容的不同，语句结构关系的不相一致，它们可以在不同语句结构中分别表达造格和领格语法概念。就如上例所示，接缀于名词 kəʃi "福气" 后面的形态变化语法词缀 -də，表现出了 "用福气" 之造格形态变化现象的语法概念。有意思的是，形态变化语法词缀 -də 同样可以表示位格语法概念。所以，一些满语专家把 -də 解释为位造格，也就是具有位格和造格双重语法功能的形态变化现象。

2. 鄂温克语名词类词的造格形态变化语法词缀 -ʤi 句中使用情况：

（1）bi moriŋ təggəəŋ-ʤi imiŋ doodu ninisʉ.
　　我 马 车 用 伊敏 河 去了
　　我用马车去了伊敏河畔。

（2）əhiŋbi immi-ʤi təggətʃʃi saŋaanaʤiraŋ.
　　姐姐 针用 衣服 缝补
　　姐姐正在用针缝补衣服。

上述两句内，鄂温克造格形态变化语法词缀 -ʤi，分别接缀于名词 təggəəŋ "车" 与 immi "针" 后面，构成 təggəəŋʤi(təggəəŋ-ʤi) "用车"、immiʤi(immi-ʤi) "用针" 两个具有造格形态变化语法关系的名词。

以上分析说明：（1）阿尔泰语系语言均有造格形态变化语法现象，且均用形态变化语法词缀来表达其语法概念；（2）维吾尔语和蒙古语的造格形态变化语法词缀，有元音和谐及词缀首辅音交替现象，哈萨克语和达斡尔语的造格形态变化语法词缀，各自具有词缀首辅音交替或元音和谐现象；（3）维吾尔语造格形态变化语法词缀 -da/-de～-ta/-te 具有造格和位格双重语法功能，满语造格形态变化语法词缀 -ni/-i 及 -də，同时可以分别用于表达领格或位格语法概念；（4）蒙古语族蒙古和达斡尔语造格形态变化语法词缀也有 -ijar＞-iar＞-aar 及 -ijər＞-iər＞-əər 等语音演变关系。除此之外，像突厥语族语言和满通古斯语族语言的造格形态变化语法现象，在语音结构类型上似乎没有太大渊源关系。

六 从格形态变化语法现象

我们掌握的资料表明，阿尔泰系语言名词类词的格形态变化语法范畴，虽然也都有从格形态变化语法现象，但基本上都同比格形态变化语法概念相提并论。也就是说，这些语言的从格形态变化语法词缀，同样属于比格形态变化语法词缀。比如说，维吾尔语的 -din/-tin，哈萨克语的 -dan/-den～-tan/-ten～-nan/-nen，蒙古语的 -atʃa/-ətʃə，达斡尔语的 -aas/-əəs，满语的 -tʃi～-dəri 以及鄂温克语的 -dihi 都属于从格形态变化语法词缀。同时，它们都具有从格和比格双重语法功能和作用。在这里，主要分析这些形态变化语法词缀的从格语法功能，顺便简要介绍其比格语法关系。另外，可以看出，突厥语族哈萨克语从格形态变化语法现象，在语音结构类型上表现出一定的复杂性，具有元音和谐和词缀首辅音交替现象。维吾尔语从格形态变化语法词缀，只有词缀首辅音交替现象。然而，蒙古语族的蒙古语及达斡尔语从格形态变化语法词缀，只有元音和谐现象。相比之下，满通古斯语族的满语和鄂温克语的从格形态变化语法词缀的语音结构比较简单，不受元音和谐和词缀首辅音交替现象等方面的约束，自由使用于不同名词类词后面。

（一）突厥语族语言名词类词的从格

1. 维吾尔语名词类词的从格形态变化语法词缀 -din/-tin 句中使用情况：

（1）atam   bazar-din   kajtip   keldi.
　　 爷爷   集市 从   回   来了
　　 爷爷从巴扎上回来了。

（2）mektep-tin   ɵjiŋge   kantʃilik   wakit   ketidu?
　　 学校   从   家   多少   时间   需要
　　 你从学校到家里需要多长时间？

可以看出，以上例句（1）和（2）中，维吾尔语有从格形态变化语法词缀 -din 和 -tin 先后接缀于名词 bazar "市场"、mektep "学校" 后面，构成 bazardin(bazar-din) "从市场"、mekteptin(mektep-tin) "从学校" 等带有从格形态变化语法词缀的名词。根据使用规定，-din 基本上接缀于由元音或浊辅音结尾的名词类词后，-tin 则接缀于由清辅音结尾的名词类词后面。再者，形态变化语法词缀 -din 和 -tin 也可以用于表示比格语法概念。比如说，beʃ tɵt-tin kɵp "五比四多"，bu u-niŋ jahʃi "这个比那个好！" 等。毫无疑问，在这两个短句里，-din 和 -tin 所表达的是比格形态变化语法概念，

2. 哈萨克语名词类词的从格形态变化语法词缀 -dan/-den 和 -tan/-ten 及 -nan/-nen 句中使用情况：

（1）meniŋ   atam   bazar-dan   kajtəp   keldi.
　　 我的   爷爷   市场 从   回   来了
　　 我爷爷从市场回来了。

（2）akeŋ   kizmet-ten   kajtəp   keldi   me?
　　 父亲   工作   从   回   来了   吗
　　 你父亲下班了吗？（你父亲从工作的地方回来了吗？）

（3）ol bejʤiŋ-nen kulʤaga kajtəp keldi.
　　　他　北京　从　　伊宁　　　回　　来
　　　他从北京回到了伊宁。

在这三个句子里，哈萨克语从格形态变化语法词缀 -dan、-ten、-nen，根据元音和谐规律及词首辅音交替原理，分别接缀于名词 bazar"市场"、kizmet"工作"、bejʤiŋ"北京"的后面，构成 bazardan(bazar-dan) "从市场"、kizmetten(kizmet-ten) "从工作"、bejʤiŋnen(bejʤiŋ-nen) "从北京"等具有从格形态变化语法功能的名词。另外，格形态变化语法词缀 -dan/-den 和 -tan/-ten 及 -nan/-nen 在句中使用时，还可以表示比格语法概念。比如说，men askar-dan bijikpin "我比阿斯卡尔高"，kulʤa korkas-tan ʤakən "伊宁比霍城近"，altaj yrimʤi-den suwək "阿勒泰比乌鲁木齐冷"。显而易见，这三个短句里的 -dan、-tan、-den 都表达了"比"这一比格形态变化语法意义。

（二）蒙古语族语言名词类词的从格

1. 蒙古语名词类词的从格形态变化语法词缀 -atʃa/-ətʃə 句中使用情况：

（1）mini aha sajihan gadana-atʃa orohu irəbə.
　　　我　　哥　　刚刚　　外边　从　　　进　　　来
　　　我哥哥刚刚从外面进来。

（2）tərə hʉmʉn gagtʃagar gər-ətʃə alhugad garba.
　　　那　　人　　　独自　　屋子 从　　走　　　出去
　　　那个人从屋子里独自走了出去。

蒙古语从格形态变化语法词缀 -atʃa 与 -ətʃə，在上面的两个句子里，根据元音和谐原理，先后接缀于名词 gadana "外面" 和 gər "屋子" 后面，构成

gadanaatʃa(gadana-atʃa)"从外面"、gərətʃə(gər-ətʃə)"从屋子"等，进而表达了从格形态变化语法意义。不过，蒙古语口语里，从格形态变化语法词缀 -atʃa 与 -ətʃə 几乎都被发音成 -aas 或 -əəs。比如说，将 gadanaatʃa(gadana-atʃa)"从外面"、gərətʃə(gər-ətʃə)"从屋子"、galatʃa(gal-atʃa)"从火里"、əmətʃə(əm-atʃə)"从药"等，都会被发音成 gadanaas(gadan-aas)、gərəəs(gər-əəs)、galaas(gal-aas)、əməəs(əm-əəs)等。甚至，受元音和谐规律的影响，还会出现 -oos 及 -өөs 之类的从格形态变化语法词缀。比如说，把 golatʃa(gol-atʃa)"从河里"、hөlətʃə(hөl-ətʃə)"从脚"等，蒙古语口语中要发音成 goloos(gol-oos)、hөlөөs(hөl-өөs)等。在这里，需要指出的是，发生音变后的从格形态变化语法词缀 -aas/-əəs/-oos/-өөs 等接缀于由元音结尾的名词类词后时，词尾元音基本上都要出现脱落现象。与此同时，该语言里，从格形态变化语法词缀 -atʃa 与 -ətʃə，同样用于表达比格语法概念。比如说，aha nada-atʃa hʉtʃʉtəi "哥哥比我有力"、ənə tərə-ətʃə sain "这比那个好"等。毋庸置疑，这两句内名词 nada "哥哥" 和代词 tərə "那个" 后面使用的 -atʃa 与 -ətʃə 均表示了比格形态变化语法意义。

2. 达斡尔语名词类词的从格形态变化语法词缀 -aas/-əəs 句中使用情况：

（1）sukə ən udur aol-aas booʤi irsən.
　　　苏克 这 天　山从　下　　来
　　　苏克今天从山上下来了。

（2）ʃi buni udur gər-əəs tatʃkudə itʃuʃi jə?
　　　你 明天 天　家从　学校 去　吗
　　　你明天从家去学校吗？

在例句（1）及（2）内，达斡尔语名词类词的从格形态变化语法词缀 -aas 和 -əəs，分别接缀于名词 aol "山" 与 gər "家" 后面，构成 aolaas(aol-aas)

"从山上"、gərəəs(gər-əəs)"从家里"等含有从格形态变化语法意义的名词。那么，依据元音和谐规律，达斡尔语的从格形态变化语法词缀 -aas 接缀于由阳性元音为主构成的名词类词后，而 -əəs 则接缀于由阴性元音或中性元音构成的名词类词后。再者，-aas 和 -əəs 用于由元音结尾的名词类词时，词尾元音都要产生脱落现象。另外，从格形态变化语法词缀 -aas 和 -əəs，也可以用于表达比格语法概念。比如说，əkə aka-aar ʃigə "姐姐比哥哥大"，ʃi tər-əəs targunʃi "你比他胖"等短句里，aka-aar＞akaar "比哥哥" 及 tər-əəs＞tərəəs "比他"的格形态变化语法词缀 -aar 和 -əəs，均表达了比格形态变化语法概念。

（三）满通古斯语族语言名词类词的从格

1. 满语名词类词的从格形态变化语法词缀 -dəri 及 -tʃi 句中使用情况：

（1）ʃi bo-dəri tatʃiku ʤabka ʉdʉ ərin baitaləm no？
     你 家   从   学校   直到   多少 时间   需要   呢
     你从家里到学校需要多长时间？

（2）hantʃiki-tʃi gorokidə iʃinambi, dorgi-tʃi tʉlərgidə hafʉnambi.
     近处   从   远处   到，   中心 从 外围   到
     从近到远，从中心到外围。

以上例句内，满语从格形态变化语法词缀 dəri 和 -tʃi，先后接缀于名词 bo "家"、hantʃiki "近处"、dorgi "中心"后面，进而构成 bodəri(bo-dəri) "从家"、hantʃikitʃi(hantʃiki-tʃi) "从近处"、dorgitʃi(dorgi-tʃi) "从中心"等含有从格形态变化语法意义的名词。同时，从格形态变化语法词缀 dəri 和 -tʃi 也属于比格形态变化语法词缀。比如说，əjʉn non-tʃi tʉrga "姐姐比妹妹瘦"，ʉtʃə fa-dəri amba "门比窗户大"等短句里，名词 non "妹妹" 和 fa "窗户"后面使用的 -tʃi 和 -dəri 都表达了比格语法概念。

2. 鄂温克语名词类词的从格形态变化语法词缀 -dihi 句中使用情况：

（1） aʃitʃtʃaŋ　　saŋaal-dihi　　juutʃtʃi　　əthəhi　　tathahi　　iʃirəŋ.
　　　老鼠　　　洞　　从　　　出来　　　这面　　那面　　看
　　　老鼠从洞里爬出来后总是东张西望。

（2） nəhʉŋbi　　nəəhi-dihi　　tihitʃtʃi　　bəldiirwi　　hoŋtʃotso.
　　　弟弟　　　河岸　　从　　摔　　　　腿　　　　　折断了
　　　我弟弟从河岸上摔下来折断了腿。

可以看出，上例中名词 saŋaal "洞" 及 nəəhi "河岸" 都接缀有从格形态变化语法词缀-dihi，并构成具有从格语法概念的名词 saŋaal-dihi(saŋaal-dihi) "从洞"、nəəhi-dihi (nəəhi-dihi) "从河岸" 等。鄂温克语里，虽然有表示比格语法概念的专用词缀 -thi，但也会用从格形态变化语法词缀 -dihi 表达比格语法意义的现象。比如说，əri tari-dihi aja "这比那好"，aha əhiŋ-dihi bʉggʉ "哥哥比姐姐胖" 等短句内，代词 tari "那" 和 əhiŋ "姐姐" 后面使用的 -dihi 都表达了比格形态变化语法概念。

分析表明，阿尔泰语系语言：（1）都有从格形态变化语法现象，且有约定俗成的形态变化语法词缀；（2）从格形态变化语法现象，同时均可以用于比格语法概念。也就是说，这些语言的从格形态变化语法词缀，具备从格和比格双重语法功能和作用；（3）可以说，维吾尔语和哈萨克语及鄂温克语从格形态变化语法现象，包括满语的从格形态变化语法词缀 -dəri 等存在一定相关性和内在联系。再者，蒙古语和达斡尔语的从格形态变化语法现象及满语的从格形态变化语法词缀 -tʃi 之间同样存在一定相关性及内在系；（4）从语音结构类型及其使用关系来看，在从格形态变化语法词缀的语音结构上最复杂的是哈萨克语，其复杂性同样体现在本身具有的元音和谐及词缀首辅音交替现象方面。另外，蒙古语和达斡尔语及维吾尔语，均有元音和谐现象或词缀首辅音交替现象。像鄂温克语和满语的从格形态变化语法现象比较简单，既没有元音和谐现象也无词缀首辅音交替现象；（5）蒙古语从格形态变化语法现象 -atʃa 或 -ətʃə，在具体语言中基本上演化为 -aas 或 -əəs 等词缀结构类型。

通过以上比较研究，我们认识到，一是阿尔泰语系语言均有主格、领格、位格、宾格、造格、从格六个格形态变化语法现象。二是，除主格以外的其他五个格形态变化语法现象，都用约定俗成的形态变化语法词缀来表现。三是，在上面讨论的格形态变化语法现象中，占 36% 的语法词缀既无元音和谐现象也无词缀首辅音交替内容，占 33% 的语法词缀有词缀首辅音交替原理，占 31% 的语法词缀有元音和谐规律。四是，相比之下，哈萨克语和鄂温克语格形态变化语法现象的语音结构类型比较复杂，其次是维吾尔语和蒙古语的格形态变化语法词缀的语音结构形式，像满语和达斡尔语的格形态变化现象之语音形式相对简单。五是，存在同一个结构类型的形态变化语法词缀，同时表示两个不同格形态变化语法概念的现象。也就是说，该语系语言里有双重语法功能的格形态变化语法词缀。六是，不同语族语言内部格形态变化语法现象比较一致，或者说共性化特征比较突出。那么，相对而言，蒙古语族语言及满通古斯语族语言的格形态变化语法现象保持一定程度的共性或相关性。虽然，突厥语族语言同蒙古语族语言及满通古斯语族语言间也有不少共性化特征，但比蒙古语族语言和满通古斯语族语言的共性化特征要弱一些。七是，除了以上讨论的阿尔泰语系语言的六个格形态变化语法现象之外，还没有论及维吾尔语的界限格、时位标志格、形似格、量似格，哈萨克语的助格，蒙古语的向格、共同格、联合格，达斡尔语的程度格、目的格、方向格、方面从格、共同格，满语的方向格、经格，以及鄂温克语的不确定宾格、反身宾格、不定位格、方面格、方向格、限定格、共同格、有格、所有格等。对于这些没有讨论的内容，我们以后还要继续进行比较研究。

总之，阿尔泰语系语言名词类词的格形态变化现象是一个相当复杂的语法结构体系，是处理和解决名词类词在语句中的不同语法关系的主要手段和方法，是名词类词在语句中发挥不同作用的重要前提和依靠，也是阐明名词类词在语句中的不同成分和地位的重要条件和依据。从另一个角度来讲，名词类词在语句中，和其他句子成分产生各种复杂多变的语法关系时，往往都要通过不同格形态变化语法词缀来实现。再者，就如前面的论述，格形态变化语法词缀广泛使用于名词、代词、数词、形容词及形动词或有关副词后面，但在名词和代词后面有很高的使用率，其他名词类词后面的使用率相对要低。而且，在数词或形容词等后面使用格形态变化法词缀时，前面的数词或形容词经常出现名词化现象。

第二节 动词态形态变化语法现象比较研究

阿尔泰语系语言的动词有形态变化语法现象，其内部分有态、体、式、时、人称等形态变化语法现象，以及形动词、副动词、助动词等形态变化语法现象等。而且，动词及形动词、副动词、助动词形成的动词类词体系内部，有极其复杂而各成严密结构系统的形态变化语法现象。再者，其结构体系内部的复杂性要超过名词类词的形态变化语法现象。那么，人们讨论动词错综复杂的语法现象、语法关系、语法结构特征时，首先要分析的是态形态变化语法现象。因为该形态变化语法现象是紧贴着动词词根或词干出现的，它在动词类词语法形态变化现象里，属于排位最前或者说排行第一位的产物。再具体一点阐述的话，除了构词词缀之外，在动词词根或词干后面首先要接缀态形态变化语法词缀，然后才可以接缀动词体、式、时、人称等形态变化语法词缀。动词的态形态变化现象，主要表示主体和客体间发生的不同关系、不同属性的动作行为。正因为如此，态形态变化现象表现出的语法概念，同句中主体和客体所处位置有直接联系。其次，从句子结构角度来分析，作为动词态形态变化现象，直接影响着句子主语、宾语、谓语间发生的各自不同的语法关系。所以，可以把态形态变化语法现象，看成句子主语和宾语间建立各种语法关系的重要手段，进而科学阐述句动词在主语和宾语间所处的不同地位、发挥的不同作用、产生的不同语法关系等。我们掌握的资料表明，该语系语言动词态形态变化现象，根据其在句子里发挥的不同语法功能和作用，可以分为主动态、被动态、使动态、互动态、共动态五种。其中，除了主动态语法概念要用动词词根或词干形式表现之外，像被动态、使动态、互动态、共动态的语法意义均用特定形态变化语法词缀来表达。而且，有的态形态变化语法词缀有语音和谐内容，甚至会出现词缀首辅音交替等语音变化现象。

另外，我们的分析还表明，阿尔泰语系语言动词的态形态语法词缀，不能充当动词在句中的结尾形式或终止手段。换言之，态形态变化语法词缀，虽然能够直接接缀于动词词根或词干后面，但它们不能够作为动词结束形式或终止型用于句子。而是接缀态形态变化语法词缀的动词词根或词干，再接缀动词的式等形态变化语法词缀的前提下才能够用于句子。从这个意义上讲，我们也可以将态形态变化语法词缀，定义为动词的非结尾形式或非终止型的语法现象，也可以理解为不具备结尾功能的形态变化语法手段。比如说，"我被他打了"这一简单句，用蒙古语说的话，应该是 təgundu tʃohi-gda-ba。该简单句中的主语是单数第一人称代词"我"，təgundu(təgun-du)是接缀与格形态变化语法词缀 -du 的单数第三人称代词"他"，tʃohigdaba(tʃohi-gda-ba)是接缀被动态形态变化语法词缀 -gda 及陈述式过去时单数第一人称形态变化语法词缀 -ba 的动词词根 tʃohi-"打"。该简单句里，如果接缀被动态形态变化语法词缀 -gda 的动词 tʃohigda-"被打"后面，不再缀动词陈述式过去时单数第一人称形态变化语法词缀 -ba 的话，它一般不能够直接使用于句子，也就不能够完美地表示"被打"这一陈述句语法意义。显而易见，təgundu tʃohigda- 里的 tʃohigda-"被打"不能作为该动词的结尾形式或终止型结构。只有在 tʃohigda-"被打"后面连缀 -ba 这一陈述式过去时单数第一人称形态变化语法词缀后，才会构成 tʃohigdaba 这一动词结尾形式，并能够用于句子，进而表示陈述句动词被动态形态变化语法概念。

以下，我们用实际句子为例，对于阿尔泰语系突厥语族的维吾尔语和哈萨克语、蒙古语族的蒙古语和达斡尔语、满通古斯语族的满语和鄂温克语等的动词态形态变化语法范畴里出现的主动态、被动态、使动态、互动态及共动态形态变化语法现象进行比较研究。

一　主动态形态变化语法现象

根据我们掌握的第一手资料，阿尔泰语系语言均有主动态形态变化语法现象，且都以零结构类型的形态变化现象出现。换句话说，这些语言的动词主动态，没有专属形态变化语法词缀，完全要以动词词根或词干形式表现。但是，就像前面所说的，在包含有主动态形态变化语法概念的动词词根或词干后面，不接缀动词式形态变化语法词缀的话，该动词词根或词干也不可能使用于句子，当然也就没有机会表示动词主动态的形态变化语法概念。也就是说，动词主动态形态变化现象的语法概念，要依托动词词根或词干接缀的动词式形态变化语法词缀，才能够有效发挥其具有的语法功能和作用。另外，我们也发现，从态形态变化语法现象的具体表现形式，以及个性化的实质性结构特征来看，在动词词根或词干后面不接缀被动态、使动态、互动态、共动态等态形态变化语法词缀，以零结构类型的形态变化语法现象出发的话，那么该动词词根或词干借助动词式形态变化语法词缀，所表现出的应该是主动态形态变化语法概念。再者，主动态形态变化语法现象在句子里，主要阐述与句子主体密切相关的动作行为，也就是表达句子主体要实施的动作行为。有意思的是，属于主动态结构类型的句子，往往要用接缀宾格形态变化语法词缀的名词类词充当动作行为的受事者。

（一）突厥语族语言动词主动态

1. 维吾尔语动词零结构类型的主动态形态变化语法现象及其句中使用情况：

（1）men　　bygyn　　mektep-ke　　bar-O[1]-dim.
　　　我　　　今天　　　学校　　　　去　主[2] 了
　　　我今天去了学校。

---

1 符号 O 代表零结构类型的形态变化语法词缀。
2 "主"表示主动态。

（2）u tynygyn etigen ɵzi kel-〇-di.
　　　他　昨天　　早晨　　自己　来 主 了
　　　他昨天早晨自己来了。

上述两个例句中，出现于句末的动词 bar-"去"及 kel-"来"，充分利用它们后面接缀的陈述式过去时形态变化语法词缀 -dim 与 -di，分别表达了"（我）去了""（他）来了"等带有零结构类型主动态语法概念之过去时动词词义。

2. 哈萨克语动词零结构类型的主动态形态变化语法现象及其句中使用情况：

（1）biz　ol　kisini　tanə-〇-jmən.
　　　我们　那　人　　认识　主
　　　我们认识那个人。

（2）bygin　balalar　mektepke　ket-〇-ti.
　　　今天　　孩子　　　学校　　去 主 了
　　　今天孩子去了学校。

例句（1）和（2）里，哈萨克语动词 tanə-"认识"、ket-"去"，借助动词陈述式现在时形态变化语法词缀 -jmən 及过去时形态变化语法词缀 -ti，表达了"（我们）认识""（孩子）去了"等，含零结构类型主动态形态变化语法意义的现在时动词词义及过去时动词词义。

（一）蒙古语族语言动词主动态

1. 蒙古语动词零结构类型的主动态形态变化语法现象及其句中使用情况：

（1）bi ənə ədʉr gərtəgən nom ʉʤən- O -nə.
　　我　这　天　　家在　　书　看　主　在
　　我今天在家看书。

（2）abu mori unugad ahajin otordu otʃi- O -ba.
　　爸爸　马　　骑　　哥哥的　牧场　去　　了
　　爸爸骑马去了哥哥的牧场。

这两个蒙古语短句中，句尾动词 ʉʤən-"看"和 otʃi-"去"，通过分别在其后面接缀的陈述式现在将来时形态变化语法词缀 -nə 和过去时形态变化语法词缀 -ba，各自表达了"（我）看""（爸爸）去"等，具有零结构类型主动态形态变化语法含义的现在将来时动词词义和过去时动词词义。

2. 达斡尔语动词零结构类型的主动态形态变化语法现象及其句中使用情况：

（1）bəd ən gərdə naad- O -ja.
　　我们　这　屋　　玩吧
　　我们就在这间屋子里玩吧！

（2）tər ku buni udur ən mori ono- O -wəi.
　　那　人　明　天　这　马　骑
　　那个人明天骑这匹马。

出现于例句（1）和（2）句尾的达斡尔语动词 naad-"玩"和 ono-"骑"，也是借助各自接缀的陈述式现在将来时形态变化语法词缀 -ja 和将来时形态变化语法词缀 -wəi，先后表现出了"（我们）玩""（那人）骑"等，具有零结构类型主动态语法概念的将来时和过去时动词词义。

（三）满通古斯语族语言动词主动态

1. 满语动词零结构类型的主动态形态变化语法现象及其句中使用情况：

（1）bi ərətʃi amaʃi ᴜrᴜnaku tatʃirədə husᴜlə-O-mbi.
    我 从此   往后   一定   学习   努力
    我从此往后一定努力学习。

（2）mini agə ərdədari ʥakon ərin dolində wəilənə-O-mbi.
    我   哥哥 早每   八   时   半   上班
    我哥每天早上八点半去上班。

满语例句（1）和（2）中，句尾使用的动词 husᴜlə-"努力"及 wəilənə-"上班"，凭借各自词干接缀的陈述式现在将来时形态变化语法词缀 -mbi，表达了带有主动态语法意义的"（我）努力""（哥哥）上班"等现在将来时动词词义。

2. 鄂温克语动词零结构类型的主动态形态变化语法现象及其句中使用情况：

（1）ərᴜ bəj mini-wə mooʥi monda-O-sa.
    坏人 我   把   木棍用   打   了
    坏人用木棍打了我。

（2）tari moriŋ hadaalni ʉʃii-jə pol taaŋ-〇-tʃa.
　　 那　 马　 马嚼子　缰绳 把 断　 拉　了
　　 那匹马把马嚼子的缰绳什么的拉断了。

（3）unaadʑ nəhʉŋbi awaŋkadʑi taŋgur-wi awa-〇-raŋ.
　　 女　　 弟弟　　 抹布用　　 碗 把　 擦
　　 妹妹用抹布擦了自己的碗。

在以上例句（1）、（2）、（3）内，位于句子末尾的动词 monda-"打"、pol taaŋ-"拉断"、awa-"擦"等，利用在其词根上分别接缀的陈述式过去时形态变化语法词缀 -sa、-tʃa 及现在将来时形态变化语法词缀 -raŋ 等，表示了含有零结构类型主动态语法概念的"（马）拉断""（妹妹）擦"等，过去时动词词义和现在将来时动词词义。

总之，在以上列举的阿尔泰语系维吾尔语、哈萨克语、蒙古语、达斡尔语、满语和鄂温克语 13 个句子里，句子末尾使用的动词 bar-"去"、kel-"来"、tanə-"认识"、ket-"去"、ʉdʑən-"看"、otʃi-"去"、naad-"玩"、ono-"骑"、husʉlə-"努力"、wəilənə-"上班"、monda-"打"、pol taaŋ-"拉断"、awa-"擦"后面附有的"〇"符号均无一例外地表示零结构类型主动态形态变化语法词缀。另外，从这 13 个例句中先后使用名词类词 men"我"、u"他"、biz"我们"、balalar"孩子"、bi"我"、abu"爸爸"、bəd"我们"、tər ku"那个人"、bi"我"、agə"哥哥"、bəj"坏人"、moriŋ"马"、unaadʑ nəhʉŋbi"妹妹"等都属于句末动词陈述的动作行为的实施者，也就是动作行为的主体。那么，动词词根或词干 bar-"去"、kel-"来"、tanə-"认识"、ket-"去"、ʉdʑən-"看"、otʃi-"去"、naad-"玩"、ono-"骑"、husʉlə-"努力"、wəilənə-"上班"、monda-"打"、pol taaŋ-"拉断"、awa-"擦"等的零结构类型主动态形态变化语法概念，完全借助后缀的陈述式过去时形态变化语法词缀 -dim 与 -di、现在时形态变化语法词缀 -jmən 及过去时形态变化语法词缀

-ti、现在时形态变化语法词缀 -jmən 和过去时形态变化语法词缀 -ti、现在将来时形态变化语法词缀 -nə 与过去时形态变化语法词缀 -ba、陈述式现在将来时形态变化语法词缀 -ja 和将来时形态变化语法词缀 -wəi、现在将来时形态变化语法词缀 -mbi、过去时形态变化语法词缀 -sa 与 -tʃa 及现在将来时形态变化语法词缀 -raŋ 等衬托出来,进而明确阐述了句子主体实施的动作行为。然而,充当句子客体的成分基本上以接缀宾格形态变化语法词缀等形式出现。以上分析说明,阿尔泰语系语言的句子主体,也就是含有零结构类型主动态形态变化语法现象的动作行为实施者,一般都出现于句子之首或开头部分。与此相反,表示动作行为的动词基本上都位于句子末尾。最后,还应该提到的是,在具有零结构类型主动态形态变化语法功能作用的动词词干或词根,似乎都要接缀动词陈述式形态变化语法词缀。不过,也有接缀或连缀动词祈求式、命令式、假定式形态变化语法词缀的现象。

二 被动态形态变化语法现象

阿尔泰语系语言动词态语法范畴内,均有被动态形态变化语法现象。顾名思义,被动态就是表示被动性质的动作行为。那么,在该语系语言里,动词表达的动作行为的主体,一般都接缀与格、目的格、向格等的形态变化语法词缀,同时多数情况下要充当句子补语。另外,作为动作行为的客体,基本上属于主格形态变化结构类型。在阿尔泰语系语言中,动词被动态形态变化现象,基本上都使用约定俗成的形态变化语法词缀。比如说,有维吾尔语的 -un/-yn/-in/-n ~ -l/-il/-ul/-yl、哈萨克语的 -ən/-in/-n ~ -əl/-il/-l、蒙古语的 -gda/-gde ~ -da/-de、达斡尔语的 -rdi、满语的 -bʉ、鄂温克语的-wu/-w 等。由于这其中有的被动态形态变化语法词缀有元音和谐规律或词缀首辅音交替原理,所以具体使用时要严格遵循不同规定要求。在这里,还需要阐明的是,对于那些动词被动态形态变化语法词缀复杂的语言,只是选择性地列举两到三个具体句子进行说明,其他实例可以在概括性分析中用最为简单的方式做一列举说明。

（一）突厥语族语言动词被动态

1. 维吾尔语动词被动态形态变化语法词缀 -un/-yn/-in/-n 及 -l/-il/-ul/-yl 句中使用情况：

（1）bu　　tʃine　bilen　katʃalar　juj-un-di.
　　　这些　瓷碗　和　　碗　　　洗　被[1]了
　　　这些是被洗了的瓷碗和碗。

（2）bu　　təmyr　iʃik　kajta　etʃ-il-di.
　　　这　　铁　　门　　再　　开　被
　　　铁门又被打开了。

（3）tursun　muellim　teripidin　tenkitle-n-di.
　　　吐尔逊　老师　　　　　　　被　批评　被
　　　吐尔逊被老师批评了。

显而易见，上述三个句子末尾出现的动词词根 juj-"洗"、etʃ-"打开"及动词词干 tenkitle-"批评"等，依据使用原理分别接缀被动态形态变化语法词缀 -un、-il、-n，构成 juj-un-"被洗"、etʃ-il-"被打开"、tenkitle-n-"被批评"等，具有被动态形态变化语法现象的动词。在此基础上，又在 jujun-、etʃil-、tenkitlen- 上面各自接缀了动词陈述式过去时形态变化语法词缀 -di，进而表达了"被洗了""被打开了""被批评了"等被动态动词词义。那么，在维吾尔语里，对于 -un/-yn/-in/-n 及 -ul/-yl/-il/-l 等均有相当明确的使用规定。比如说，-n 要接缀于名词类词加构词词缀 -la/-le 而派生的动词；-in/-un/-yu 使用于由辅音 l 或元音 u、e 结尾的动词词根或词干。如，kil-in-"被做"、bəl-yn-"被分"；-il/-ul/-yl 用于由辅音 l 之外辅音结尾的动词词根或词干。如 kur-ul-"被

---

1 "被"一词表示被动态。

建设"、kør-yl-"被看";-l 接缀于由元音 a、o 构成并由元音 a 结尾的动词词根或词干。如，sora-l-"被问"、tara-l-"被梳"等。不过，在维吾尔语口语里，被动态形态变化现象相关语法词缀之间相互混用的情况。在我们看来，维吾尔语动词被动态形态变化语法词缀 -un/-yn 等，同满通古斯语族满语动词被动态形态变化语法词缀 -bu，以及鄂温克语动词被动态形态变化语法词缀 -wu/-wʉ 间存在有一定内在关系。

2. 哈萨克语动词被动态形态变化语法词缀 -ən/-in/-n 及 -əl/-il/-l 句中使用情况：

（1）men   bygin   altajga   bəl-in-dim.
　　 我   今天   阿勒泰   分 被 了
　　 我被分配到阿勒泰。

（2）bul   swret   øte   ʥaksə   səz-əl-əptə.
　　 这个   画   很   好   画 被
　　 这画画得很好。（这幅画被画得很美）

这两个句子中的动词词根 bəl-"分"、səz-"画"，按词缀使用要求先后接缀被动态形态变化语法词缀 -in 或 -əl，构成 bəl-in-"被分配"、səz-əl-"被画"等，带有被动态形态变化语法现象的动词之后，又在 bəlin-、səzəl- 后面各自使用了动词陈述式过去时形态变化语法词缀 -dim 与 -əptə。由此形成 bəlindim(bəl-in-dim)、səzələptə(səz-əl- əptə)等的词结构，从而表现出了"被分配了""被画了"等被动态动词词义。而且，根据使用原理，被动态形态变化语法词缀 -əl/-il/-l 要接缀于由元音或辅音 l 之外的辅音结尾的动词词根或词干后。如，iste-l-"被做"、orənda-l-"被完成"；而被动态形态变化语法词缀 -ən/-in/-n 要接缀于由辅音 l 或 -la、-lə 结尾的动词词根或词干后。如，sal-ən-"被盖"、tazala-n-"被打扫"等。在哈萨克语里，同样出现由于使用界限不清而将被动态形态变化语法词缀混用的现象。

（二）蒙古语族语言动词被动态

1. 蒙古语动词被动态形态变化语法词缀 -gda/-gde 及 -da/-de 句中使用情况：

（1）bugutu　agula　nadadu　harag-da-ba.
　　　博格达　山　　我　　看见　被　了
　　　博格达山被我看到了。（我看到了博格达山）

（2）batu　hʉmʉn　bagʃidu　hələg-də-bə.
　　　巴图　人　　　老师　　说　被　了
　　　巴图被老师说了。

（3）dərə　hʉn　ahadu　tʃohi-gda-ba.
　　　那个　人　哥哥　打　被　了
　　　那个人被哥哥打了。

这三个蒙古语短句句子末尾使用的动词 haragdaba(harag-da-ba)、hələgdəbə(hələg-də-bə)、tʃohigdaba(tʃohi-gda-ba)，都分别接缀了 -da、-də、-gda 等动词被动态形态变化语法词缀的同时，还连缀有动词陈述式过去时形态变化语法词缀 -ba 或 -bə。在此基础上，才完美地表达了"被看见了""被说了""被打了"等，带有被动态形态变化语法概念的过去时动词词义。还有，句尾被动态过去时动词前，基本上都使用接缀目的格形态变化语法词缀的补语。

2. 达斡尔语动词被动态形态变化语法词缀 -rdi 句中使用情况：

（1）mod　bolog　galdə　tulu-rdi-sən.
　　　数　　都　　火　　烧　被　了
　　　树木都被野火烧掉了

（2）tər   ailji   hukurni   guskədə   bari-rdi-sən.
　　 那   家   牛   狼   抓住 被 了
　　那个家的牛被狼抓住了。

达翰尔语的上述两个短句句尾出现的动词 tulurdisən(tulu-rdi-sən) "被烧了"、barirdisən(bari-rdi-sən) "被抓住了"，也属于接缀有被动态形态变化语法词缀 -rdi 的过去时动词。同样，在句尾出现的被动态过去时动词前，使用有接缀位与格形态变化语法词缀的补语。

（三）满通古斯语族语言动词被动态

1. 满语动词被动态形态变化语法词缀 -bʉ 句中使用情况：

（1）mini   agə   ənəŋgi   amadə   tanta-bʉ-ha.
　　 我   哥哥   今天   父亲   打 被 了
　　今天我哥哥被父亲打了。

（2）tərə   nialma   əhə   nialmadə   gidaʃa-bʉ-ha.
　　 那   人   坏   人   欺负 被 了
　　那个人被坏人欺负了。

不难看出，出现于上述两个句子的末尾动词 tantabʉha(tanta-bʉ-ha) "被打了"、gidaʃabʉha (gidaʃa-bʉ-ha) "被欺负了"等，都接缀有被动态形态变化语法词缀 -bʉ，以及动词陈述式过去时形态变化语法词缀 -ha 等。而且，这两个动词的被动态语法意义是，依托动词过去式形态变化语法词缀表现了出来。另外，满语动词被动态形态变化语法词缀 -bʉ，也有被发音为 -bo 的现象。

2. 鄂温克语动词被动态形态变化语法词缀 -wu/-wʉ 句中使用情况：

（1）əri moriŋ ʃini ahindu ugu-wu-so.
　　 这　 马　你的　哥哥与　骑　被　了
　　 这匹马被你哥哥骑了。

（2）mʃini ʉkkəhəŋ tari bəjdʉ dʉttʉ-wʉ-dʑirəŋ.
　　 你的　 儿子　 那　人给　殴打　被　正在
　　 你儿子正在被那个人殴打。

上述两个句子里，被动态形态变化语法词缀 -wu 与 -wʉ，分别接缀于动词词根 ugu- "骑"、dʉttʉ- "殴打"后，从而构成了包含有被动态形态变化语法概念的动词词干 wu- (ugu-wu-) "被抓"、wʉ-(dʉttʉ-wʉ-) "被殴打"。与此同时，接缀被动态形态变化语法词缀的动词 ugu-wu- 和 dʉttʉ-wʉ-，还分别连缀了动词陈述式过去时形态变化语法词缀 -so，以及现在时形态变化语法词缀 -dʑirəŋ。这才形成能够用于句子，并能表示被动态形态变化语法概念的动词 uguwuso "被骑了" / dʉttʉwʉdʑirəŋ "正在被殴打着"。与此同时，充当句子补语的动作行为之主体 ahiŋ "哥哥" 和 bəj "人"，也都按照使用规则接缀与格形态变化语法词缀 -du 及 -dʉ 后。毫无疑问，被动态形态变化语法词缀 -wu 与 -wʉ，还分别用于由阳性与阴性元音为主构成的动词词根或词干。

通过以上分析我们认为：（1）以上论及的阿尔泰语系语言动词，均有被动态形态变化语法现象，并且，都用约定俗成的形态变化语法词缀来表现；（2）维吾尔语、哈萨克语、蒙古语被动态形态变化语法词缀语音结构类型比较复杂，各自有两套形态变化语法词缀，然后是鄂温克语动词被动态形态变化语法词缀，像达斡尔语和满语的动词被动态形态变化语法词缀的语音结构比较简单；（3）具有被动态形态变化语法功能作用的动词一般位于句子末尾；（4）在句尾使用的被动态动词之前，基本上都使用接缀与格、向格、目的格等形态变化语法词缀的句子补语；（5）该语系不同语言间，动词被动态形态变化语法现象，均表现出相当强的一致性和共性化结构特征。不过，不同语族间的动词被动态形态变化语法词缀，没有显现出太多共性或相关性。只是感觉到，维吾尔语动词被动态形态变化语法词缀 -un/-yn，同满通古斯语族满语动词被动态形态变化语法词缀 -bʉ，以及鄂温克语动词被动态形态变化语法词缀 -wu/-wʉ 间似乎存在一定内的在联系。

三　使动态形态变化语法现象

依据调研资料，阿尔泰语系语言动词的态语法范畴内，同样都有使动态形态变化语法现象。而且，也都无一例外地用约定俗成的形态变化语法词缀来表现。比如说，该语系语言动词使动态形态变化语法现象，有维吾尔语的 -t ~ -ar/-er/-ur/-yr ~ -dur/-dyr ~ -tur/ -tyr ~ -guz/-kuz ~ -gyz/-kyz，哈萨克语的 -t ~ -ar/-er/-ər/-ir ~ -dər/-dir ~ -tər/-tir ~ -gəz/-giz ~ -kəz/-kiz，蒙古语的 -gul/ -gʉl ~ -lga/-lgə ~ -ga/-gə，达斡尔语的 -lga/-lgə ~ -ga/-gə ~ -ka/-kə，满语的 -bʉ，鄂温克语的 -haŋ/-həŋ/-hoŋ/-høŋ ~ -kaŋ/-kəŋ/-koŋ/-køŋ 等。可以看出，这些语言的动词使动态形态变化语法现象显得十分复杂，尤其是突厥语族语言动词使动态语法词缀的语音结构类型表现出极强的复杂性。另外，蒙古语和鄂温克语动词使动态形态变化语法现象也表现出一定的复杂性。其中，不仅有元音和谐规律，同时也有词缀首辅音交替原理。正因为如此，在动词词根或词干后面具体使用这些使动态形态变化语法词缀时，一定要严格遵循其不同语言的不同使用原理及规则。另外，我们的分析还表明，表现有动词使动态形态变化语法现象的句子里，动词所表达的动作行为之主体，往往由主格形态变化结构类型的主语来承担。而且，句中的动作行为的客体就是实施具体动作行为的人或物，基本上由接缀宾格形态变化语法词缀的名词类词来充当。

（一）突厥语族语言动词使动态

1. 维吾尔语动词使动态形态变化语法词缀 -kyz/-gyz/-ur 等句中使用情况：

（1） biz　uni　kɵwryktin　ɵt-kyz-duk.
　　　我们　他　桥　　　　过　使[1]了
　　　我们让他过了桥。

（2） muellim　　bizni　　sinipka　　kir-gyz-di.
　　　老师　　　我们　　教室　　　进　使　了
　　　老师让我们进了教室。

（3） kepterwaz　　kepterni　　utʃ-ur-di.
　　　鸽子迷　　　鸽子　　　　飞　使
　　　鸽子迷让鸽子飞出去了。

例句（1）、（2）、（3）内，维吾尔语动词使动态形态变化语法词缀 -kyz、-gyz、-ur，依据使用原理分别接缀于动词词根 ɵt-"过"、kir-"进"、utʃ-"飞"，派生出 ɵtkyz-"使过"、kirgyz-"使进"、utʃur-"使飞"等含使动态语法概念的动词未终止型结构体，并通过在其后使用的陈述式过去时形态变化语法词缀构成 ɵtkyduk(ɵt-kyz-duk)、kirgyzdi(kir-gyz-di)、utʃurdi(utʃ-ur-di)等动词，进而表达了"让（我们）过了""让（我们）进了""让（鸽子）飞了"等具有使动态语法含义的过去时动词词义。就如前面的论述，维吾尔语动词使动态有 -t、-ur/-yr/-ar/-er ～ -dur/-dyr/-tur/-tyr ～ -guz/-quz/-gyz/-kyz 等一整套形态变化语法词缀，且均有约定俗成的使用原理和规定。比如说，使动态形态变化语法词缀 -t，接缀于由元音或辅音 j、r 结尾的动词词根或词干后。如，jasa-t-"使制造"、tʃakir-t-"使号召"。使动态形态变化语法词缀 -ar/-er/-ur/-yr，要接缀由清辅音 s、t、tʃ、k 结尾的单音节结构类型的动词词根。如，kajt-ur-"使返回"、utʃ-ar-"使飞"、kɵtʃ-yr-"使搬"、tʃyʃ-er-"使落下"。使动态形态变化语法词缀 -dur/-dyr- ～ tur/-tyr ～ -kuz/-kyz ～ -guz/-gyz，要接缀由 s、t、tʃ、k 之外的辅音或有关元音

---

1 "使"一词表示使动态。

结尾的单音节结构类型的动词词根后。如，maŋ-dur- ~ maŋ-guz-"使走"、uk-tur- ~ uk-kuz-"使明白"、ji-dyr- ~ ji-gyz-"使吃"、et-tyr- ~ et-kyz-"使做"等。另外，这些数量可观的使动态形态变化语法词缀，在具体的语句中还出现连续接缀于不同动词词根或词干后。

2. 哈萨克语动词使动态形态变化语法词缀 -kəz/-gəz 等句中使用情况：

（1）ol   agama   eŋ   ajt-kəz-də.
　　 他　　哥　　歌　唱　使了
　　 他让哥哥唱了歌。

（2）men   onə   tur-gəz-dəm.
　　 我　　他　　站　使　了
　　 我让他站起来了。

这两个句子里，接缀哈萨克语动词使动态形态变化语法词缀 -kəz 与 -gəz 的动词 ajtkəzdə(ajt-kəz-də)、turgəzdəm(tur-gəz-dəm)，借助词尾末端使用的陈述式过去时形态变化语法词缀，阐述了包括使动态语法概念的过去时动词词义"让（哥哥）唱歌了""让（他）站起来了"等。再者，哈萨克语动词使动态形态变化语法现象，也跟维吾尔语动词使动态形态变化语法现象一样，是相当复杂的形态变化语法结构系统。与此同时，在语音结构和使用上，也与维吾尔语动词使动态形态变化语法词缀一致，有其各自不同而具备互补性能的结构特征及语用关系。也就是说，哈萨克语动词使动态有-t、-ar/-er/-ər/-ir ~ -dər/-dir/-tər/-tir ~ -kəz/-kiz/-gəz/-giz 等一系列形态变化语法词缀。其中，（1） -t/-ət/-it 接缀于由元音结尾的和有辅音 j、r、l、n 结尾的动词词根或词干后。如，kara-t-"使看"，korək-ət-"使害怕"、yrik-it-"使受惊"；（2）-ar/-er/-ər /-ir 接缀由 k、s、ʃ、t 等清辅音结尾的和相关元音后面。如，ʃək-ar-"使出去"、ʃək-er-"使跪卧"、kaʃ-ər-"使逃跑"、ket-ir-"使走"；

（3）-dər/-dir 及 -gəz/-giz 接缀于由辅音 w、j、l、n、z、ŋ 结尾的动词词根或词干后。如，koj-dər"使放"、sez-dir"使觉得"、tur-gəz"使站立"、ber-giz"使给"；（4）-tər/-tir 及 -kəz/-kiz 要接缀于由清辅音结尾的动词词根或词干。如，aʃ-dər"使打开"、kes-tir"使切"、ʤat-kəz"使躺下"等。哈萨克语数量可观的动词使动态形态变化语法词缀，虽然有相对严格的使用规定和说法，但在口语里具体使用时还是会出现一些混用现象，或者说相互交换、交替使用的实例。另外，也跟维吾尔语一样，在句子中动词使动态形态变化语法词缀，也会出现连续接缀于不同动词后面的现象。

（二）蒙古语族语言动词使动态

1. 蒙古语动词使动态形态变化语法词缀 -ga/-gə ~ -gul/-gʉl ~ -lga/-lgə 句中使用情况：

（1）bi　　dasgalijan　　bitʃiʤʉ　　bara-ga-ba.
　　　我　　作业　　　　写　　　　完使了
　　　我写完作业了。

（2）bagʃiatʃa　　surugtʃibar　　nomi　　oŋʃi-gul-ba.
　　　老师　　　　让学生　　　　书　　　读使了
　　　老师让学生阅读了。

（3）tərə　　nadabar　　ənə　　aʤili　　hii-lgə-bə.
　　　他　　　我　　　　这　　　工作　　做使了
　　　他让我做了这项工作。

上面（1）至（3）的例句内，接缀蒙古语动词使动态形态变化语法词缀 -ga、-gul、-lgə 的动词 baragaba(bara-ga-ba)、oŋʃigulba(oŋʃi-gul-ba)、hiilgəbə(hii-lgə-bə)，均属于使动态形态变化语法现象的动词，它们分别表达了"（我）

完成了""（学生）阅读了""（我）做了"等具有使动态语法概念的过去时动词词义。那么，按照这三套使动态形态变化语法词缀使用规定，-gul/-gʉl 接缀于由短元音结尾的动词词根或词干后，-lga/-lgə 接缀于由长元音或复元音结尾的动词词根或词干后，-ga/-gə 接缀于由辅音结尾的动词词根或词干后。另外，-ga/-gul/-lga 要接缀于由阳性元音或以阴性元音为主构成的动词词根或词干后，-gə/-gʉl/-lgə 则接缀于由阴性元音或中性元音构成的动词词根或词干后。在上面的例句中，没有涉及的使动态形态变化语法词缀的例子有 hʉr-gə-"使送"、ʉʤə-gul-"使看"、bitʃi-gʉl-"使写"、uu-lga-"使喝"、oi-lga-"使凸起"、səi-lgə-"使变稀薄"等。

2. 达斡尔语动词使动态形态变化语法词缀 -ka/-kə ~ -lga/-lgə ~ -ga/-gə 句中使用情况：

（1）əwəmini   namiji   madan   ərd   bos-ka-sən.
　　　母亲　　　我　　　很早　　叫醒使了
　　　母亲一大早就让我起床了。

（2）təri   ən   kuji   ən   gərəəs   gar-ga-sən.
　　　他　　这　　人　　这　　屋　　　出　使了
　　　他让那个人走出了这间屋子。

（3）akamini   dəuji   ən   tatʃkudə   bitig   daodə-lgə-sən.
　　　哥　　　弟弟　　这　　学校　　　书　　读　使了
　　　哥哥让弟弟在这所学校读了书。

可以看出，例句（1）、（2）、（3）句尾使用的动词的 bos-"叫醒"、gar-"出去"、daodə-"读"，先后接缀了使动态形态变化语法词缀 -ka、-ga、

-lgə。在此基础上，形成 boska-"使叫醒"、garga-"使出去"、daodəlgə-"使读"等，具有使动态形态变化语法词缀的动词非终止型结构。那么，使动态形态变化语法概念是借助动词词尾部分接缀的陈述式过去时形态变化语法词缀 -sən，以及伴随这些动词在句中的使用而被发挥了出来。换句话说，不用陈述式过去时形态变化语法词缀 -sən 的前提下，这些动词无法以 boska-、garga-、daodəlgə- 之使动态结构形式用于句子，只能用接缀 -sən 而构成的 boskasən(bos-ka-sən)、gargasən(gar-ga-sən)、daodəlgəsən(daodə-lgə-sən) 之形式用于句子，进而表达"（母亲）让起床""（他）让出去""（哥哥）让读"等，包含使动态语法概念的过去时动词词义。再者，达斡尔语动词使动态形态变化语法词缀，同样有严格意义上的使用规定和要求。其中，-lga/-lgə 接缀于元音结尾的动词词根或词干后，-ga/-gə 接缀于由 r、l、d、ʥ、ʃ、g、h、j 等辅音结尾的动词词根或词干后，-ka/-kə 主要接缀于由 s、t、k、tʃ、k、b、p、m、w、n、ŋ 等辅音结尾的动词词根或词干后。还有，-ga/-gul/-ka 要接缀于由阳性元音或以阴性元音为主构成的动词词根或词干后，-lgə/-gə/-kə 则接缀于由阴性元音或中性元音构成的动词词根或词干后。另外，在上面的例句中，没有涉及的使动态形态变化语法词缀的例子有 əə-lgə-"使停止"、ʥii-lgə-"使变直"、ao-lga-"使要"、gəl-gə-"使说"、id-gə-"使吃"、al-ga-"使杀"、nəm-kə-"使增加"、ʃitʃ-kə-"使害臊"等。不过，达斡尔语口语里，也有将使动态形态变化语法词缀 -lga/-lgə ~ -ga/-gə ~ -ka/-kə 等短元音发音为 -lgaa/-lgəə ~ -gaa/-gəə ~ -kaa/-kəə 等长元音的现象。

（三）满通古斯语族语言动词使动态

1. 满语动词使动态形态变化语法词缀 -bʉ 句中使用情况：

（1） mini   ama   ənəŋgi   agəbə   ʥʉrə-bʉ-hə.
       我   父亲   今天   哥哥   出发 使 了
       我父亲让哥哥今天出发了。

（2）ənijə   tərə   nialmai   amaragi   nahandə   amga-bʉ-ha.
　　　母亲　　那　　人　　　　北　　　　炕　　　　睡觉　使了
　　　母亲让那个人睡在了北炕上。

例句（1）和（2）中，接缀有使动态形态变化语法词缀 -bʉ 的句子末尾动词，ʤʉrəbʉhə(ʤʉrə-bʉ-hə)、amgabʉha(amga-bʉ-ha)，表达了具有使动态形态变化语法概念的"使出发了""使睡觉了"等过去时动词词义。另外，满语里还有 -bo 这一使动态形态变化语法词缀，但使用率不高。在这里，还应该指出的是，满语动词使动态和被动态的语法概念都要用 -bʉ 这一形态变化现象来表现。那么，分辨其不同语法功能和作用时，主要看句子末尾的动词前使用的补语或宾语。按理说，接缀有形态变化语法词缀 -bʉ 的动词使用于句尾时，在它前面出现附有宾格语法词缀的宾语的话，该动词词根或词干接缀的语法词缀 -bʉ 就等于使动态形态变化语法现象；接缀有形态变化语法词缀 -bʉ 的动词出现于句尾时，在它前面使用带有与格语法词缀的补语的话，该动词词根或词干所接缀的语法词缀 -bʉ 就等于被动态形态变化语法现象。

2. 鄂温克语动词使动态形态变化语法词缀 -haŋ/-həŋ 及 -kaŋ/-kəŋ 等句中使用情况：

（1）ahiŋbi   nəhʉŋbə   moriŋ   ugum   tati-haŋ-ʤiraŋ.
　　　哥哥我　弟弟把　　马　　　骑　　　学 让　正在
　　　我哥哥让弟弟学会了骑马。

（2）tajia   mənəəŋ   ʉnənti   bəjwə   baaŋ-kaŋ-naŋ.
　　　那　　家伙　　　实在　　人把　　腻烦　使 现在
　　　那家伙实在是让人腻烦。

显然，以上第一句和第二句里，使动态形态变化语法词缀 -haŋ 和 -kaŋ，分别接缀于由阳性短元音 a 及长元音 aa 为核心构成的词的同时，接缀由元音 i 和辅音 ŋ 结尾的动词词根 tati-"学"、baaŋ-"腻烦"后面，并借助连缀的动词陈述式现在时形态变化语法词缀 -ʤiraŋ 及现在将来时形态变化语法词缀 -naŋ，明确阐述了这两个动词所含的使动态语法概念。另外，句子中充当动作行为客体的 nəhuŋbə (nəhuŋ-bə) "把弟弟"、bəjwə (bəj-wə) "把人"均属于接缀有宾格形态变化语法词缀 -bə 与 -wə 的名词类词。再者，按照元音和谐规律，使动态形态变化语法词缀 -haŋ 和 -kaŋ 要接缀于由阳性短元音 a 或长元音 aa 为核心构成的动词词根或词干后；-həŋ 和 -kəŋ 则接缀于由阴性短元音 ə 或长元音 əə 为核心构成的动词词根或词干后；-hoŋ 与 -koŋ 接缀于由阳性短元音 o、u 或长元音 oo、uu 为核心构成的动词词根或词干后；-høŋ 和 -køŋ 要接缀于由阴性短元音 ө、ʉ 或长元音 өө、ʉʉ 为核心构成的动词词根或词干后。同时，还要遵循词缀首辅音交替原理，由辅音 h 为首的态形态变化语法词缀 -haŋ、-həŋ、-hoŋ、-høŋ 接缀于由元音或鼻辅音、送气音之外的辅音结尾的动词词根或词干后，而由 k 开头的态形态变化语法词缀 -kaŋ、-kəŋ、-koŋ、-køŋ 则要接缀于由鼻辅音或送气音结尾的动词词根或词干后。总之，鄂温克语由两套四元一体的形态变化语法词缀 -haŋ、-həŋ、-hoŋ、-høŋ 与 -kaŋ、-kəŋ、-koŋ、-køŋ 组合而成的使动态语法现象，严格遵循元音和谐规律和词缀首辅音交替原理用于动词词根或词干，并借助连缀式出现的动词式形态变化语法词缀，表示其态形态变化现象语法概念。而且，使动态形态变化现象，在该语言里有着相当高的使用率。

总的说来，（1）阿尔泰语系语言动词态语法范畴都有使动态形态变化语法现象，同时均有约定俗成的形态变化语法词缀系统；（2）使动态形态变化语法词缀的语音结构类型上最为复杂的是突厥语族的维吾尔语和哈萨克语，其次是蒙古语、达斡尔语和鄂温克语的使动态形态变化语法词缀，最为简单的是满语使动态形态变化语法词缀；（3）维吾尔语、哈萨克语、蒙古语、达斡尔语及鄂温克语使动态形态变化语法词缀均有元音和谐规律，同时维吾尔语、哈萨克语、达斡尔语和鄂温克语使动态形态变化语法词缀具有词缀首辅音交替原理；（4）不同语音结构类型、不同结构性能、不同结构关系的数量可观的使动态形态变化语法词缀均有严格意义上的使用原理及规定。相比之下，突厥语族语言的维吾尔语和哈萨克语使动态形态变化语法词缀的使用原理有被弱化的现象，由此出现有关语法词缀的使用不很规范、使用关系不很清楚，以及使用功能被减弱等现象；（5）满语动词使动态形态变化语法词缀 -bʉ 同属于被动态形态变化语法词缀。该词缀表示使动态形态变化语法概念时，接缀有态形态变化语法词缀 -bʉ 的动词前要使用宾语；（6）该语系语言里，具有使动态形态变化语法现象的动词前一般都使用宾语。那么，充当动作行为客体的宾语，一般接缀宾格形态变化语法词缀的名词类词。特别是，蒙古语族语言和满通古斯语族语言，在此方面表现得十分突出；（7）阿尔泰语系突厥族语言和蒙古语族语言内部均保持了相当强的共性和一致性，而满通古斯语族语言的态形态变化语法词缀不论在语音结构类型还是在使用关系等方面表现出很大区别性、异同性和个性化特征；（8）突厥语族语言动词使动态形态变化语法词缀 -guz/-kuz、-gyz/-kyz 等，同蒙古语族语言使动态形态变化语法词缀 -gul/-gʉl、-lga/-lgə、-ga/-gə、-ka/-kə，以及满通古斯语族的鄂温克语使动态形态变化语法词缀 -kaŋ/ -kəŋ/-koŋ/-kɵŋ 等之间表现出一定的共性化特征。同时，突厥语族语言的使动态形态变化语法词缀 -ur/-yr，同满通古斯语族满语动词使动态形态变化语法词缀 -bʉ 之间也存在一定程度的内在联系。

四 互动态形态变化语法现象

阿尔泰语系语言动词态语法范畴里，除了主动态、被动态、使动态形态变化语法现象之外，还有互动态形态变化语法现象。并且，也都用特定形态变化语法词缀来表现。互动态形态变化语法现象，主要以接缀于动词词根或词干的专用语法词缀，表示互动性质的动作行为。所以，使用有互动态形态变化语法词缀的句子里，动作行为所涉及的对象往往是一个以上的人或物。而且，这些名词类词基本上属于主格形态变化结构类型。同时，还要用造格形态变化结构特征的补语充当客体。那么，阿尔泰语系这些语言的互动态形态变化语法现象的词缀系统，有其一定共性化特征。比如说，有维吾尔语的 -ʃ/-iʃ/-uʃ/-yʃ、哈萨克语的 -əs/-is/-s、蒙古语的 -ldɯ、达斡尔语的 -ltʃi、满语的 -nu/ -ndʉ、鄂温克语的 -ldi 等形态变化语法词缀。从动词互动态形态变化语法词缀的结构类型来看，绝大多数都没有元音和谐或词缀首辅音交替等现象。所以，从整体上讲，互动态形态变化语法现象的语音结构比较简单，使用起来也没有太多讲究或要求，几乎可以接缀于所有不同元音或辅音结尾的动词词根或词干后，表达互动态形态变化语法概念。

（一）突厥语族语言动词互动态

1. 维吾尔语动词使动态形态变化语法词缀 -iʃ/-uʃ/-yʃ/-ʃ 等句中使用情况：

（1）okugutʃilar   argamtʃa   tart-iʃ-ti.
　　　学生们　　　绳子　　　拉 相互
　　　学生相互拉绳子。

（2）ulɑr ikkisi ur-uʃ-ti.
　　　他们　俩　打互了
　　　他们俩之间互相打起来了。

（3）sen　joldoʃlar　bilen　kɵr-yʃ-emsen？
　　　你　同志们　　和　　见 互 你们
　　　你和同志们（互相）见面吗？

以上三个例句里，维吾尔语互动态形态变化语法词缀 -iʃ、-uʃ、-yʃ 先后接缀于动词词根或词干 tart-"拉"、ur-"打"、kɵr-"见"后面，构成 tartiʃti (tart-iʃ-ti) "互相拉"、uruʃti(ur-uʃ-ti) "互相打"、kɵryʃemsen (kɵr-yʃ-emsen) "互相见"等，包含有互动态语法概念的动词。与此相关的例子还有 søzle-ʃ-"互相交谈"、iʃle-ʃ-"互相做"、jez-iʃ-"互相写"、kij-iʃ-"互相穿"等。

2. 哈萨克语动词使动态形态变化语法词缀 -əs/-is/-s 句中使用情况：

（1）biz   dʒaŋa   sabaktastardəŋ   jykterin   køter-is-ip   berejik.
　　 我们   新   同学们的   行李   搬 相互   给
　　 我们去帮新同学（相互）搬行李吧。

（2）men   akeme   kar   kyr-əs-tim.
　　 我   父亲   雪   铲 相互
　　 我和父亲相互帮助铲了雪。

（3）sen   onimen   tanə-s-adə.
　　 你   他   认识 互相 现在
　　 你跟他认识一下。

哈萨克语动词使动态形态变化语法词缀 -is、-əs、-s 在上面的例句中，接缀于句子末尾动词词根或词干后面，形成具有互动态形态变化语法现象的动词 køterisip(køter-is-ip)、kyrəstim(kyr-əs-tim)、tanəsadə(tanə-s-adə)，进而表达了"互相搬""互相铲""互相认识"等含互动态语法概念的动词词义。另外，哈萨克语动词的这些互动态形态变化语法词缀，同样也可以表示动词共动态形态变化语法意义。

（二）蒙古语族语言动词互动态

1. 蒙古语动词互动态形态变化语法词缀 -ldu/-ldʉ 句中使用情况：

（1）tamirin   gadʒartu   surugtʃid   bøhə   bari-ldu-dadʒu   baina.
　　 体育   场所   学生们   摔跤   抓 互相 正在   是
　　 体育场上学生们正在（相互）摔跤。

（2）humus gər dotura jəhə dagubar hələ-ldʉ-nə.
　　　人们 屋里 　　　大声 　说话 互相
　　　人们在屋里（相互）大声说话。

根据元音和谐原理，蒙古语动词互动态形态变化语法词缀 -ldu 和 -ldʉ，先后接缀于上述例句动词词根 bari-"抓"、hələ-"说"，构成含有互动态形态变化语法概念的动词 barildudadʒu(bari-ldu-dadʒu)、hələldʉnə(hələ-ldʉ-nə)，进而表达了"互相抓（摔跤）""互相说（说话）"等词义。另外，蒙古语里还可以用动词形态变化语法词缀 -ltʃa/-ltʃə 表示互动态语法概念的现象。比如说，jariltʃa-(jari-ltʃa-)"互相说（交流）"、ala-ltʃa-(ala-ltʃa-)"互相杀（打仗）"、heleltʃə-(hele-ltʃə-)"互议""协商"、tʉlhiltʃə-(tʉlhi-ltʃə-)"互相推""相互推卸"等。可以看出，这套互动态形态变化语法词缀同样有元音和谐现象，所以使用时要严格遵循其元音和谐规律，将 -ltʃa 接缀于由阳性元音构成的动词词根或词干后，-ltʃə 接缀于由阴性元音或中性元音构成的动词词根或词干后。

2. 达斡尔语动词使动态形态变化语法词缀 -ltʃi 句中使用情况：

（1）tər huair kəku bəj bəji tulki-ltʃi-we.
　　　那 两个 小子 身子 身子把 推 相互 在
　　　那俩小子用身子互相推搡。

（2）ən huair alər bak əurərən murwu-ltʃi-jewe.
　　　这 两头 花 牤牛 牛角用 顶 相互 在
　　　这两头花毛牤牛正在用牛角相互顶撞。

上述两个例句末尾均使用了接缀互动态形态变化语法词缀 -ltʃi 的动词 tulki-ltʃi-we、murwu-ltʃi-jewe，由此表达了"互相推""互相顶撞"等含互动态语法概念的动词词义。由于达斡尔语互动态形态变化语法词缀 -ltʃi 没有元音和谐现象，所以能够自由用于不同动词词根或词干。

（三）满通古斯语族语言动词互动态

1. 满语动词使动态形态变化语法词缀 -ndʉ 及 -nʉ 句中使用情况：

（1）sain　baitabə　gərəni　ishʉndə　tatʃi-ndʉ-mbi.
　　　好　　事　　大家　　彼此　　学习　相互
　　　好的事大家彼此相互学习。

（2）ərə　maŋga　ərində　nialma　nialmabə　aiʃla-nʉ-mbi.
　　　这　困难　时期　　人　　　人　　　帮助　相互
　　　在这困难时期需要人们相互帮助。

例句（1）和（2）中，句子末尾出现的动词词根 tatʃi-"学"及动词词干 aiʃla-"帮助"后面，分别接缀了满语互动态形态变化语法词缀 -ndʉ 与 -nʉ，从而构成具有互动态形态变化语法现象的动词 tatʃindʉmbi(tatʃi-ndʉ-mbi)、aiʃlanʉmbi(aiʃla-nʉ-mbi)，表示了"互相学习""互相帮助"等有互动态语法概念的动词。同样满语互动态形态变化语法词缀没有元音和谐现象，使用时不受其影响或制约。另外，依据我们掌握的语言资料，形态变化语法词缀 -ndʉ 要用于强调语句，而 -nʉ 则用于一般意义上的互动态句子。

2. 鄂温克语动词互动态形态变化语法词缀 -ldi 句中使用情况：

（1）bi　bəədʑiŋdə　ninitʃʃi　talardʑi　taa-ldi-su.
　　　我　北京　　　去后　　他们与　认识互了
　　　我去北京后才和他们互相认识了。

（2）tari moriŋbo bi honnoriŋ moriŋdʑi dʑʉmʃi-ldi-me.
那 马把 我 黑   马   换 互我

我要用那匹马与黑骏马互换。

由于鄂温克语动词互动态形态变化语法词缀 -ldi 也不存在元音和谐现象，所以使用方面也不会受到与此相关的规定的约束，可以使用于由任何元音或辅音构成的或结尾的动词词根词干后面。比如说，在上面的两个句子里，动词词根 taa-"认识"、dʑʉmʃi-"换"后面，首先都接缀了互动态形态变化语法词缀 -ldi，然后分别连缀陈述式过去时单数第三人称形态变化语法词缀 -su，以及陈述式现在将来时单数第一人称形态变化语法词缀 -me，从而构成了表示"我和他们""我用那匹马"等两个或两个以上人之间产生的"相互认识""相互交换"之互动态形态变化语法概念的动词 taaldisu、dʑʉmʃildime。再者，用主格形态变化语法结构类型的单数第一人称代词 bi "我"充当了句子主体，用接缀造格形态变化语法词缀 -dʑi 的名词类词 talardʑi(talar-dʑi) "与他们"、bəjdʑi(bəj-dʑi) "与人们"充当了句子客体。另外，鄂温克语内，也会见到用形态变化语法词缀 -maʃi、-məʃi、-moʃi、-mʉʃi 阐述互动态语法概念的现象。由于这套四元一体结构类型的形态变化语法词缀有元音和谐现象，使用时按照元音和谐原理接缀于有不同元音构成的动词词根或词干后。比如 anamaʃi-(ana-maʃi) "相互推"、gələə məʃi(gələə-məʃi) "相互找"、tokkomoʃi(tokko-moʃi) "相互扑"、mʉggʉmʉʃi(mʉggʉ-mʉʃi) "相互顶"等。然而，与动词互动态形态变化语法词缀 -ldi 有所不同的是，使用有四元一体互动态形态变化语法词缀的句子中，充当动作行为客体的名词类词一般以主格形态变化现象，或者以接缀领格形态变化语法词缀之形式出现。不过，比较而言，动词互动态形态变化语法词缀 -ldi 比 -maʃi、-məʃi、-moʃi、-mʉʃi 的使用率要高。

总之，阿尔泰语系语言动词态语法范畴均有互动态形态变化语法现象，且这些语言里互动态形态变化语法现象，均用约定俗成的语法词缀表示其语法概念。再者，互动态形态变化语法词缀的语音结构类型都比较简单，似乎只有蒙古语互动态形态变化语法词缀有严格意义上的元音和谐现象，其他语言的互动态形态变化语法现象基本上不受元音和谐规律和词缀首辅音交替原理之影响与制约。另外，在这些语言里，互动态形态变化语法词缀，基本上也都可以用于表示共同态语法意义的句子。比较而言，该语系不同语族语言内部，动词互动态形态变化语法现象，保持了相当强的一致性和共性化特征。同时，突厥语族语言与蒙古语族语言的动词互动态形态变化语法词缀，以及蒙古语族语言和满通古斯诸语言的动词互动态形态变化语法词缀等，不同程度地表现出其内部存在的相当深度的共有关系。

综上所述，阿尔泰语系用于动词的态形态变化语法系统中，有主动态、被动态、使动态、互动态、共动态五种形态变化语法现象。其中，除了主动态由动词词根或词干形式表现之外，像被动态、使动态、互动态、共同态均用约定俗成的形态变化语法词缀来表现。请看下面用表格统计的情况。

态分类 语种	主动态	被动态	使动态	互动态
维吾尔语	O	-n/-in/-un/-yn~-l/-il/-ul/-yl	-t~-ur/-yr/-ar/-er~-dur/-dyr/ -tur/-tyr~-guz/-kuz/-gyz/-kyz	-ʃ/-iʃ/-uʃ/-yʃ
哈萨克语	O	-əl/-il/-l~-ən/-in/-n	-dər/-dir/-tər/-tir~-gəz/-giz/ -kəz/-kiz~-t~-ar/-er/-ər/-ir	-əs/-ɨs/-s
蒙古语	O	-gda/-gde ~ -da/-de	-gul/-gʉl~-lga/-lgə~-ga/-gə	-lda/-ldə~-ltʃa/-ltʃə
达斡尔语	O	-rdi	-lga/-lgə~-ga/-gə~-ka/-kə	-ltʃi
满语	O	-bʉ	-bʉ	-nʉ/-ndʉ
鄂温克语	O	-wu/-wʉ	-haŋ/-həŋ/-hoŋ/-høŋ -kaŋ/-kəŋ/-koŋ/-køŋ	-ldi

依据前面的分析，并结合上表内容，我们认为：（1）动词态形态变化语法词缀的结构类型上，使动态形态变化语法现象的结构原理、结构特征、结构

关系显示出极强的复杂性，尤其是突厥语族语言的使动态形态变化语法词缀显示出复杂多变而多元性结构特征。另外，被动态和互动态形态变化语法现象也表现出一定复杂性；（2）动词态形态变化语法词缀的语音结构类型上，最为复杂的是突厥语族语言，其次是蒙古语族的蒙古语及满通古斯语族的鄂温克语，再就是蒙古语族的达斡尔语，满语态形态变化语法词缀的语音结构比较简单；（3）除了满通古斯语族的满语之外，其他语言的动词态形态变化语法词缀，均使用具有不同程度的元音和谐及词缀首辅音交替原理构成的词缀系统。特别是，被动态和使动态的形态变化语法词缀中，使用有元音和谐及词缀首辅音交替双重语音结构特征的词缀系统之现象。其中，包括二元一体(-ga/-gə、-wu/-wʉ)、四元一体(ur/-yr /-ar/-er、-dər/-dir/-tər/-tir)、八元一体(-haŋ/-həŋ/-hoŋ/-høŋ ~ -kaŋ/-kəŋ/-koŋ/-køŋ)的态形态变化语法词缀。然而，互动态及共动态形态变化语法词缀里多数属于由中性元音构成的实例，所以使用时比较自由，不受元音和谐原理或词首辅音交替原理的限制和影响，可以用于任何动词词根或词干后面；（4）动词态形态变化语法词缀不能充当动词结尾形式或终止型，所以在使用有态形态变化语法词缀的动词后面还要连缀动词式形态变化语法词缀。在此前提下，具有态形态语法现象的动词才能够用于句子，进而表达态形态语法概念；（5）动词互动态形态变化语法词缀后面，一般都接缀动词式形态变化语法词缀；（6）动词互动态形态变化语法词缀，基本上具有表达互动态和共动态的双重语法功能和作用。也就是说，在不同句子里，根据话语内容可以分别表达互动态或共动态语法概念。另外，满通古斯语族的满语动词的被动态和使动态，要用同一个结构类型的形态变化语法词缀 -bʉ 来表示。辨别其不同语法关系时，主要看动词前使用的是补语还是宾语，动词前使用补语 -bʉ 要表示被动态语法概念，动词前使用宾语 -bʉ 就会表达使动态语法意义；（7）按照规范化的使用原理，接缀态形态变化语法词缀的动词，基本上出现于句子末端或句子尾部；（8）该语系动词态形态变化语法词缀，在突厥语族语言、蒙古语族语言、满通古斯语族语言内部，都保持有相当强的同源关系及语音结构类型方面的一致性和共性化特征。再者，突厥语族语言和蒙古语族语言动词被动态的有关形态变化语法词缀，以及突厥语族语言和满通古斯语族语言动词被动态的相关形态变化语法词缀间存在一定程度的共有关系。还有，突厥语族语言的使动态形态变化现象的不同语法词缀，同蒙古语族语言及满通古斯语族语言的有关形态变化语法词缀间也都存在不同程度、不同层面、不同角度的相关性或共性化特征。尤其是在动词互动态形态变化语法词缀上，阿尔泰语系语言表现出相当强的共性和一致性；（9）这些语言里，不同的态形态变化语法词缀，在同一个动词词根或词根后面，可以连缀形式使用。比如说，满通古斯语族鄂温克语的 ʤawa-wu-haŋ-ʤiraŋ "正在使被抓"这一动词里 ʤawa- 是表示"抓"之意的动词词根，-wu 是被动态形态变化语法词缀，-haŋ 为使动态形态变化语法词缀，-ʤiraŋ 是陈述式现在时形态变化语法词缀。毫无疑问，该动词词根 ʤawa-后面连缀了被动态和使动态形态变化语法词缀。又如，ʤawa-ldi-haŋ-ʤiraŋ "正在使相互抓（正在让他们摔跤）"中，也是在动词词根 ʤawa-上连缀性地使用了互动态形态变化语法词缀 -ldi 及使动态形态变化语法词缀 -haŋ 等。说实话，该语系语言里，动词词根或词干后面，态形态变化语法词缀以连缀形式使用的现象确实有不少；（10）我们的研究还表明，该语系语言的动词态形态变化语法现象的使用范围不断缩小，使用率不断下滑，丰富性和多样性不断减少，使用功能和作用不断减弱等现象。还有，态形态变化语法词缀的语音结构不断被简化，这使传统而严格意义上的使用规则、使用原理、使用要求，已出现不同程度的模糊化现象；（11）除了我们在前面讨论的四种态形态变化语法现象之外，满通古斯语族的满语还有专用于表示共动态语法概念的形态变化语法词缀 -tʃa、-tʃə、-tʃo 等，鄂温克语也有 -tte 这一共动态形态变化语法词缀。另外，满语还有持续态(-ta/-tə ～ -da/-də ～ -ʃa/-ʃə/-ʃo ～ -tʃa/-tʃə/-tʃo ～ -ʤa/-ʤə/-ʤo)及方向态(-na/-nə/-no)等形态变化语法现象，维吾尔语(-n/-in/-un/-yn ～ -l/-il/-ul/-yl)和哈萨克语(-ən/-in/-n)也有反身态形态变化语法词缀系统，蒙古语里动词还有一致态(-tʃga/-tʃgə/-tʃgo/-tʃgɵ)这一形态变化语法现象等。所有这些，都是我们今后继续进行比较研究的话题和内容。

附录 1

阿尔泰语系民族语言文字在东北地区的使用情况

一 民族概况

我国东北三省及内蒙古东部地区主要居住着蒙古族、满族、朝鲜族、达斡尔族、锡伯族、鄂温克族、鄂伦春族、赫哲族等少数民族。

这一地区的蒙古族主要生活在内蒙古自治区（以下简称内蒙古）东部的赤峰市、通辽市、兴安盟、呼伦贝尔市，辽宁省的喀喇沁蒙古族自治县和阜新蒙古族自治县，吉林省的前郭尔罗斯蒙古族自治县，黑龙江省的杜尔伯特蒙古族自治县等地，总人口约为280万人。

满族主要居住在辽宁省的岫岩、凤城、宽甸、桓仁、本溪、新宾、清原、北镇等满族自治县，吉林省的伊通满族自治县，黑龙江省的阿城市、双城市、伊春市以及泰来等地，内蒙古只有一些散居的满族，东北满族的总人口约为790万人。

朝鲜族主要聚居在吉林省的朝鲜族自治州和长白朝鲜族自治县。另外，在辽宁省和内蒙古，以及黑龙江省的牡丹江市和绥芬河市也有一些散居的朝鲜族。东北地区是朝鲜族的主要生活区域，人口总数为180万人。

锡伯族主要生活在辽宁省和黑龙江省，在吉林省和内蒙古也有部分散居的锡伯族，东北的锡伯族总人口为14.8万人。

达斡尔族基本上分布在内蒙古自治区呼伦贝尔市的莫力达瓦达斡尔族自治旗、鄂温克族自治旗、鄂伦春自治旗、海拉尔市、牙克石市、阿荣旗等旗市，以及黑龙江省齐齐哈尔市的梅里斯达斡尔族区和嫩江、讷河等地，总人口约 13.3 万人。

鄂温克族生活在内蒙古呼伦贝尔市鄂温克族自治旗以及陈巴尔虎旗、鄂伦春自治旗、莫力达瓦达斡尔族自治旗、阿荣旗、扎兰屯市、根河市等旗市。除此之外，还有一小部分鄂温克人生活在黑龙江省的讷河、嫩江等地，总人口约为 3 万人。

鄂伦春族生活在内蒙古呼伦贝尔市鄂伦春自治旗、莫力达瓦达斡尔族自治旗、扎兰屯市、牙克石市等旗市，以及黑龙江省的逊克、呼玛、塔河、漠河、黑河市等市县，总人口大约有 7800 人。

赫哲族居住在黑龙江省同江市、佳木斯市及饶河地区，在吉林省、辽宁省和内蒙古也有极少数散居的赫哲族人，东北赫哲族人口为 4300 人。

东北及内蒙古东部还有居住在黑龙江省边境地区和呼伦贝尔市的一部分俄罗斯族，他们的总人口有 550 人。

从地理位置及其地理结构特征来看，东北三省及内蒙古东部的少数民族基本上都生活在不同省市的相接处，或在我国与俄罗斯、朝鲜、蒙古国相接壤的边境地区。这个地区属易于农垦、放牧的平原黑土地或辽阔草原，以及大小兴安岭山脉和黑龙江、松花江、乌苏里江三江流域等。这些地区土地肥沃，湖泊河流较多，地上地下自然资源丰厚，四季气候变化分明，夏季气温可达 30 摄氏度，冬季气温可达零下 30 摄氏度左右，大小兴安岭山区的气温度甚至要达到零下 40 摄氏度，无霜期比较短，冬季的雪要多于夏季的雨水。

东北三省及内蒙古东部地区是蒙古族、满族、朝鲜族、锡伯族、达斡尔族、鄂温克族、鄂伦春族、赫哲族等北方民族的发源地，在千百年的历史进程中这些北方少数民族繁衍生息在这片富饶辽阔的土地上，相互接触、相互影响、相互学习，共同创造了我国东北地区灿烂辉煌的白山黑水黑土地文化和文明。其中，满族、锡伯族、达斡尔族以及从事农业的蒙古族和鄂温克族共同创造了我国东北温寒带地区的农业文明和文化；朝鲜族创造了我国东北温寒带地区的稻田文明和文化；从事畜牧业生产的蒙古族、鄂温克族创造了我国东北温寒带地区的牧业文明和文化；鄂伦春族和狩猎鄂温克族共同创造过以大小兴安岭为核心的温寒带森林狩猎文明和文化；赫哲族也用他们的智慧和劳动，创造了黑龙江省三江流域的渔猎文明和文化。

伴随我国的改革开放和现代化进程的不断深入，以及农业化和工业化建设和革命的不断向前发展，东北三省及内蒙古东部少数民族的生产生活方式和内容也产生着日新月异的变化。像满族、锡伯族、朝鲜族等民族的农业生产基本进入或已经进入现代化发展阶段；蒙古族和鄂温克族等东北草原民族的畜牧业生产方式的科技含金量日益增加；鄂伦春族及过去从事狩猎业生产的一部分鄂温克族已都放弃猎枪，走上了新型的农业化发展道路；赫哲族也同样大力开发地方旅游产业和地方特色的种植业，同时加快了农业化进程的步伐。概而言之，我国东北少数民族紧紧抓住改革开放和经济快速发展的有利时机，不断加快民族地区的农业化、工业化、产业化、现代化建设，并在各个方面已经取得了鼓舞人心的成绩。

二 语言文字

我国东北三省及内蒙古东部的满族、蒙古族、朝鲜族、达斡尔族、锡伯族、鄂温克族、鄂伦春族、赫哲族都有本民族语言。其中满语、锡伯语、鄂温克语、鄂伦春语、赫哲语均属于阿尔泰语系满通古斯语族语言。满语和锡伯语被分为满通古斯语族语言的满语支语言，鄂温克、鄂伦春、赫哲语被划分为满通古斯语族语言的通古斯语支语言。通古斯语支语言里，还根据语言同源要素出现的高低概率，进一步区分为南通古斯语和北通古斯语两种，赫哲语被划入南通古斯语，鄂温克语和鄂伦春语被认定为北通古斯语；我国东北及内蒙古东部的蒙古语和达斡尔语属于阿尔泰语系蒙古语族语言；关于朝鲜语语系系属问题，我国及日本、韩国的一部分朝鲜语研究的专家学者认为，朝鲜语同阿尔泰语系诸语言间存在诸多共有关系，所以应该归属于阿尔泰语系语言。但是，由于至今没有找出具有说服力的语音对应规律、语法形态变化现象的理论依据，所以从事阿尔泰语言学研究的绝大多数专家学者和朝鲜语研究专家，在现阶段还不完全认同或根本就不同意朝鲜语是属于阿尔泰语系语言的学术观点。

我国东北三省及内蒙古东部少数民族，只有满族、蒙古族、朝鲜族、锡伯族有本民族的文字。

满族使用的文字就叫满文，是一种竖写拼音形式的文字。并且，在历史上，满文被分为老满文和新满文两种，早期参照蒙文创造的无圈点满文叫老满文，后来在老满文的右边加上圈点的满文被称作新满文。老满文是在 16 世纪末，清太祖努尔哈赤令其儒臣额尔德尼和噶盖于 1599 年参照蒙文字母创制的。老满文共有 25 个音位符号，其中用 9 种以上的不同字母形体标记了满语的 6 个元音，同时又用 23 种以上的不同字母形体标记了满语的 19 个辅音。老满文出现以后，当时的人们就把它作为满文来使用。而且，从 1599 年一直使用到 1632 年，共使用了 33 年。用老满文撰写或记录的弥足珍贵的档案资料或历史文献有不少，最有名的就是《满文老档》。然而，由于老满文是参照蒙文字母复制性地加工出来的文字，所以记录和撰写满语时不能准确地表现出其语音特征和相关语法关系。为了使满文更加贴近满语口语语音，以及能够更理想地使用满文，1632 年清太宗皇太极指令满族语言文字学家达海，对老满文进行了必要的文字改革，即在老满文的右侧增加了专门用于区别易混淆语音的符号系统，该符号系统以小黑点和小圆圈组合而成，这使老满文的那些难以被区分的语音变得十分清楚。新满文和老满文都是从左向右，从上到下竖写的。新满文从天聪六年一直使用到现在，用新满文撰写的档案资料和历史文献的数量极其庞大，内容也十分丰富和全面，为保护和弘扬我国民族传统文化，发挥着极其重要的作用。现在的满文，在黑龙江省富裕县三家子满族村的小学教学，黑龙江大学、中央民族大学等大专院校的本科教育和研究生培养中依然被使用。除此之外，在满文书法，以及满语书面语研究，满文历史档案资料的分析整理等工作中满文同样被广泛使用。满族的先民，在历史上还使用过女真文。

我国东北的蒙古族使用的蒙文，是在回鹘式蒙文的基础上形成的从左向右竖写的文字系统，有 29 个字母，其中元音字母 5 个，辅音字母 24 个。据学术界认为，现行蒙文定型于 13 世纪初叶，蒙古族在历史上还使用过回鹘式蒙文、八思巴蒙文等。

朝鲜族使用的朝鲜文创制于 15 世纪中叶，属于音素文字。早期朝鲜族使用汉文，后来又使用过借用汉字的音义标记朝鲜语的"吏读"这一特殊文字形式，但由于"吏读"如同汉字难认难读，且标记法复杂又不准确，难以解决言文一致的问题。因此，于 1444 年 1 月在李氏朝鲜世宗的主持下，精通汉语音韵和蒙古语等其他民族语的语言文字专家学者，共同创制了准确标记朝鲜语的"训民正音"这一文字形式，也就是人们所说的朝鲜文，并颁布推行于 1446 年。朝鲜族直到 19 世纪末，始终是将汉文、吏读、朝鲜文三种书写形式并用的，到 1895 年才通过"国汉文混合体"文字使用法令，正式废除汉文和吏读，从而朝鲜文成为朝鲜族统一的书面语。不过，朝鲜文完全脱离夹用汉字的书写形式是后来的事情。我国的朝鲜族从 1952 年 4 月取消了夹用汉字的文字书写形式，开始使用朝鲜文。现代的朝鲜文，共有 40 个文字字母，其中辅音字母为 19 个，元音字母是 21 个。朝鲜文虽然属于音素文字，但受到汉字书写形式的影响很大，所以拼写时要以音节为单位把字母叠成一个个方块形体。拼写时元音前的辅音字母要位于该字体的左方或上方，元音字母要位于该字体的右方或下方，元音后的辅音字母要位于前辅音和元音的下方。现代朝鲜文基本上是从左向右横写的。用朝鲜文撰写的文献资料也比较丰富，而且涉及文学艺术、历史考古、哲学思想、金融经济、医疗卫生、文化教育、农工业和宗教信仰等诸多学术领域。

锡伯文是在满文的基础上创制的一种文字，锡伯文主要使用于我国新疆的锡伯族，东北的锡伯族基本上不使用本民族文字，全部改用了汉文。

达斡尔族、鄂温克族、鄂伦春族、赫哲族等东北少数民族均没有本民族文字，使用汉文或蒙文。具体讲，鄂伦春族、赫哲族、达斡尔族都使用汉文，鄂温克族多使用蒙文，也有部分人使用汉文，或兼通蒙文和汉文。

三　语言使用情况

　　东北三省及内蒙古东部的满族、蒙古族、朝鲜族、达斡尔族、锡伯族、鄂温克族、鄂伦春族、赫哲族等诸民族语言中,朝鲜语和蒙古语的使用人口最多,分别占本民族人口的 85%和 81%。在朝鲜族集中生活的地区,或朝鲜族人口有一定数量的乡镇和大小城市,均建有用朝鲜语言文字教学的朝鲜语小学或中学,这使朝鲜族的适龄儿童或青少年,都能够进入用母语教学的小学或中学,接受纯粹朝鲜语言文字的教育。相比之下,吉林省和黑龙江省的朝鲜语使用情况最好。另外,在朝鲜族聚居的朝鲜语区长期生活的一部分东北汉族也能够流利地使用朝鲜语。反过来说,无论生活在朝鲜族聚居区还是生活在与汉族杂居区及城镇或经济发达地区的朝鲜族都会熟练地使用汉语。特别是伴随我国同韩国的民间往来和经济文化交流的日益密切与扩大,给我国的朝鲜语的使用注入了很大活力,从而朝鲜语的使用率也得到一定程度的提高,朝鲜语的使用场所和机会也有所增多。

　　内蒙古东部牧区、农区的蒙古族主要使用母语,他们的孩子也基本上都到用蒙古语授课的蒙文学校,通过蒙古语和蒙文学习和掌握文化知识。上大学或参加工作以后,在学习和工作中也都使用蒙古语和蒙文。由于我国科学技术的快速发展,电视广播网络事业的不断推广和成熟,尤其是通过这些媒体传播的汉语汉文节目以及信息内容的不断丰富和发展,给东部蒙古族的母语使用带来了一定的影响。过去只懂母语的牧区和农区的蒙古族,开始自觉、主动而积极地接触、学习、使用汉语及汉文,这使汉语和汉文自然而然地成了他们的第二个重要交流工具。分布在内蒙古通辽市、赤峰市、兴安盟,黑龙江省的杜尔伯特蒙古族自治县、肇源县,吉林省前郭尔罗斯蒙古族自治县,辽宁省阜新蒙古族自治县和喀喇沁左翼蒙古族自治旗等地的蒙古族,由于本民族人口密度高、定居性强、受母语教育面广等诸多因素,蒙古语保存和使用得比较理想,蒙古语科尔沁-喀喇沁方言自然成为我国东部蒙古族人口使用最多的方言。尽管近些年来,该蒙古语方言受东北现代汉语的影响较大,借入了大量的汉语新词术语,甚至个别蒙古语区内出现了蒙古语和汉语混合使用现象或趋向汉语化等一些语言变迁现象,但作为东北蒙古族的第一交流工具的蒙古语在广大蒙古族农牧民的日常生活中同样发挥着十分重要的作用。东部蒙古族在历史上一定程度地受到过女真语、契丹语、满语等东北古老民族语言之影响。内蒙古呼伦贝尔市的巴尔虎蒙古人和布里亚特蒙古人,他们使用巴尔虎蒙古语和布里亚特蒙古语,使用这两种蒙古语的人主要居住在呼伦贝尔市辖的新巴尔虎右旗、新巴尔虎左旗、陈巴尔虎旗以及鄂温克族自治旗等地,使用人口有 10 万人左右。他们主要使用巴尔虎蒙古语和布里亚特蒙古语,同时还熟练掌握标准蒙古语,也不同程度地掌握汉语。生活在鄂温克族和达斡尔族聚居区内的巴尔虎蒙古人和布里亚特蒙古人,还掌握鄂温克语和达斡尔语等东北少数民族语言。总而言之,东部的蒙古族较好地保存和使用着本民族的语言文字,同时不可避免地受到汉语越来越大的影响,个别地区的蒙古语也受到其他东北少数民族语言的一些影响。

内蒙古东部的达斡尔族和鄂温克族使用达斡尔语和鄂温克语,他们多兼通汉语,生活在牧区的达斡尔族和鄂温克族同时还使用蒙古语。农区的达斡尔族和鄂温克族里懂本民族语的人基本上都会汉语,青少年当中懂汉语而不懂本民族语的人的数量逐年递增。特别是生活在黑龙江省和东北其他地区以及内蒙古的汉族聚居区的达斡尔族和鄂温克族,由于受汉语和农业文化的强势影响,使用汉语的人口越来越多,使用母语者却变得越来越少。在牧区,从事畜牧业生产的达斡尔族和鄂温克族里,使用本民族语的比例占80%左右。同时,他们还掌握蒙古语和汉语。另外,达斡尔族中也有 10%左右的人会鄂温克语,而鄂温克族里约有 65%的人懂达斡尔语。生活在内蒙古鄂伦春自治旗鄂伦春族聚居区的鄂温克人和一部分达斡尔人也掌握一些鄂伦春语。如上所述,达斡尔族和鄂温克族的汉语化和蒙古语化现象比较严重,并且懂达斡尔语、鄂温克语、汉语、蒙古语等多种民族语的人较多,从而导致单纯使用母语的语言环境不断缩小。许多情况下,达斡尔族和鄂温克族交错用母语和汉语或蒙古语进行交流,甚至在特定语言环境下使用四种以上民族语。这种现象的出现同达斡尔族和鄂温克族没有本民族文字也有关系,他们的适龄儿童或青少年上汉文学校或蒙文学校，通过汉语汉文或蒙古语蒙文学习掌握文化知识，参加工作的人也都使用汉文或蒙文。

东北三省及内蒙古东部的满语、锡伯语、鄂伦春语、赫哲语等少数民族语言，已经完全或基本上失去社会使用功能。锡伯族现已成为使用汉语的民族；满语和赫哲语只有一些老人进行简单交流时使用，而且基本上都汉语化；鄂伦春语的使用人口也变得很少，多数使用汉语。

四 语言特点

东北三省及内蒙古东部的少数民族语言里的满语、锡伯语、鄂温克语、鄂伦春语、赫哲语以及蒙古语和达斡尔语均属于阿尔泰语系诸语言，这些语言里存在诸多阿尔泰语系的共性。例如，在语音方面，均有元音和谐现象；在语法方面，共同存在复数、格、人称以及态、体、式、时等一系列以形态变化手段表现的结构体系；在词汇方面，都有着相当丰富的畜牧业词语，温寒带地区农业词语，以及与东北特定自然环境密切相关的特殊词语等。另外，东北三省及内蒙古东部的这些少数民族，在共同繁衍生息的漫长的历史进程中，不断相互接触、相互学习、相互影响，从而在他们的语言里，都有相互借用的成分。

朝鲜语跟阿尔泰语系满通古斯语族的满语、锡伯语、鄂温克语、鄂伦春语、赫哲语以及蒙古语族的蒙古语和达斡尔语等存在一定的深层次的内部关系。相比之下，朝鲜语同满通古斯语族诸语言间的共有关系，比朝鲜语和蒙古语族诸语言间存在的共有关系要密切。尽管如此，阿尔泰语言学界与朝鲜语言学界的专家学者们，至今仍没有拿出能够说明朝鲜语属于阿尔泰语系语言的理论根据。因此，朝鲜语的语系归属问题还没有得到解决。不过，就像在前面所提到的那样，一部分专家学者根据朝鲜语和阿尔泰语系诸语言间存在的共有关系，认为朝鲜语属于阿尔泰语系语言。与此相反，还有一部分专家学者，依据朝鲜语跟阿尔泰语系诸语言间存在的不同要素，提出朝鲜语不属于阿尔泰语系语言的论点。还有专家认为，朝鲜语属于由不同语言要素混合而成的特殊语言。

附录 2

阿尔泰语系诸民族使用本民族语言文字及其他民族语言文字人口统计

单位：人

	民　　族	语言归属	使用文字	人口	使用母语人口	国　外　有　无
1	维吾尔族	突厥语族	维文	8400000		
2	哈萨克族		哈文	1250000		哈萨克斯坦、乌兹别克斯坦、土库曼斯坦、吉尔吉斯斯坦、俄罗斯
3	柯尔克孜族		柯文（1954年制定）	160823		吉尔吉斯斯坦、阿富汗
4	乌孜别克族		维、哈文	12000		乌孜别克斯坦、吉尔吉斯斯坦、塔吉克斯坦、哈萨克斯坦、土库曼斯坦、阿富汗
5	塔塔尔族			4900	500	俄罗斯、乌克兰、哈萨克斯坦
6	撒拉族		汉、维文	100000	70000	
7	西部裕固族		汉文	13700	6000	
8	图瓦语族		汉、哈、蒙文	2600		俄罗斯、蒙古国
9	蒙古语	蒙古语族	蒙文	5800000		蒙古国、俄罗斯等国
10	土族		土、汉文	240000	100000	
11	达斡尔族		蒙、汉文	130000		
12	东乡族		汉文	510000		
13	保安族		蒙、汉、藏文	16500	10000	
14	东部裕固族			13700	3500	

续表

	民　族	语言归属	使用文字	人口	使用母语人口	国　外　有　无
15	满族	满通古斯语族	汉文	10682262		汉语
16	锡伯族		锡伯文	189000	20000	汉、维、哈语
17	鄂温克族		蒙、汉文	30000	20000	俄罗斯、蒙古国
18	鄂伦春族		汉文	8200	500	
19	赫哲族		汉、哈、蒙文	4600	10	
20	朝鲜族	朝鲜语	朝、汉文	192		朝鲜、韩国

参考文献

阿不都热西提等主编：《阿尔泰语系语言传据范畴研究》，中央民族大学出版社 2012 年版。

阿不都热西提等主编：《阿尔泰语系语言情态系统的功能—类型学研究：分析性对比语料 400 句》，中央民族大学出版社 2013 年版。

阿西木等：《维吾尔语罗布话研究》（1—2），中央民族大学出版社 2000 年版。

艾比不拉：《维吾尔语方言和语言调查》，民族出版社 2004 年版。

安俊：《赫哲语简志》，民族出版社 1986 年版。

安双成主编：《满汉大词典》，辽宁民族出版社 1993 年版。

朝克等：《北方民族语言变迁研究》，中国社会科学出版社 2012 年版。

朝克等：《中国民族语言文字研究史论》（北方卷），中国社会科学出版社 2013 年版。

朝克：《鄂温克语参考语法》，中国社会科学出版社 2009 年版。

朝克：《鄂温克语动词形态论》，中国社会科学出版社 2016 年版。

朝克：《鄂温克语名词形态论》，中国社会科学出版社 2016 年版。

朝克：《鄂温克语形态语音论与名词形态论》（日文），东京外国语大学，2003 年。

朝克：《鄂温克语研究》，民族出版社 1995 年版。

朝克：《满通古斯语及其文化》（日文），日本东北大学，2002 年。

朝克：《满通古斯语族语言词汇比较》，中国社会科学出版社 2014 年版。

朝克：《满通古斯语族语言词源研究》，中国社会科学出版社 2014 年版。

朝克：《满通古斯语族语言研究史论》，中国社会科学出版社 2014 年版。

朝克：《满通古斯诸语比较研究》，民族出版社 1997 年版。

朝克：《现代锡伯语口语研究》，民族出版社2006年版。

朝克：《中国满通古斯诸语基础语比较》（日文），日本小樽商科大学，1997年。

朝克主编：《察布查尔县锡伯语言文字使用现状调研》，方志出版社2011年版。

朝克主编：《东北人口较少民族优秀传统文化》，方志出版社2012年版。

朝克主编：《中国少数民族语言会话句丛书》（北方民族语言会话句分册部分），社会科学文献出版社2014—2018年版。

陈乃雄：《蒙文同形词》，内蒙古教育出版社1982年版。

陈世明等：《维吾尔语实用语法》，新疆大学出版社1991年版。

陈世明等主编：《实用维汉词典》，新疆人民出版社1995年版。

陈宗振编著：《突厥语族语言词汇集》，民族出版社1990年版。

陈宗振：《撒拉语研究》，中国民族摄影艺术出版社2004年版。

陈宗振：《西部裕固语研究》，民族出版社2004年版。

成燕燕：《现代哈萨克语词汇学研究》，民族出版社2000年版。

程适良主编：《突厥比较语言学》，新疆人民出版社1997年版。

程适良主编：《现代维吾尔语语法》，新疆人民出版社1996年版。

道布等编：《中国少数民族文字》，中国藏学出版社1991年版。

德力格尔玛等：《蒙古语族语言概论》，中央民族大学出版社2006年版。

杜道尔吉：《鄂温克语汉语词典》，内蒙古文化出版社1998年版。

杜道尔吉：《鄂温克语蒙语词典》，民族出版社2014年版。

恩和巴图：《达汉小辞典》，内蒙古人民出版社1983年版。

恩和巴图：《达斡尔语读本》，内蒙古人民出版社1988年版。

恩和巴图：《满语口语研究》，内蒙古大学出版社1996年版。

高莉琴：《维吾尔语语法结构分析》，新疆人民出版社1987年版。

高士杰：《维吾尔语方言与方言调查》，中央民族大学出版社1994年版。

格日勒图：《蒙古书面语语法研究》（蒙文），内蒙古大学出版社1998年版。

耿世民：《现代哈萨克语语法》，中央民族学院出版社1989年版。

哈勘楚伦等：《达斡尔语与满蒙语异同比较》，台北：学海出版社出版1977年版。

哈斯巴根：《蒙古语族语言语音比较研究》（蒙文），内蒙古人民出版社 2001 年版。

哈斯巴特尔：《阿尔泰语系诸语言四季名称来源》，《黑龙江民族丛刊》1999 年第 3 期。

哈斯巴特尔：《蒙古语满语比较研究》（蒙文），内蒙古大学出版社 1991 年版。

哈斯额尔敦等：《现代蒙古语》（蒙文），内蒙古教育出版社 1996 年版。

韩建业：《现代撒拉语》，青海人民出版社 1986 年版。

韩有峰：《鄂伦春语汉语对照读本》，中央民族大学出版社 1993 年版。

韩有峰：《鄂伦春语》，吉林延边教育出版社 2004 年版。

呼格吉勒图：《蒙古语族语言基本元音比较研究》，内蒙古人民出版社 2004 年版。

呼和等：《蒙古语语音声学分析》（蒙文），内蒙古大学出版社 1999 年版。

胡增益：《鄂伦春语研究》，民族出版社 2001 年版。

胡增益：《新满汉大词典》，新疆人民出版社 1994 年版。

季永海等：《满语语法》，民族出版社 1986 年版。

捷尼舍夫著：《突厥语言研究导论》，陈鹏译，中国社会科学出版社 1981 年版。

雷选春：《西部裕固汉词典》，四川人民出版社 1992 年版。

李树兰等：《锡伯语口语研究》，民族出版社 1984 年版。

李祥瑞等主编，《阿尔泰学论丛》（第一辑），新疆人民出版社 1994 年版。

李增祥：《突厥语概论》，中央民族学院出版社 1992 年版。

力提甫：《阿尔泰语言学导论》（合著），民族出版社 2002 年版。

力提甫等：《阿尔泰语言学导论》，民族出版社 2002 年版。

力提甫：《维吾尔语及其他阿尔泰语言生成句法研究》，民族出版社 2001 年版。

廖泽余等：《维汉词典》，新疆人民出版社 2000 年版。

林莲云：《撒拉汉汉撒拉词汇》，四川人民出版社 1992 年版。

刘景宪等：《满语研究通论》，黑龙江朝鲜民族出版社 1997 年版。

买提热依木·沙依提：《突厥语言学导论》，民族出版社 2004 年版。

满达夫：《蒙古语研究》（蒙文），内蒙古教育出版社 1990 年版。

孟和宝音：《蒙古语语音史研究》（蒙文），内蒙古教育出版社2002年版。
米海力：《维吾尔语喀什话研究》，中央民族大学出版社1997年版。
米来提，《现代哈萨克语》，新疆人民出版社2003年版。
内蒙古大学编：《蒙古语族语言方言研究丛书》，内蒙古人民出版社1984-1988年版。
内蒙古大学编：《蒙汉词典》，内蒙古人民出版社1977年版。
内蒙古大学编：《现代蒙古语》（上下、蒙文），内蒙古人民出版社1964年版。
内蒙古大学蒙古语言文字研究所编：《蒙古语族语言及方言土语研究丛书》（蒙），内蒙古大学出版社1980-1988年版。
努尔别克主编：《哈汉辞典》，民族出版社1989年版。
诺尔金等编：《（蒙古语）方言词典》（蒙文），民族出版社1992年版。
欧阳觉亚等编：《中国少数民族语言使用情况》，中国藏学出版社1994年版。
清格尔泰等：《阿尔泰语文学概述》，《民族语文》杂志社编辑《民族语文研究文集》，青海民族出版社1982年版。
清格尔泰：《蒙古语语法》，内蒙古人民出版社1991年版。
清格尔泰：《现代蒙古语语法》（蒙文），内蒙古人民出版社1980年版。
确精扎布：《蒙古文和托忒蒙文对照蒙语辞典》（蒙文），新疆人民出版社1979年版。
确精扎布：《蒙语语法研究》（蒙），内蒙古大学出版社1989年版。
斯钦朝克图编：《蒙古语词根词典》，内蒙古人民出版社1988年版。
孙宏开等主编：《中国的语言》，商务印书馆2007年版。
孙竹：《蒙古语族语言研究》，内蒙古大学出版社1996年版。
孙竹主编：《蒙古语族语言词典》，青海人民出版社1990年版。
佟玉泉等编：《锡伯语辞典》，新疆人民出版社1987年版。
图力更等：《现代蒙古语研究概论》（蒙文），内蒙古人民出版社1988年版。
图奇春等：《锡伯语语法》，新疆人民出版社1987年版。
王远新：《突厥历史语言学研究》，中央民族大学出版社1995年版。
乌拉熙春：《满语语法》，内蒙古人民出版社1983年版。

乌拉熙春：《满语语音研究》，日本玄文社1992年版。

吴宏伟：《图瓦语研究》，上海远东出版社1999年版。

新特克：《蒙古语词汇研究》（蒙文），内蒙古大学出版社1991年版。

易坤琇等：《基础维吾尔语》，中央民族学院出版社1989年版。

尤志贤等：《赫哲语汉语对照读本》，黑龙江民族研究所，1987年。

喻世长：《蒙古语族语言的形成和发展》，民族出版社1984年版。

张定京：《现代哈萨克语实用语法》，中央民族大学出版社2004年版。

赵杰：《现代满语研究》，民族出版社1989年版。

赵明鸣：《突厥语词典语言研究》，中央民族大学出版社2001年版。

赵世杰：《维语构词法》，新疆人民出版社1983年版。

照那斯图等著:《中国少数民族语言简志丛书》(北方民族语言简志分册部分)，民族出版社1981—1986年版。

照日格图等：《蒙古语格研究》（蒙文），内蒙古教育出版社2001年版。

照日格图：《蒙古语族语与突厥语族语词汇比较研究》（蒙文），内蒙古教育出版社2000年版。

照日格图：《蒙古语族语与突厥语族语词汇比较研究》，内蒙古大学出版社2004年版。

[波] G.J.兰司铁著：《阿尔泰语言学导论》，周建奇译，内蒙古人民出版社2004年版。

[波] W.科特维奇著：《阿尔泰诸语言研究》，哈斯译，内蒙古人民出版社2004年版。

[德]冯·加班著：《古代突厥语语法》，耿世民译，内蒙古教育出版社2004年版。

[俄] H.A.巴斯卡科夫著：《阿尔泰语系语言及其研究》，周建奇译，内蒙古人民出版社2004年版。

[俄] 波普：《索伦语调查资料》，列宁格勒，1931年。

[俄]符拉基米尔佐夫：《蒙古书面语与喀尔喀方言的比较研究》，青海人民出版社1988年版。

[俄]桑席耶夫：《蒙古诸语言比较语法》，民族出版社 1959 年版。

[俄]苏尼克：《通古斯诸语满语名词研究》，俄罗斯圣彼得堡科学出版社 1982 年版。

[俄]伊瓦诺夫斯基：《索伦语与达斡尔语》，圣彼得堡，1894 年。

[韩]成百仁：《满语和阿尔泰语学研究》，太学社，1999 年。

[韩]成百仁：《满语和阿尔泰诸语研究》，汉城大学社，1999 年。

[韩]金周源等：《现代满语口语及其资料》（英文），韩国首尔大学，2008 年。

[美]N.鲍培著：《阿尔泰语比较语法》，周建奇译，内蒙古人民出版社 2004 年版。

[美]N.鲍培著：《阿尔泰语言学导论》，周建奇译，内蒙古人民出版社 2004 年版。

[美]N.鲍培著：《蒙古语比较语法》，周建奇译，内蒙古大学油印本，1955 年。

[美]威廉姆·罗兹克：《满语中的蒙语成分》，美国印第安纳大学，1994 年。

[蒙]米吉德·道尔基：《蒙语满语书面语比较》，蒙古国乌兰巴托，1976 年。

[日]池田哲郎：《论阿尔泰诸语》，日本大学书林，2000 年。

[日]池田哲郎：《通古斯诸语和东亚诸语言》，京都产业大学，1998 年。

[日]小泽重男：《中世纪蒙古语诸形态研究》，日本开明书院 1975 年版。

后　记

　　2014年中宣部人才局"四个一批"人才自主选题项目经费拨下来之后，按照项目实施计划启动了"阿尔泰语系语言比较研究"这项阿尔泰语言学领域十分重要的研究课题。它的重要性就在于以下三方面。（1）我国是阿尔泰语系语言资源最为丰富的国家，作为该语系三大组成部分的突厥语族、蒙古语族、满通古斯语族的代表性语言都在我国境内，并涉及18种北方民族语言及其100余种方言土语。其中，突厥语族语言有八种、蒙古语族语言有六种、满通古斯语族语言有五种等。除此之外，阿尔泰语系诸民族正在使用的八种民族文字，以及历史上十几种古文字和早期民族文字等。（2）就如前面的分析，阿尔泰语系语言是一个横跨大陆的大语言体系。除我国之外，在俄罗斯、蒙古国、日本、阿富汗、伊朗、土耳其，以及东欧一些国家都有阿尔泰语系语言。（3）阿尔泰语系语言跟北极圈的因纽特语、北欧的萨米语、北美的印第安语及俄罗斯远东的原住民语言、东北亚的朝鲜语、日本语、日本的阿依努语和乌依勒塔语等均存在多层面、多角度、多元化的亲缘关系。正因为如此，该项研究体现出它所具有的研究价值和意义。

　　此外，该学术领域的早期科研成果，更多地集中表现在国外阿尔泰语系语言研究方面，对我国境内的阿尔泰语系语言涉及不多，并更多涉及共用词及有关语法形态变化现象的研究，研究资料也基本来自国外阿尔泰语系语言。同时，一些专家还认为，该语系语言的共有现象属于不同语言相互接触和影响的结果，不属于同根同源关系。其理论依据是，在阿尔泰语系语言里不存在系统的、整齐的、有说服力而严格意义上的语音对应现象及对应规律。所以说，该成果里，对于阿尔泰语系元音语音对应现象及其规律、辅音对应现象及其规律的研究，表现出极大的学术价值和理论意义。

总之，在过去的岁月里，对于我国阿尔泰语系语言研究，以及相关研究课题的实施，加上该项研究的完成，对于我国阿尔泰语系语言开展更加全面、系统、深入的学术探讨，提供了较理想的学术平台及理论依据，打下了较坚实的学术研究基础。同样，也为进一步拓展我国民族语言比较研究，深入探索你中有我、我中有你的多元一体中华民族历史文化与文明，提供了相关的学术理论依据。再者，该项课题研究，对于进一步加强我国文化软实力建设，占领该学科领域的学术制高点，发挥我国该学科学术优势，强化阿尔泰语学学术话语权等方面均有极强的现实而长远的学术意义。

该项科研工作，经过五年的艰苦努力，即将完成出版之际，在此向给予专项研究经费资助的中宣部文化名家"四个一批"人才工程委员会领导及工作人员表示最诚挚的感谢！有了你们的强有力支持，本人才下决心启动并完成了该项重要的研究使命和科研工作任务。在这里，还要感谢中国社科院科研局人才管理部门的领导和工作人员，对于他们给予的多方面具体指导和关心深表感谢！还要感谢研究所的人事管理及财务管理负责人和工作人员，对于她们在经费使用和科研工作实施过程中给予的热心周到、细致认真的服务表示深深谢意！最后，还要感谢为完成该项科研任务在偏远民族乡村开展实地调研时，乡村干部及合作人给予的各方面的帮助和鼎力支持。那么，对于从该项目的启动到最后结束，一直伴随身边一同开展实地调研、帮助整理资料、协助输入电脑的研究生们表示谢意。实际上，该项科研工作，就是靠大家帮助和支持才得以按计划圆满完成的。

我在想，自己虽然拿出了很大努力很认真地完成了该项重要而艰巨的科研工作任务，但肯定也存在被疏忽遗漏的内容或出现这样那样的问题，对此真诚地希望大家提出宝贵的意见。

朝　克

2020 年 6 月